Jayme Ovalle é inclassificável. Tudo que pretenda defini-lo, encerrando-o numa classificação sumária, ficará aquém da realidade complexíssima que tem, no registro civil, o nome de Jayme Ovalle. Pode-se dizer que é músico, que é poeta, que é católico, que é amigo. É isso com efeito, e é muito mais.

VINICIUS DE MORAES

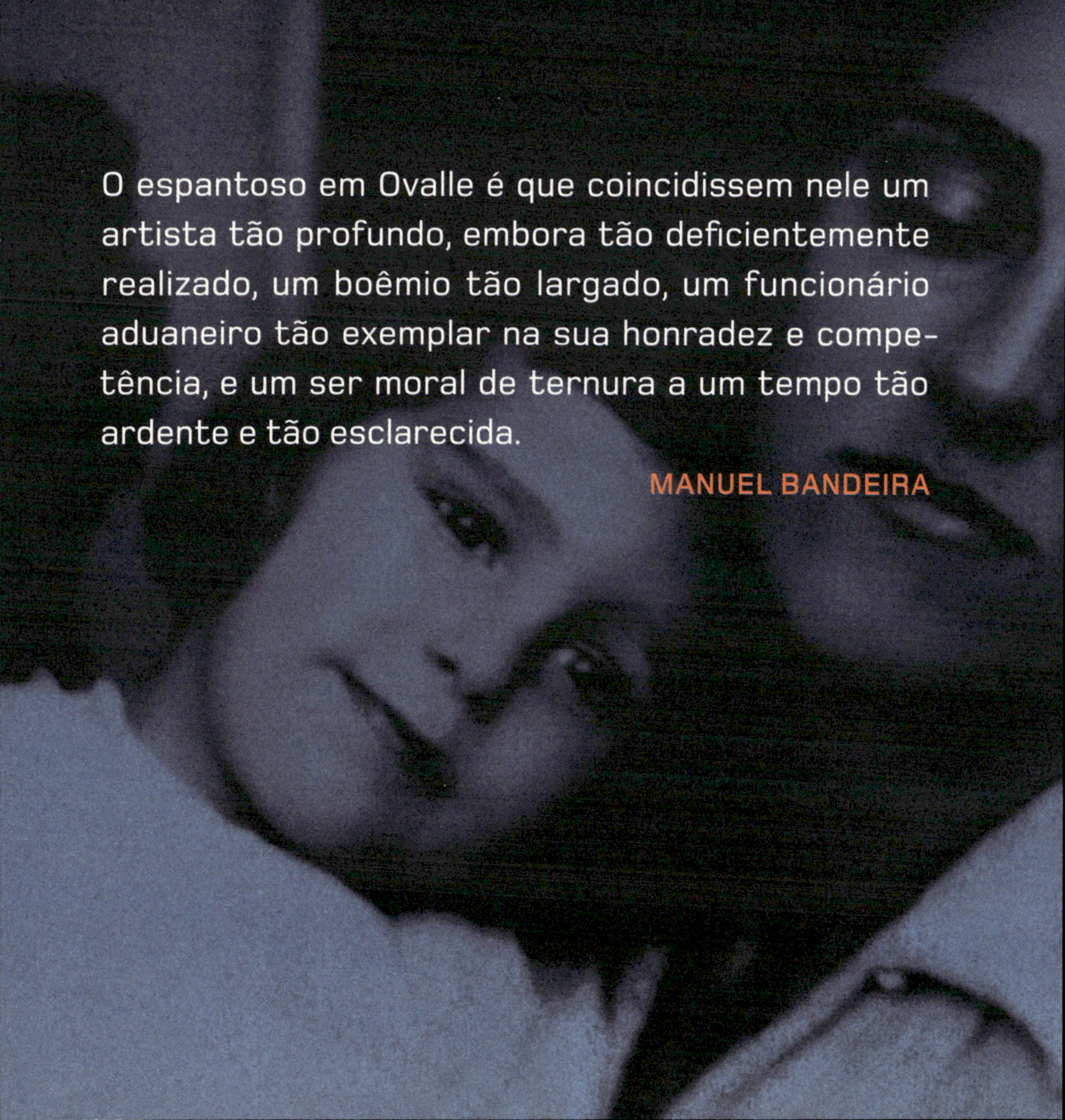

O espantoso em Ovalle é que coincidissem nele um artista tão profundo, embora tão deficientemente realizado, um boêmio tão largado, um funcionário aduaneiro tão exemplar na sua honradez e competência, e um ser moral de ternura a um tempo tão ardente e tão esclarecida.

MANUEL BANDEIRA

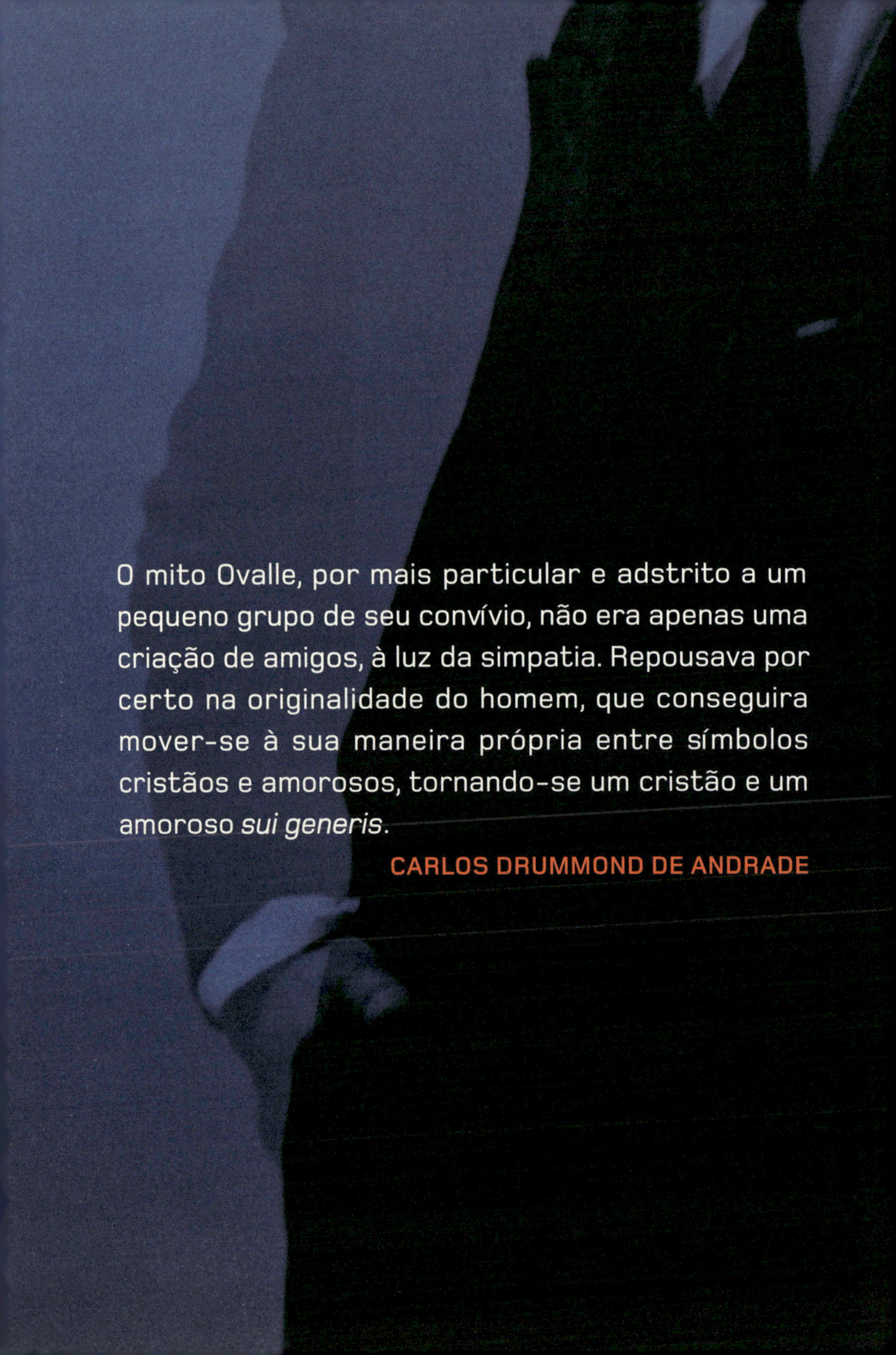

O mito Ovalle, por mais particular e adstrito a um pequeno grupo de seu convívio, não era apenas uma criação de amigos, à luz da simpatia. Repousava por certo na originalidade do homem, que conseguira mover-se à sua maneira própria entre símbolos cristãos e amorosos, tornando-se um cristão e um amoroso *sui generis*.

CARLOS DRUMMOND DE ANDRADE

E bebíamos cerveja com mulatas no colo.
[...] Oh, bela mocidade pervertida!
Éramos personagens de romances
Que nunca foram escritos.

DI CAVALCANTI

Quem não acredita na inspiração, não conheceu Jayme Ovalle.

DANTE MILANO

A vida de Jayme Ovalle

HUMBERTO WERNECK

O SANTO SUJO

COSACNAIFY

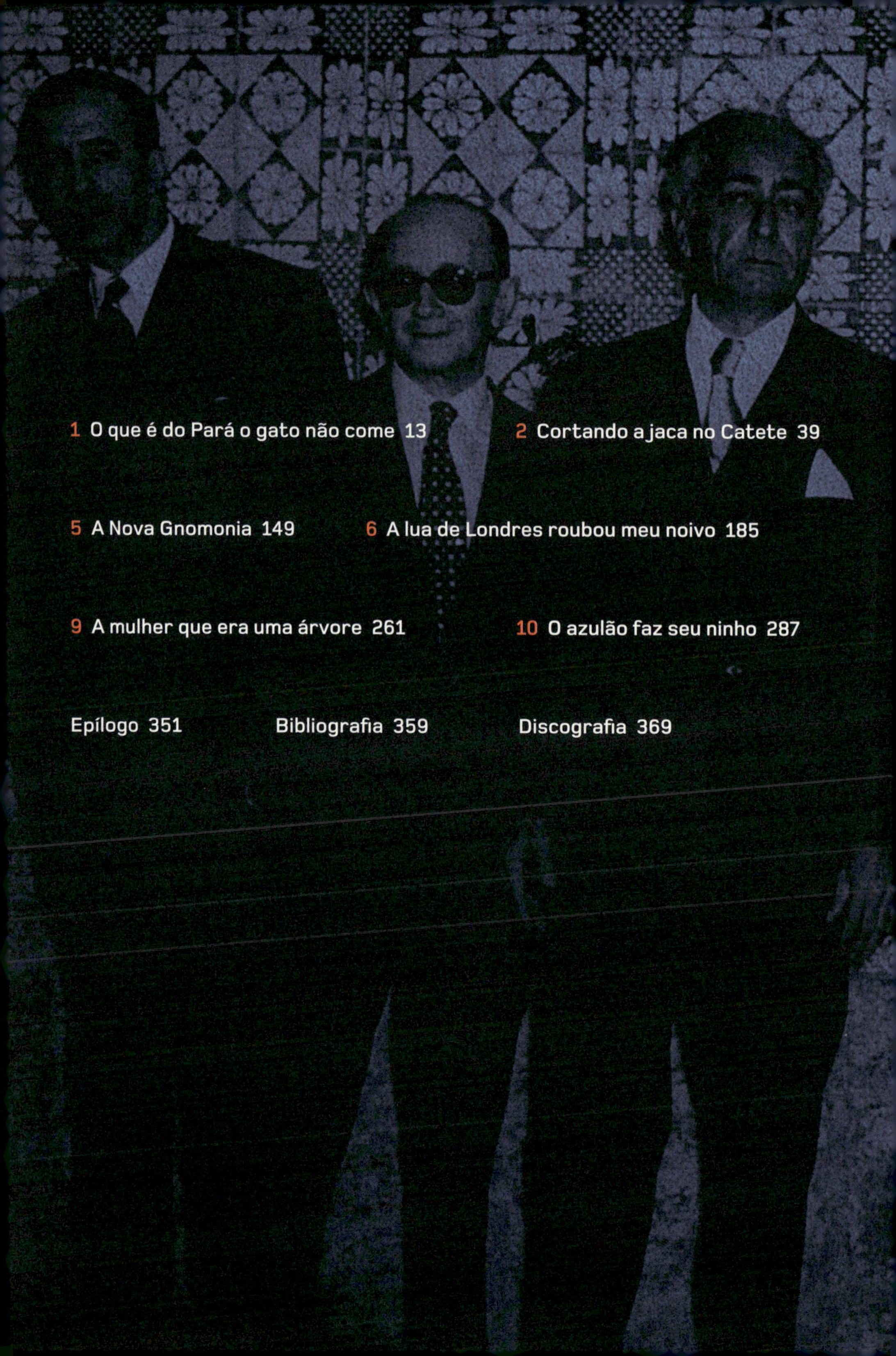

Paraense que foi uma encarnação esplêndida do melhor espírito carioca, Jayme Ovalle (1894-1955) produziu obra pequena, desproporcional à riqueza de quem trazia dentro si um mundo de arte, sem que tivesse, porém, ferramentas para desvelá-lo. Poeta, não deixou livro, e, do pouco que escreveu, a maior parte precisou de ajuda alheia, de mulheres que amaram esse homem sedutor e de estranha beleza, para baixar ao papel, *em inglês* – língua que Ovalle, mesmo tendo passado oito anos em Londres e em Nova York, jamais chegou a dominar. Sua Nova Gnomonia, engenhosa divisão da humanidade em cinco categorias, teria sido apenas em divertido papo de boteco se um dos presentes, Manuel Bandeira, não a tivesse registrado. Ovalle anunciava o projeto, jamais concretizado, de escrever um livro que se chamaria *História de São Sujo* – e que, essencialmente, seria a história dele próprio, ser especialíssimo em que se realizava a síntese improvável do boêmio em estado puro e do místico que discutia com Deus de igual para igual. Músico, Jayme Ovalle não foi além de 33 composições, pois acreditava que a idade de Cristo crucificado era "o número da perfeição". Sua obra-prima, "Azulão", universalmente conhecida, com letra de Manuel Bandeira, é uma coruscante miniatura: não mais de dezesseis compassos. Artista praticamente sem obra, é espantoso que Jayme Ovalle tenha deixado marca tão funda e tão reconhecível na criação de outros – Bandeira, Vinicius de Moraes, Murilo Mendes, Augusto Frederico Schmidt, Fernando Sabino –, não só pelos achados poéticos e espirituosos que cravejavam sua conversação, como por simplesmente existir, extraordinário personagem que era. "De tal homem bastava a presença", disse dele o poeta Dante Milano. Habitante dos subúrbios da arte e da cultura brasileira ao longo da primeira metade do século XX, figura mitológica de quem até agora tão pouco se sabe, Jayme Ovalle ficaria sendo uma luz refletida nos outros. Buscar a fonte dessa luz foi o que me propus fazer neste livro.

HW

maio de 2008

O que é do Pará o

1

gato não come

Houve uma noite em que o vasto espelho de cristal que ornava a sala da casa dos Ovalle, em Belém do Pará, despencou e se fez em pedaços. Era 5 de dezembro de 1904, e com o precário sistema de comunicações da época, só bem mais tarde se soube que naquele preciso instante, a milhares de quilômetros dali, na ilha da Madeira, o chefe da família acabara de morrer.

A notícia mais recente que se tinha de Mariano Ernesto Ovalle, homem andejo e aventureiro, é que ele estava a bordo de um navio a caminho da Espanha, onde esperava fechar negócios – aqueles bons negócios que, em duas ocasiões, haviam estufado seus bolsos com uma dinheirama que ele, por duas vezes, esfarinhara na roleta em Montecarlo. Carregava nos pulmões uma tuberculose que se complicou em alto-mar, forçando-o a desembarcar na Madeira, e foi arrematar seus dias na Quinta Almeida, na rua da Imperatriz, aos 48 anos de idade. Seus ossos não voltariam para Belém, onde, naquele 5 de dezembro, alguém recolhia os cacos do espelho tcheco na casa em que o falecido deixara viúva, enteado e sete filhos – um deles, o futuro compositor e poeta Jayme Ovalle.

Órfão de pai aos dez anos de idade, o menino era o terceiro filho e o primeiro varão de Mariano Ernesto Ovalle – ou, conforme a fonte que se tome, Mariano Ernesto Rojas de Aragón y Ovalle, cidadão chileno que ainda muito novo deixou seu país e foi tentar fortuna no Norte do Brasil. Na família havia quem contasse que ele era pouco mais que adolescente quando o pai, Manuel, tendo enviuvado, decidiu casar-se novamente – não com uma dama de respeito, como a falecida Praxedes, mas com uma notória *cocotte* de Santiago. Os filhos, indignados, teriam encarregado o caçula de demover o velho casadoiro, com o argumento radical de que todos eles já tinham estado com a fulana. Segundo essa versão familiar, o pai, longe de se deixar convencer, enfureceu-se a ponto de expulsar de casa o filho Mariano.

Qualquer que tenha sido a motivação, aí pelo ano de 1880 o rapaz tomou o rumo do Brasil, embarafustou-se pelo Norte do país e se meteu no florescente negócio da borracha – miragem que vinha atraindo para a selva amazônica multidões sequiosas de dinheiro farto e fácil, sobretudo depois que o americano Charles Goodyear descobriu, em 1842, o processo de vulcanização da borracha, abrindo caminho para novos usos do látex das seringueiras.

A Belém onde Jayme Ovalle nasceu em 1894 era uma cidade enriquecida pela borracha. Olhos postos na Europa, dava-se ao luxo de ignorar a capital do país

A corrida ao ouro branco que manava das árvores da Amazônia deflagrou na região um progresso febril que arderia entre 1870 e 1912. Durante esse quase meio século de ebulição e esplendor, Belém e Manaus, as duas grandes capitais do Norte, deram-se ao luxo de quase ignorar as metrópoles ao sul: estavam voltadas para a Europa, de onde lhes chegavam novidades e confortos que em terra brasileira eram então exclusividade, quando muito, do Rio de Janeiro. Índice inequívoco de refinamento e cosmopolitismo, lá fazia escala a fina flor do canto lírico mundial, para a qual se ergueram em Manaus o Teatro Amazonas e em Belém o Theatro da Paz, casas dignas de cintilar às margens do Tibre, do Tâmisa, do Sena, do Tejo, do Danúbio. Batuta-mor entre os maestros nacionais, não por acaso Carlos Gomes vivia em Belém, requisitado e bem pago, quando a morte o tirou de cena, no ano de 1896.

Era do outro lado do Atlântico, não nas academias do Rio ou de São Paulo, que os filhos das famílias enriquecidas com a borracha iam buscar seu título de doutor. Mesmo nas transações miúdas, o mil-réis circulava ombro a ombro com a "pichilinga" – nada menos que a libra esterlina, então a moeda forte em todo o mundo, que a boca do povo belenense e manauara tomou a liberdade tropical de nacionalizar, amaciando a pronúncia do *shilling* britânico. Na orgulhosa exibição de uma potência não só pecuniária, os chamados "coronéis da borracha", como eram chamados os donos de seringais, faziam-se ver em toda parte, escancaradamente, na companhia de prostitutas exclusivas, não raro de procedência estrangeira, vestidas e ajaezadas em lojas como a Paris n'América, aberta em Belém desde 1870 e que haveria de entrar, já sem brilho, pelo século XXI. Esta é do coronel fulano, aquela é do coronel beltrano, diziam boas e más línguas.

Legumes e frutas só encontráveis no hemisfério norte viajavam rumo às mesas belenenses nas câmaras frigoríficas dos vapores de linha, e havia quem mandasse lavar na Europa suas roupas finas – como os empertigados fraques dentro dos quais assavam os elegantes na fornalha equatorial, numa janotice invariavelmente rematada por lustrosa cartola. Em Belém, conta Leandro Tocantins em *O rio comanda a vida – Uma interpretação da Amazônia*,

O chique na Belém da infância de Jayme Ovalle era comprar numa loja que se gabava de oferecer, junto às águas barrentas da baía do Guajará, um pouco do refinamento só encontrável às margens do Sena

havia um cidadão conhecido como "mulato rico", solicitado nas altas rodas, que, convertido em mercador de fama, supria a boa sociedade com toda sorte de objetos e utilidades pessoais. O seu sortimento ia da camisa de palha de seda italiana ao perfume parisiense, do calçado à casimira inglesa, ao linho belga ou inglês, do relógio suíço às jóias dos famosos joalheiros de Paris, dos óculos e lornhões alemães às finas rendas da ilha da Madeira. Era um mostruário de beleza e elegância. Pândego, estróina, gozador da vida, o "mulato rico" anualmente gastava os seus gordos proventos nos cabarés de Paris, nos carnavais de Nice, nas excursões pela Itália.

O dinheiro da borracha, matéria-prima de que o Brasil seria por muitos anos o grande produtor mundial, mudou a face de Manaus, mas foi em Belém que se produziram as transformações mais espetaculares. A maior parte delas ocorreu entre 1897 e 1911, nos catorze anos em que a capital paraense esteve sob o comando de um personagem que, como adiante se

"Benfeitor maior do Pará" ou "sátrapa de sobrecasaca e cartola", Antônio José de Lemos reinou em Belém durante 14 anos. Foi o modernizador da capital paraense. Puxa-sacos chegavam a oferecer suas mulheres em troca de favores do intendente

verá, involuntariamente ajudou a moldar o destino de Jayme Ovalle e de toda a sua família: Antônio José de Lemos.

Intendente – como então se chamava o prefeito – de Belém, Lemos foi, na verdade, bem mais do que isso: foi o homem forte de todo o Pará naquele período. Maranhense de São Luís, veterano da Guerra do Paraguai, fez carreira e fortuna na cidade adotiva, primeiro como dono de jornal, *A Província do Pará*, em seguida como político. Numa atividade e na outra, amealhou poderes imensos e só não chegou a governador – presidente, dizia-se então – porque a Constituição estadual reservava o cargo a paraenses natos. A rigor, não precisava dele: aboletado em sua intendência, o velho Lemos, como ficaria conhecido, mandava e desmandava, elegendo e reelegendo governador um pau-mandado, o correligionário Augusto Montenegro.

E mesmo no âmbito municipal não reinava Lemos sobre pouca coisa. Em 1911, quando, pressionado pelos adversários, ele largou o poder, Belém era, pelo menos em termos demográficos, a quarta cidade do Brasil, atrás do Rio de Janeiro, São Paulo e Salvador. Graças à borracha, sua população esticara de 50 mil para 220 mil habitantes em apenas vinte anos. No país, só os portos do Rio e de Santos superavam, em movimento, o de Belém naqueles tempos de fartura.

"Foi Lemos o mais endeusado e, em contrapartida, o mais odiado de todos os homens públicos do Pará", escreve o historiador Carlos Rocque:

> Com ele nunca houve meio-termo. Ou era o "grande amante da magnificência" ou o "sapo velho", ou o "Sultão fardado de coronel da Guarda Nacional". Seus áulicos chamavam-no de "Benfeitor maior do Pará", seus adversários intitulavam-no "Sátrapa de sobrecasaca e cartola". Durante todo o período em que dominou, sobre ele jamais houve uma palavra de calmo e desapaixonado julgamento.

Seu poder era tanto, relata outro historiador paraense, Valério de Andrade, que "não poucos maridos, sequiosos de favores oficiais, pediam a convincente colaboração das respectivas esposas...". Para o escritor

Humberto de Campos, "a corte do intendente Lemos era, proporcionalmente, a corte de um príncipe italiano da Renascença". Pena que um tanto deslocada no tempo e no espaço, permite concluir o autor de *Carvalhos e roseiras*, um dos mais próximos amigos do homem forte do Pará:

> Não seria difícil ver em Antônio Lemos a importuna representação de Medici ou Rei Sol, desvalorizado, apenas, no homem e na obra, pelo evidente prosaísmo da época e pela triste vulgaridade do cenário.

O modelo por que se pautava o "príncipe" Lemos não estava, contudo, na Roma ou na Florença dos renascentistas, e sim em Paris – o que não impediu o caudilho tropical de batizar os cinco filhos com nomes de inspiração indígena: Antônio Pindobussu, Maria Guajarina, Olívia Moema, Cecília Ierecê e Manoel Tibiriçá.

Fascinava-o a cintilante Paris que o barão Georges-Eugène Haussmann acabara de redesenhar. Assim como o nobre francês às margens do Sena, no espaço de uma década o intendente alterou a fundo a fisionomia de sua cidade. Realizou obras de saneamento, aterrou áreas inundáveis, alargou e pavimentou ruas, construiu edifícios, praças, avenidas, parques, bulevares, implantou serviços de bondes, coleta de lixo e iluminação pública, sem se descuidar de detalhes paisagísticos como as mangueiras que, enfileiradas nas calçadas, continuariam sendo, um século depois, uma das imagens mais características de Belém.

As ousadias urbanísticas do velho Lemos eram de impressionar os visitantes, e um deles, Euclydes da Cunha, deixou cair o queixo quando lá esteve em 1904. "Nunca esquecerei a surpresa que me causou aquela cidade", anotou ele em *Contrastes e confrontos*, não hesitando em comparar:

> Nunca São Paulo e o Rio terão as avenidas monumentais, largas de quarenta metros e sombreadas de filas sucessivas de árvores enormes. Não se imagina no resto do Brasil o que é a cidade de Belém, com os seus edifícios

desmesurados, as suas praças incomparáveis e com a sua gente de hábitos europeus, cavalheira e generosa.

Mas ainda era pouco para o todo-poderoso intendente, em quem Humberto de Campos via "o apuro de um grão-duque educado em Paris", e que já de manhã aparecia de "sobrecasaca irrepreensível, cartola espelhante, calça caprichosamente talhada, pérola na gravata, rosto escanhoado e remoçado pelo banho, gardênia no peito, bengala de marfim incrustada de ouro e pedras", tudo isso envolto num halo de essências fortes, quase sempre o perfume francês Mes Délices.

Homem atarracado e moreno, de avançada calva e bastos bigodes brancos, dado a aventuras galantes, Lemos quis remodelar também os costumes dos munícipes. Para tanto, fez aprovar um Código de Posturas que vedava "proferir palavras obscenas nas ruas e lugares públicos, praticar atos ou gestos reputados ofensivos à moral e à decência, tomar banho nas praças e fontes públicas" ou, ainda, "chegar à janela ou porta em traje indecente ou em completa nudez, ou conservar-se em casa em tais condições, de maneira que possa ser visto pelos transeuntes".

A julgar pelo que se poderia observar nas ruas de Belém um século depois, Lemos teve mais êxito nas suas realizações materiais – e, quanto a estas, pode-se imaginar sua satisfação ao ouvir do engenheiro Francisco Pereira Passos em 1904, no momento em que o prefeito carioca iniciava a reforma do centro do então Distrito Federal: "Eu começo a fazer na minha cidade o que Vossa Excelência já fez na sua", disse-lhe o remodelador do Rio de Janeiro.

Antes mesmo da chegada do intendente Lemos ao poder, em 1897, Belém já decolava rumo à condição de cidade opulenta, cosmopolita e cintilante (o belíssimo Theatro da Paz, por exemplo, é de 1878), capaz de seduzir qualquer moço cujas ambições incluíssem, além do bolso cheio, uma vida divertida e animada – e era exatamente isso o que buscava, recém-chegado do Chile, o jovem imigrante Mariano Ernesto Ovalle, naquele final de século XIX.

Indócil, arrojado, o futuro pai de Jayme Ovalle embarcou na montanha-russa do comércio da borracha. Todo o látex que extraía acabava

A mãe de Ovalle, Elisa Coelho, era cearense e neta de índios. Casou-se duas vezes, ambas com cidadãos estrangeiros – um português e um chileno –, e teve oito filhos. Morreu ainda jovem, no Palácio do Catete, no Rio, que era então a sede da Presidência da República escorrendo de seus bolsos para as mesas de jogo. Parece ter se metido também em confusões políticas – contam seus descendentes que Mariano Ernesto era anarquista e que pagou por isso em prisões brasileiras, nas quais teria, empreendedor compulsivo, organizado os presos para fabricar sapatos e, com isso, ganhar dinheiro.

Incapaz de parar quieto por muito tempo, ele borboleteava pela região, e foi numa viagem ao Ceará que veio a conhecer aquela que seria a sua mulher, Raymunda Elisa Coelho.

Muitos anos mais tarde Augusto Frederico Schmidt evocará, no poema "Ovalle em Londres",

> a bela figura de teu pai
> ave de arribação que veio do Chile
> e foi pousar no Ceará

Schmidt fazia justiça à imponência física de Mariano Ernesto, homem alto (quase dois metros, exagerava a filha Orminda) de quem uma rara fotografia registrou a meia calva, as sobrancelhas grossas, a bigodeira derramada sobre a boca e o nariz ligeiramente adunco que legou ao filho Jayme. Nariz no qual, aliás, havia quem visse a confirmação de uma jamais comprovada origem judaica de Ovalle. Ele mesmo alimentou essa hipótese. Dizia que era judeu, nascido na Palestina. Durante toda a vida, em suas tormentosas discussões com Deus, levadas sempre de igual para igual, quando se via derrotado Jayme Ovalle costumava estapear o próprio rosto e bradar, entre soluços: "Apanha, judeu, apanha!".

Paraense neta de índio, Elisa Coelho era uma figura não menos impressionante, com seu olhar intenso e os malares proeminentes. Casou-se cedo, com um oficial de bordo português – que não tardaria a desembarcá-la, indo morrer no estrangeiro –, e teve um filho, Godofredo Coelho Furtado, o Dodô.

Elisa era viúva recente quando conheceu Mariano Ernesto, que a desposou pouco depois.

Foram viver no Pará, andaram pela ilha de Marajó, fixaram-se em Belém. O verbo "fixar-se" é menos aplicável a Mariano Ernesto, bicho-carpinteiro que o ímã dos negócios, do jogo e da aventura não deixava sossegar. Entre uma viagem e outra, fez oito filhos, quatro de cada sexo, dos quais apenas o caçula, Oscar, não chegaria à idade adulta.

A aura de névoa e mistério que haveria de envolver Jayme Ovalle para além de sua morte instalou-se já no momento de seu nascimento. Até mesmo esse fato se tornou difícil de determinar no tempo. Questão que, para ele, não tinha a menor importância:

– A gente perguntava a data – contará sua viúva, a escritora americana Virginia Peckham Ovalle –, ele respondia: "Qualquer uma". E explicava: "O dia do nascimento é de nossos pais, é de todo o mundo, o dia da morte é que é só nosso".

Tinha certo gosto em confundir quem se interessasse por sua biografia. Ainda segundo Virginia, mais de uma vez afirmou: "Nasci numa casa de loucos em Botafogo, minha mãe era doida".

Quando Ovalle morreu, em 9 de setembro de 1955, a certidão de óbito – lavrada no cartório da 5ª Circunscrição do Registro Civil das Pessoas Naturais, no Rio de Janeiro, cujo titular era o escritor Aníbal Machado – dava ao falecido 63 anos de idade. A informação se baseou em certidão de outro cartório carioca, o da 2ª Circunscrição, segundo a qual Jayme Ovalle teria nascido em 5 de agosto de 1892, não no Pará, mas no Rio de Janeiro, à rua do Hospício, 183 (donde, quem sabe, a tal "casa de loucos"), tendo sido registrado, com enorme e inexplicável atraso, em 30 de setembro de 1913 – quando já teria, portanto, 21 anos –, "em virtude de sentença do Dr. Juiz".

Tratava-se, porém, de documento falso, forjado para que Jayme Ovalle pudesse regularizar o registro em seu primeiro emprego, na Imprensa Nacional. Nomeado auxiliar de escrita em 25 de agosto de 1911, ele não poderia tomar posse, já que a idade mínima exigida no funcionalismo público era dezoito anos e ele mal chegara aos dezessete. Mas dispunha de pistolão de grosso calibre, ninguém menos que um senador da República, seu contraparente Artur de Souza Lemos, e brasileiramente se driblou a lei. Dois anos mais tarde, quando foi preciso acertar a situação, fabricou-se uma certidão, sem que ninguém jamais houvesse posto os olhos na tal "sentença" do anônimo "Dr. Juiz". A entrada tortuosa no serviço público não impediu que Jayme Ovalle viesse a ser, durante toda a vida, um funcionário exemplar.

Muito tempo depois de sua morte, os dados desse documento falso levariam a sobrinha Yedda, mulher do poeta Augusto Frederico Schmidt, a afirmar ao escritor Haroldo Maranhão que o tio, carioca de alma, o era também de nascimento. Longe de acreditar nisso, o romancista paraense teve seus brios estaduais ofendidos. "Não iria teimar, porém", escreveu ele num artigo de 1991, "e desgostar talvez a fina senhora de sotaque francês, que há muitos anos mora em Paris e só de vez em quando vem ao Brasil".

Em vez disso, o autor de *Memorial do fim* foi bater na porta do Cartório do 1º Ofício de Registro Civil de Nascimentos e Óbitos de Belém – e lá obteve documento capaz de confirmar e detalhar sua suposição: Jayme Ovalle nasceu na capital do Pará, à uma hora da manhã de 6 de agosto de 1894, numa casa que existiu no número 70 da estrada da Constituição, mais tarde avenida Gentil Bittencourt. Outra fonte permitiria acrescentar: foi batizado na Matriz de Nossa Senhora de Nazaré – embora se saiba que seus pais, em algum momento, foram recebidos na Igreja Presbiteriana.

"O que é do Pará o gato não come", comemorou Haroldo Maranhão num artigo sobre Ovalle, "O amigo de Deus" – e fez chegar a Yedda Ovalle Schmidt uma cópia do documento. Para o próprio Jayme, porém, a exata localização do berço era questão sem a menor importância, escreve Manuel Bandeira:

> Ovalle era o carioca de sua definição famosa, isto é, um sujeito nascido no Espírito Santo ou em Belém do Pará. Ovalle nascera no Pará. Mas não era, nunca foi paraense. Nunca foi de Estado nenhum: era brasileiro e sentia em si todos os Estados.

O zelo de Haroldo Maranhão permitiu esclarecer data e local, mas não foi suficiente para dissolver outra dúvida, essa relativa ao nome do compositor e poeta.

O documento obtido em Belém menciona Jayme Ovalle, sem mais. A certidão falsa, Jayme Rojas de Ovalle – o que não impediu que nos registros de funcionário público, nela baseados, a preposição se tenha deslocado, engendrando uma terceira hipótese onomástica: Jayme de Rojas Ovalle. E o próprio poeta encarregou-se de espalhar mais uma variante: por pretensão ou simples brincadeira, ele gostava de condimentar seu nome com ressonâncias hispânicas, apresentando-se como Jayme Rojas de Aragón y Ovalle.

Não eram denominações tiradas do nada. Na certidão fajuta, que ainda assim pode conter algumas informações corretas, Rojas é um dos sobrenomes do avô paterno, Manuel – ali pomposamente apresentado como "Don Manuel" –, aquele mesmo que teria posto porta afora o filho Mariano Ernesto; e outro, Aragón, da avó Praxedes. Uma das irmãs de Jayme, aliás, Cherubina, deu aos filhos, Cid e Doris, que teve com o comerciante Domingos Américo de Carvalho, não o sobrenome Ovalle, mas Rojas.

Como toda a família, Jayme exibia fumaças heráldicas e afirmava descender da nobreza espanhola, de uns emplumados Aragón e de certo Francisco Rodríguez del Manzano y Ovalle, que no ano de 1599 despencou de Salamanca para estabelecer-se em Santiago, onde viria a morrer em 1649. A informação figura num livro de título tão extenso quanto a família que Francisco inaugurou na América do Sul ao casar-se com a chilena María Pastene: *Árboles de las Decendencias de las muy nobles Casas, y apellidos de los Rodríguez del Manzano, Pastenes, y Ovalles, por el Dotor D. Alonso Ortiz de Ovalle, – capellan de honor de su Magestad, Rector de Su Real Capilla y Calificador de la Suprema Inquisición*. Um exemplar da obra, pelo menos, veio ter às mãos dos Ovalle brasileiros, e na virada para o século XXI era zelosamente conservado por Jannie Jabukovicz Ovalle, viúva de Edgar, um dos irmãos de nosso personagem.

O ramo brasileiro da família teria bons motivos para orgulhar-se desse d. Alonso mencionado no título do livro, jesuíta ilustre que, removido a certa altura para as culminâncias de Roma, mergulhou no banzo – e, para contrabalançar as saudades da pátria, pôs no papel um relato, a *Histórica Relación del Reyno de Chile*, que faria dele o primeiro historiador de seu país, além de "maestro del idioma castellano", pela pureza do estilo, segundo o *Diccionario de Autoridades* da Real Academia Espanhola. Publicada em Roma em 1646, a obra, três séculos e meio depois, ainda é considerada a crônica de mais alto valor literário e estilístico do Chile colonial.

Não é d. Alonso o único fruto notável na árvore genealógica dos Ovalle, na qual se dependura também um dos próceres da independência chilena, Juan Antonio Ovalle, cuja deportação para o Peru precipitaria a derrocada dos colonizadores espanhóis, em 1810. E, ainda, José Tomás Ovalle, um conservador que chegou a ser presidente interino da República, em 1830 – só não foi confirmado no cargo por haver morrido, um ano mais tarde, antes das eleições que provavelmente venceria. Em sua homenagem é que se chama Ovalle uma cidade a 412 quilômetros de Santiago, rica em minerais, forte na produção agrícola e orgulhosa da beleza de suas mulheres, que segundo os *ovallinos* seriam as mais belas do Norte do Chile.

A irmã mais velha de Jayme Ovalle, Praxedes, de apelido Teté, lá esteve certa vez em peregrinação sentimental, em companhia da filha Yedda, e não terá feito má figura ao lado das nativas. Pois eram afamados pela beleza, uns mais, outros menos, os rapazes e as moças que Elisa e Mariano Ernesto puseram no mundo.

Um deles, Waldemar, que morreria jovem, em 1929, consumido ao longo de três anos por uma tuberculose cevada na boemia, deixou no Rio de Janeiro a legenda de uma estampa fora do comum. "A sua beleza era dessas que nem só às mulheres impõem a sua forma de sedução", escreveu sobre ele Manuel Bandeira. "É que, com ser fina e apurada, tinha ela aquele caráter de simplicidade franca, de naturalidade, de força pálida, de virilidade autêntica enfim."

Os mesmos dotes possuía Edgar, o gêmeo com que Waldemar veio ao mundo em 1903 e que, segundo Bandeira, era "o seu retrato". "Eram os rapazes mais bonitos da época, que alvoroçavam todas as pequenas",

contava o jornalista e dramaturgo Brício de Abreu. Ambos foram comerciantes. Waldemar, em algum momento de sua breve existência, voltou a Belém e lá abriu uma joalheria, que não prosperou. Edgar Ovalle foi sócio numa fábrica de pílulas de rejuvenescimento que não durou muito e, em seguida, de um laboratório de nome Spalt, para depois tornar-se diretor da Inbasa, indústria de produtos alimentícios que pertencia a Roberto Marinho, o dono do jornal *O Globo*. Antes de casar-se, em 1954, com Jannie Jabukovicz, Edgar viveu com Maria Augusta Dias Teixeira, afamada modista paraense, sem amarrar-se no papel, pois ela era desquitada. Teve uma filha, Ana Maria, e, com Jannie, Eliana, que foi por algum tempo atriz de telenovelas.

Os irmãos Ovalle em Paquetá, pouco depois da chegada de Belém. Da esquerda para a direita, Jayme, Orminda, Praxedes, Cherubina, Leolina, e o meio-irmão Godofredo, o Dodô. No chão, os gêmeos Waldemar e Edgar

Entre as quatro moças Ovalle, todas bonitas, a que mais admiração provocava era Orminda. Em 1922, esteve à beira de ganhar o primeiro concurso de beleza feminina (ainda não se falava em "miss") realizado no país, por ocasião do centenário da Independência do Brasil – evento duplamente importante por ter sido, também, objeto do primeiro documentário brasileiro de longa-metragem, *Sua Majestade, a mais bela*, de Alberto Botelho, lançado em 1923.

Classificada em segundo lugar, por muito pouco não foi Orminda quem recebeu as honras que couberam à vencedora, Maria José Leone, a Zezé Leone, paulista de Santos instantaneamente promovida à condição de celebridade federal. Orminda poderia, quem sabe, ter inspirado, como sua afortunada concorrente, o foxtrote "Vênus", do compositor carioca José Francisco de Freitas, o "Freitinhas". Ou emprestado seu nome a uma sobremesa cremosa que se eternizou em livros de receitas, como fez Zezé Leone.

Em outro certame do gênero, porém, promovido em 1923 pelo jornal *A Noite* e pela *Revista da Semana*, foi a irmã de Ovalle quem ficou em primeiro. A revista *Renascença* dedicou-lhe então toda uma página, sob o título "Orminda Isabel de Aragón y Ovalle", manifestando "o prazer de publicar um retrato não conhecido da mulher mais bela do Brasil". Para decepção de muitos leitores, que certamente apreciariam uma evidência fotográfica, o editor ignorou "seus traços

Orminda, a mais celebrada das filhas de Elisa e Mariano, por pouco não venceu um concurso nacional de beleza em 1922. Casou-se duas vezes, com homens tão maduros que, dizia-se na família, talvez tenha morrido virgem

fisionômicos", sua "testa escultural", sua "plástica impecável", seu "tipo clássico, inconfundível", preferindo ocupar-se de "alguns traços característicos do perfil psicológico de Orminda Ovalle", "mulher essencialmente espiritual, misto de ideal pagão no culto à Beleza e de misticismo oriental no culto à Perfeição".

Soube-se então que a beldade, "descendente da antiga aristocracia dos Aragón da Espanha", vinha rejeitando pretendentes de boa posição social e econômica, por não ter ainda conhecido o amor. Quando se casasse, adiantava *Renascença*, não haveria de ser com um moço, mas "com um homem já grisalho, elegante, distinto de maneira, de caráter, e talentoso; perfeito cavalheiro, homem simples e carinhoso (sem excessos), espontâneo nos seus modos aristocratas, capaz de fazer feliz um lar". Orminda achava, contudo, "quase impossível realizar esse tipo de homem", e por isso considerava a hipótese de permanecer solteira.

Para descartar tão categoricamente os pretendentes jovens, não é impossível que àquela altura já houvesse gavião maduro rondando o seu telhado; o certo é que mais de um veio a pousar ali: Orminda Ovalle casou-se duas vezes, em ambas com cavalheiros distintos, elegantes e grisalhos (além de endinheirados): o marechal José Alípio Macedo da Fontoura Costallat e o banqueiro Eugênio Richard. Com nenhum deles teve filhos, e não faltou quem maliciasse: dividindo o leito com esposos tão vetustos, não seria descabido supor que a rainha da beleza de 1923 tenha sido um caso de virgindade vitalícia.

Orminda andava pelos 34 ao se casar com o marechal, quarenta anos mais velho. Tão vivido que já era cinqüentão e general em 1904, quando, comandante da Escola Militar da Praia Vermelha, no Rio de Janeiro, foi deposto pelos cadetes que apoiavam a revolta popular contra a vacina obrigatória. Pai de Benjamin Costallat, romancista de grande sucesso na década de 1920, o cunhado de Ovalle seria, em 1910, avô de Lota, Maria Carlota Costallat de Macedo Soares – futura companheira da poeta americana Elizabeth Bishop e responsável, nos anos 1960, pela urbanização do Aterro do Flamengo, no Rio de Janeiro.

Outro neto de José Alípio, Renato de Almeida Prado Costallat, conta que foi Orminda Ovalle quem pediu o marechal em casamento. Sem ser um nababo, o venerando militar era mais do que remediado, proprietário de numerosas casas alugadas. Em sua homenagem é que se batizou mais tarde o morro Costallat, em Paquetá. Razoavelmente preservado pela passagem do tempo, o primeiro marido de Orminda era um homem alto e forte, e tinha o rosto adornado com bigode e mosca. Educado na rigidez da vida militar, era austero e não admitia, por exemplo, que se gargalhasse à mesa.

Receoso de ser deposto outra vez, agora por civis, trocado por varões mais guapos e operantes, o calejado homem de armas impôs condições para aceitar a proposta matrimonial de Orminda. A esposa, decidiu José Alípio, não poderia sair de Paquetá senão na sua companhia. Lourenço, seu secretário, foi encarregado de satisfazer os caprichos da ornamental Orminda – que, justiça lhe seja feita, seria fiel e dedicada ao marido até o fim. Não só a ele: também aos pobres de Paquetá, dos quais se ocupava, chegando a lhes servir de enfermeira.

O casamento durou nove anos, até a morte do marechal, já octogenário, em 1933. Apagou-se em tão boas condições mentais que seu médico, o dr. Sílio Boccanera (avô e xará do futuro repórter de televisão), cogitou dissecar seu cérebro, na esperança de desvendar o segredo de tamanha lucidez.

O segundo marido de Orminda Ovalle, o banqueiro Eugênio Richard, foi um astuto homem de negócios que em 1923 comprara e loteara uma fazenda, convertendo-a no que viria a ser o bairro carioca do Grajaú. Era veterano de um casamento, mas sua condição de desquitado não impediu que se juntassem e fossem felizes até a morte de Eugênio. Outra vez viúva, Orminda teria estado à beira de um terceiro matrimônio, pois, de acordo com um sobrinho, entreteve, já outoniça, um romance – platônico – com um igualmente vivido senhor, de tilintante sobrenome Guinle. Mas foi sozinha que a mais bela das Ovalle se finou, nos anos 70.

Também Jayme Ovalle, com sua pele morena, seus cabelos ondulados, quase crespos, e seus olhos verdes, era um tipo de beleza – beleza inconvencional e algo impressionante, capaz de pela vida afora encantar fêmeas e machos. Tinha o ar "de uma coisa que não existe, que é um nobre árabe", tentou defini-lo o jovem pintor Alberto Martins Ribeiro, que com ele conviveu nas primeiras décadas do século. "Era Ovalle, quando o conheci, um belo tipo de homem, embora descuidado e com os cabelos sempre em revolta", disse outro companheiro de juventude, o poeta Augusto Frederico Schmidt. "Usava então um monóculo desafiador encravado no olho."

Mais de cinqüenta anos depois de tê-lo conhecido no Rio de Janeiro, e convivido com ele em Nova York de 1946 a 1948, Helena Valladares, a primeira mulher de Fernando Sabino, vai se lembrar de Ovalle como "um homem estranhíssimo, muito moreno e com olhos verdes que pareciam ter uma luz, olhos de águia, e cabelos alvoroçados, uma figura estranha, de índio, não índio dos nossos, talvez um índio peruano". Helena, na época "uma menina", admite que levou anos para reconhecer beleza em tanta bizarria.

A imagem dos "olhos de águia" aparece em vários outros depoimentos, os de Vinicius de Moraes e de Fernando Lobo, por exemplo. O jornalista, compositor e comediógrafo Brício de Abreu via nele uma "fisionomia de aço". Chamava também a atenção a morenice de Jayme Ovalle, que já maduro se comprazia em espicaçar os companheiros de trabalho com conclamações do tipo:

– Nós, os mulatos da Alfândega, precisamos nos unir!

Era uma figura prematuramente envelhecida, permitem concluir fotos feitas na mocidade. Deliberadamente envelhecida, talvez, pois Ovalle era bem moço quando encaixou no olho esquerdo um monóculo – que não aposentou antes dos anos 50, quando já ninguém usava semelhante antigualha. E nem era o monóculo cristalino que se poderia imaginar na composição do vulto de um artista romântico. Pelo contrário, o de Ovalle vivia borrado de impressões digitais, contava sua mulher, Virginia Peckham, que o conheceu em 1947, quando ele tinha 53 anos de idade e que foi por ele vista pela primeira vez através de uma lente enevoada.

Tinha sempre um monóculo de reserva no bolso do colete, como atesta uma historinha presenciada por Fernando Sabino durante um passeio pelo Central Park, em Nova York. Os dois olhavam as focas num tanque quando uma amiga de Ovalle veio por trás e lhe deu uma palmada nas costas, fazendo o monóculo voar longe e espatifar-se. Sem dar-se o trabalho de virar-se, ele pinçou outro na algibeira e continuou a contemplar o tanque.

– As focas são inocentes – seguiu dizendo, como se nada tivesse acontecido. – Nem se incomodam de serem vistas assim, completamente nuas.

Velho vocacional, digamos assim, mesmo quando se considera a sisudez compulsória do visual masculino da época, Jayme Ovalle parece ter sido um menino algo bizarro. Esquisitinho, pelo menos, como adiante se verá.

Criou-se entre Belém e a ilha de Marajó, alternando momentos de fartura e de aflições materiais, ao sabor das elásticas finanças do pai aventureiro. Terá sido traumatizante, para ele, ver os recursos de Mariano Ernesto se esvaírem no ralo da roleta – e pode estar aí a explicação para a extrema prudência com que tratou questões de dinheiro pela vida afora. Ou então numa história que contava a sobrinha Doris Rojas de Carvalho: ele teria se tornado um mão-fechada depois do dia em que, garoto em Belém, pagou o bonde para uma senhora, sua vizinha, e a prodigalidade lhe valeu em casa uns cascudos da mãe.

O fato é que Jayme Ovalle veio a ser um homem cauteloso, para dizer o mínimo, na administração de seus caraminguás. Mas justiça lhe seja feita: nunca deixou de ajudar os familiares que dele precisaram. Socorreu, sobretudo, a irmã Leolina, enquanto o cunhado Euclydes Hermes esteve preso, após o episódio do levante dos tenentes no Forte de Copacabana, em 1922. No final dos anos 40, contribuiu para que a sobrinha Isolda pudesse estudar em Florença. Doris, nos Estados Unidos, pôde contar com o que ele chamava de “dinheirinho”. E Virginia, sua futura mulher, recebeu dele auxílio nos meses que passou na Itália, antes de se instalar no Rio de Janeiro para se casar.

Na opinião do sobrinho Murillo Hermes da Fonseca, que com ele privou durante extensa temporada em Londres, Ovalle era movido pelo pavor de ficar pobre. Escaldado, tinha aversão aos jogos de azar que arruinaram o pai. Dinheiro era coisa séria demais para ficar exposta às incertezas da roleta e do carteado, ensinava a Augusto Frederico Schmidt, doze anos mais novo do que ele. E não admitia que em sua presença se falasse mal de dinheiro.

Jayme Ovalle, na juventude, tinha o ar "de uma coisa que não existe, que é um nobre árabe", dizia o pintor Alberto Martins Ribeiro

Jayme Ovalle não teve educação formal. Chegou a ser confiado a uns irmãos maristas franceses que em 1903 se estabeleceram em Belém, mas pouco tempo depois os religiosos do Convento de Nossa Senhora do Carmo o devolveram aos pais, por considerá-lo incapaz de aprender as primeiras letras. Mandassem outro em seu lugar, sugeriram.

Quem conta é a filha, Mariana Ovalle, num trabalho escolar para o Colégio Andrews, no Rio de Janeiro, aos doze anos de idade, sobre o pai que perdeu aos três: foi sozinho que ele aprendeu a ler e escrever.

Alfabetizado ao largo das salas de aula, na idade adulta Jayme Ovalle se ressentirá de uma formação deficiente, e exibirá uma caligrafia áspera, garranchos crispados só a custo decifráveis. Letra de quem não gostava de escrever, dirá o sobrinho Murillo. E carregava seqüelas de dificuldades de outra ordem, de que Mariana dá notícia em seu relato escolar:

> Também não gozava de saúde, sendo fraquinho, com a cabeça grande e malformada, e sujeito a ataques de tipo epilético. Vivia num reino quase místico por ele mesmo imaginado.

Virginia, sua viúva, confirmava: "Ovalle tinha epilepsia, não muito severa; quando rapaz, chegava a cair". Nos anos em que conviveu com ela, de 1947 a 1955, não chegou a ter crises – mas por vezes "ficava parado, estático", sem saber se estava doente ou tendo visões. "Pensava que estava vendo coisas", contava Virginia, "não se sentia doente."

Yoyô para a família, para a criançada das vizinhanças o menino Jayme era o "Doido". Em casa, vivia solitário – era "uma figura de ridículo, desorientado e triste", descreve Mariana, que para traçar o perfil do pai se valeu de depoimentos da parentada. Pouca segurança lhe vinha do meio-irmão Godofredo, o ocupado chefe da família, bem mais velho do que ele, e nenhum apoio poderia esperar dos dois gêmeos, Edgar e Waldemar, sete anos mais novos. Quanto às quatro irmãs – Praxedes, Cherubina, Orminda e a pequena Leolina –, essas "não o protegiam em nada", uma vez que viviam "em outro sonho", o sonho da beleza.

Foi em companhia de uma delas, Cherubina, a Bina, que Jayme Ovalle fez a sua iniciação musical – e pôde então abandonar o desmilingüido violino de uma corda só que arranhava pela casa e do qual se lembrará, já adulto, em conversas com Schmidt.

Ao lado de Bina, tomou aulas de piano e bandolim com Edoardo Pierantoni, compositor, regente e professor napolitano que no esplendor da era da borracha foi dar com os costados em Belém e por lá ficou. Figura das mais respeitadas na cidade, diretor de orquestras que tocavam em cinemas e animavam bailes, o mestre italiano deixou, ao morrer, em 1922, copiosa e diversificada produção musical, com destaque para o tango "Guajará". Suas lições foram um bom começo a que Jayme Ovalle não daria seqüência senão muitos anos mais tarde, já homem-feito. Também como músico, foi deficiente a sua formação.

Cortando a jaca

no Catete

2

Após a morte do marido, em 1904, Elisa Coelho Ovalle viu complicar-se a situação financeira da família – e, em 1911, resolveu descer com a filharada para o Rio de Janeiro. Em boa hora o fez, pois o ciclo da borracha começava a desinflar, anunciando tempos de desemprego e pobreza na região.

A história é conhecida: em 1867, um inglês de nome Henry Wickham recolheu em Boim, na margem esquerda do rio Tapajós, 7 mil sementes de *Hevea brasiliensis*, a seringueira, que, aclimatadas no outro lado do planeta, em 1876 começaram a ser cultivadas em ambiciosa escala no Ceilão, Malásia, Cingapura, Bornéu, Java e Sumatra. Em 1912, a produção de borracha do Oriente ultrapassou, para sempre, a brasileira – fazendo com que em poucos anos murchasse quase por completo o que fora na Amazônia uma exuberante bolha de progresso.

Não se pode afirmar que Elisa Coelho Ovalle anteviu a crise. O que se lê na memória familiar, recolhida meio século depois no trabalho escolar da neta Mariana, é que em 1911 a ainda jovem senhora partiu "em busca de um futuro mais amplo", de "ricos casamentos" para suas belas meninas.

A explicação não exclui outra, sustentada pelo musicólogo paraense Vicente Salles: dona Elisa teria resolvido deixar Belém porque, naquele ano, o intendente Antônio José de Lemos caíra em desgraça.

Hipótese nem um pouco descabida. Entre as duas famílias havia laços que iam além da amizade, pois um sobrinho de Lemos, o cadete Caio Lustosa de Lemos, estava namorando Praxedes, a filha mais velha de Elisa Ovalle – e, num momento de turbulência política como aquele, eventualmente extensivo à família e adjacências, não seria má idéia buscar abrigo bem longe do Pará; no Rio de Janeiro, onde um irmão de Caio, Artur de Souza Lemos, de quem já se falou, era então senador da República.

Para o Rio também foi, aliás, o próprio intendente, de quem Artur, mais que sobrinho, era genro e herdeiro político. O senador o acolheu em sua casa carioca após o terrível pesadelo que o antigo protetor viveu em Belém, no final de agosto de 1912.

E põe pesadelo nisso. Em junho de 1911, os adversários haviam forçado Lemos a renunciar – mas não se deram por satisfeitos, uma vez que ele, mesmo tendo sido apeado do Poder Executivo, era senador estadual e, mais, seguia pastoreando vastos currais eleitorais. Assim, ano e pouco depois de largar a intendência, Lemos teve a sua luxuosa casa e o prédio de seu jornal, *A Província do Pará*, saqueados e incendiados pelo populacho. Os bombeiros foram chamados, conta o biógrafo Carlos Rocque, mas em vez de esguichar água teriam açulado as chamas com jatos de querosene.

O velho Lemos, que se refugiara na casa de um vizinho, foi caçado até que o encontrassem, na manhã de 30 de agosto, metido ainda no pijama amarelo em que passara a noite. Nesses trajes a turba o arrastou para a rua, cobrindo-o de insultos, tabefes, cusparadas. "Ele está com medo! Olhem como ele treme!", bramiu alguém. "Não é medo!", balbuciou Lemos, "não estou tremendo!" Foi preciso que um adversário lhe desse proteção.

Nunca se refez de tamanha humilhação. Morreu amargurado ano e pouco mais tarde, em outubro de 1913, na casa carioca do senador Artur, antes de completar setenta. Numa coincidência de extraordinário mau gosto, registra Carlos Rocque,

> a morte colheu-o quando uma residência próxima era destruída por um incêndio. Seu coração não suportara a evocação da destruição da Província e de sua casa-museu. No delírio que antecedeu a morte,

A casa de Antônio José de Lemos ao tempo em que ele era o manda-chuva da política paraense, e destruída pelo populacho quando caiu em desgraça, em agosto de 1912

deve ter visto os bombeiros jogando querosene, os vândalos ateando fogo, depois do saque às suas obras de arte, as labaredas devorando o seu lar, o seu jornal. O desespero ficou retratado nos olhos do cadáver.

Seis décadas mais tarde, apagadas as paixões que ditaram a sua desgraça, o caudilho seria reabilitado pelas autoridades do Pará. Em 1973, seus ossos foram levados do Rio para Belém e, com grande pompa e reverência, depositados no edifício da Prefeitura, então rebatizado Palácio Antônio José de Lemos.

Foi por etapas que a família de dona Elisa Coelho Ovalle se instalou no Rio de Janeiro. Na frente seguiu Dodô, o primogênito Godofredo, para quem o senador Artur conseguiu emprego na Guardamoria da Alfândega, repartição do Ministério da Fazenda. Dodô haveria de fazer bonita carreira no serviço público. Chegou a diretor da Casa da Moeda, onde, segundo o sobrinho Murillo Hermes da Fonseca, uma de suas atribuições consistia em rubricar, uma a uma, as células de mil-réis encomendadas à Thomas de La Rue & Company, de Londres. Era um volume tão grande de notas que Godofredo, funcionário aplicado e confiável, foi autorizado a levar parte para rubricar em casa. "Lembro-me dele assinando dinheiro", dirá, já octogenário, o sobrinho Murillo, na época menino.

Tão logo se instalou na capital do país, Dodô fez vir de Belém o meio-irmão Jayme.

Para o garoto da província, que ainda não completara dezessete anos de idade, a capital da República foi um deslumbramento. Com 928 mil habitantes, o Rio de Janeiro de 1911 era a maior cidade do país – cuja população andava pelos 22 milhões –, bem à frente, ainda, de São Paulo, com seus 350 mil moradores.

Esperava-o uma metrópole farta em novidades – a começar pelo cais do porto onde atracou o ita que o trouxe do Norte. Inaugurado em 1910, dele já não fugiam os navios estrangeiros que durante décadas evitaram o Rio de Janeiro, temerosos das pestes que volta e meia assolavam a cidade.

Em março de 1907 o sanitarista Oswaldo Cruz pudera comunicar ao presidente Rodrigues Alves que "a febre amarela já não mais devastava sob a forma epidêmica a capital da República". Dois outros flagelos, a varíola e a peste bubônica, também estavam sob controle, e é significativo que em 22 de julho daquele ano o Rio de Janeiro tenha recebido a sua primeira leva organizada de turistas estrangeiros, a bordo do paquete britânico *Byron*, sob os auspícios da agência Cook, de Londres.

No cocuruto do Corcovado, 710 metros acima do mar, ainda não se equilibrava o Cristo Redentor, o que só aconteceria em 1931, mas em breve – 1912 – teria início o vaivém aéreo do bondinho do Pão de Açúcar. Aberto em 1892, o túnel Real Grandeza, depois rebatizado Alaor Prata e conhecido sobretudo como Túnel Velho, pusera a lonjura de Copacabana ao alcance de uma linha de bonde. Mesmo com a inauguração do Túnel Novo, porém, em 1904, a futura Princesinha do Mar seguia sendo "um fim de mundo, coberto de areal e de pitangueiras", descreve Raimundo Magalhães Júnior.

O cronista e poeta Alvaro Moreyra conta que por essa época o escritor Coelho Netto reagiu com incredulidade quando o pintor Henrique Bernardelli, seu compadre, o aconselhou a investir cem contos de réis supervenientes na compra de terrenos em Copacabana, "a quatrocentos réis o metro de frente", argumentando que "aquilo" ia progredir. "Quê?", horrorizou-se o autor de *A capital federal*. "Enterrar o meu dinheiro na areia? Você está maluco!"

Outro escritor, Aluísio Azevedo, cônsul brasileiro em Buenos Aires, zangou-se com o colega, amigo e procurador Graça Aranha quando este, tendo recebido em seu nome uma quantia referente a direitos autorais, comprou sem consultá-lo alguns lotes em Copacabana. "Venda tudo com urgência e mande-me os cobres!", exigiu o teatrólogo de *Os doidos*, que, tendo morrido pouco depois, em 1913, não teve tempo de se arrepender.

Naquele 1911 em que Jayme Ovalle chegou ao Rio, era quase uma extravagância morar em Copacabana – caso do escritor e jornalista sergipano Gilberto Amado, futuro diplomata e acadêmico que, aos 24 anos de idade, ali ocupava um quarto numa certa Pensão Oceânica. Costumava, conta em suas memórias, tomar banho de mar, nu, "alta noite, madrugada", na companhia eclética de um inglês, correspondente do jornal *The Times*, um padre jesuíta francês e um comerciante cearense, moradores na mesma pensão. A avenida Atlântica, lembra Gilberto Amado, era um deserto onde cartazes de "vende-se" anunciavam terrenos a baixíssimo preço. Não havia banhistas – "balneário", atesta ele, "só o Flamengo".

Eram certamente mais numerosos do que aqueles gatos pingados (e desnudos) da Pensão Oceânica quando, seis anos mais tarde, o prefeito Amaro Cavalcanti julgou útil estabelecer horários e normas para o uso das praias do Leme e de Copacabana. No verão, ficava permitido freqüentá-las das cinco às oito da manhã e das cinco às sete da tarde, com uma hora adicional aos domingos e feriados, desde que o banhista se apresentasse "com vestuário apropriado, guardando a necessária decência e compostura", e se abstivesse de produzir "quaisquer ruídos e vozerias na praia ou no mar", sob pena de multa de 20 mil-réis, conversível em cinco dias de prisão se o infrator não tivesse como pagar.

Jayme Ovalle não chegou a conhecer Copacabana sem a avenida Atlântica, onde haveria de acabar seus dias, aberta em 1906 por Francisco Pereira Passos – o prefeito que, a partir de 1902, auxiliado pelo engenheiro Paulo de Frontin, promoveu a mais profunda reforma urbana que o Rio de Janeiro já experimentou, redesenhando radicalmente o Centro da cidade. Pôs abaixo quase setecentas velhas edificações e no curto espaço de vinte meses abriu, da antiga Prainha, atual praça Mauá, ao largo da Ajuda, hoje Cinelândia, os quase dois quilômetros da avenida Central – o bulevar afrancesado que em 1912, alguns meses após a chegada de Ovalle, receberia o nome definitivo de avenida Rio Branco. "Há poucos dias as picaretas, entoando um hino jubiloso, iniciaram os trabalhos de construção da avenida Central", saudara o poeta Olavo Bilac nas páginas da revista *Kósmos*, em março de 1904:

> No aluir das paredes, no ruir das pedras, no esfarelar do barro, havia um longo gemido. Era o gemido lamentoso do Passado, do Atraso, do Opróbrio. A cidade colonial, imunda, retrógrada, emperrada nas suas velhas tradições, estava soluçando no soluçar daqueles apodrecidos materiais que desabavam.

Com seus 33 metros de largura, uma enormidade para os padrões urbanísticos nacionais de então, a avenida que Rodrigues Alves inaugurou em novembro de 1905 não tardou a receber a franja cintilante de modernos prédios como a Escola Nacional de Belas-Artes, a Biblioteca Nacional e o Theatro Municipal. Não demoraram a surgir também os cinematógrafos, aos quais Bilac se referira em 1907 como sendo "a ocupação dos desocupados do Rio". "Há indivíduos que passam todos os dias quatro ou cinco horas nos cinematógrafos da Avenida, de boca aberta, a ver tremer na tela branca a vida saracoteante das fitas...", acrescentou Bilac numa crônica intitulada "Moléstia da época", para em seguida informar que fizera naquele dia, sábado de Finados, a sua "estréia de freqüentador das sessões cinematográficas".

Na paisagem carioca em que Ovalle pôs os pés pela primeira vez já não causava susto nem estranheza o estardalhante tráfego de veículos motorizados, como acontecera em 1902, quando o jornalista José do Patrocínio trouxe da Europa o primeiro carro a circular nas ruas do Rio de Janeiro.

"Era a vapor e causou sensação, sobressaltando os transeuntes e assustando os pacatos muares que até então monopolizavam o transporte urbano", registra Sérgio D.T. Macedo em suas *Memórias do Rio*. "O carro de Patrocínio, buzinando estrepitosamente, saltava mais do que cabrito nas ruas mal calçadas e esburacadas do Rio da época e terminou seus dias arrebentando-se numa estrada da Tijuca." "E, subitamente, é a era do Automóvel", anotou o escritor e jornalista João do Rio em 1911:

> Vivemos inteiramente presos ao Automóvel. O Automóvel ritmiza a vida vertiginosa, a ânsia das velocidades, o desvario de chegar ao fim, os nossos sentimentos de moral, de estética, de prazer, de economia, de amor.

Pelas ruas do novo Centro do Rio de Janeiro trafegava ainda, além daqueles fumarentos carros, o ranço do atraso, de que no começo de 1911 se pôde ter uma ruidosa ilustração: a vaia com que passantes receberam uma atrevida que ousou circular pelas calçadas da avenida Central embalada numa *jupe-culotte*, última moda parisiense. Tamanho foi o escândalo que poucas semanas mais tarde a irreverência carioca já havia produzido uma opereta intitulada *Saia-calção*, encenada ao inaugurar-se o Teatro Chanteclair. Não havia no Rio, em todo caso, nada mais moderno que a avenida Central. Conta Gilberto Amado que ela não era apenas uma rua,

> uma artéria, mas o lugar de encontro obrigatório e cotidiano da elite política e social da cidade. Apesar de em alguns pontos ainda enramada de andaimes à frente das construções inacabadas, tornara-se o logradouro onde pascia vagarosa e deleitada a parte desocupada da população: políticos, literatos, mulheres da sociedade e da "vida" – estas em grande número.

Desde as onze horas da manhã, prossegue Amado,

> coalhava-se a Avenida de verdadeiras tulhas de deputados, senadores, repórteres, parasitas, curiosos, formando, com suas roupas de casimira preta ou de cor sombria, verdadeiras bolhas imóveis, coágulos escuros nas calçadas. Fraques, sobrecasacas e algumas cartolas escureciam o fundo por onde passava, num roçagar de sedas, encorpadas matronas, acompanhadas de filhas revoantes em leves organdis e musselinas, que alegravam a tonalidade tristonha da indumentária dominante. As bengalas – fora Quintino Bocaiúva e Rui Barbosa todo homem, eminente ou obscuro, usava-as – batiam nas pedras pontuando a conversação. As bigodeiras fartas, cavanhaques e peras, que hoje nos fazem medo nas fotografias da época, tisnavam, pincelavam o ar.

Conta ainda o memorialista sergipano, homem do espírito atento também às questões da carne:

> À esquina da rua Sete de Setembro, ficava o cinema Odeon, onde, à noite, moças estrangeiras vestidas de branco tocavam violino. No Pavilhão Internacional, de Pascoal Segreto, defronte da Galeria Cruzeiro, às sessões do Animatógrafo, às primeiras horas da noite, sucediam as exibições de filmes obscenos, iguais aos que se mostravam em certos bordéis de Paris, de um

realismo torpe. A sala enchia-se de deputados, senadores, comerciantes, dos homens mais sérios e de mulheres da vida, da rua Senador Dantas, Sete de Setembro (a esse tempo ainda rua de mulheres), beco dos Carmelitas, que pousavam ali um instante para saírem acompanhadas de novos fregueses.

Naquele clima de facilidade de costumes, o intenso tráfego carnal assumia o caráter regular de um negócio lícito, de absoluta normalidade.

A Galeria Cruzeiro de que fala Amado era uma novidade daquele ano em que Jayme Ovalle chegou ao Rio. Construída pela Light para servir de estação de bondes da Cia. do Jardim Botânico, existiu até o final da década de 1950, no lugar onde depois se ergueu o edifício Avenida Central, e foi por muito tempo um dos pólos da boemia carioca. O nome, posto pelos freqüentadores, veio do fato de que no térreo duas galerias se cruzavam. Lá funcionaram, sempre fervilhantes, dois estabelecimentos que fizeram época: o Bar Nacional e o restaurante Ao Franziskaner, por todos conhecido como Brahma.

O adolescente Jayme Ovalle não se vestia no Almeida Rabelo ou no Raunier, como os elegantes de 1911, nem tinha caixa para freqüentar a Confeitaria Colombo, aberta desde 1894 na rua Gonçalves Dias. Indiferente que era aos esportes, não há notícia de que tenha experimentado algum frisson quando, no mesmo ano de 1911, o Flamengo, fundado em 1895 como clube de regatas, criou seu departamento de futebol, montando um time com atletas rebelados numa dissidência interna do Fluminense. Querendo vingança contra o antigo clube, os neo-rubro-negros desafiaram os tricolores no ano seguinte, disputando o primeiro Fla x Flu da história. E perderam por 3 a 2.

Também não há registro de que Jayme Ovalle tenha, de imediato, se interessado – como não tardará a fazer – pelos Tenentes do Diabo, os Democráticos ou os Fenianos, as sociedades que animavam o carnaval numa cidade onde só bem depois, em 1933, a polícia vai autorizar as primeiras escolas de samba a descer às ruas, até então território exclusivo dos blocos e cordões.

Eram de outra ordem as preocupações de Jayme Ovalle. Mal chegara ao Rio e, em agosto, assumia o emprego que o senador Artur de Lemos conseguira para ele na Imprensa Nacional. Completara dezessete anos no início daquele mês. Em 1913, quando foi preciso regularizar sua situação, fez concurso para escriturário do Ministério da Fazenda – "um concurso, na verdade, prestado no Paraná, em condições extraordinariamente cômicas, e em que ele deveria ser aprovado de qualquer maneira", revelará Augusto Frederico Schmidt num artigo publicado três anos após a morte de Ovalle.

Que "condições extraordinariamente cômicas" teriam sido essas? Schmidt limita-se a informar que a nomeação se deu "ao tempo do marechal Hermes" – e, com isso, dá a pista: o candidato "deveria ser aprovado de qualquer maneira" porque o padrinho de que dispunha já não era o senador que lhe abrira as portas da Imprensa Nacional, mas o próprio presidente da República.

Sim, o presidente Hermes da Fonseca – e o arranjo para acertar a situação funcional do moço Jayme refletia o fato de que os planos matrimoniais de dona Elisa para as filhas estavam dando mais certo do que ela poderia ter imaginado.

Não seriam apenas os casamentos da bela Orminda com dois cavalheiros tão maduros quanto abonados, como já foi dito. O bem-sucedido desencalhe das moças Ovalle começou ainda em Belém, com o namoro de Praxedes e aquele irmão do senador, o cadete Caio Lustosa de Lemos. Não tardaram a se casar – por procuração, pois o rapaz cursava no Rio a Escola Militar. Teriam quatro filhos: Yann, Yedda – a futura mulher de Augusto Frederico Schmidt –, Caio Marcos e Artunio, que não passou dos nove meses de idade. Caio Marcos Lemos teria, como o tio Jayme, um pé na música. Oficial do Exército, durante a Segunda Guerra ele compôs, em parceria com Humberto Teixeira (o célebre autor de "Kalu", "Respeita Januário" e, com Luiz Gonzaga, "Assum preto", "Juazeiro" e "Paraíba"), a marcha-dobrado "Pelo Brasil! Pela vitória!" e a pedagógica "Racionamento", que conclamava os cidadãos a poupar combustíveis ("Enquanto a guerra de petróleo precisar/ Nem mesmo isqueiro a gente vai usar...").

O marido de Praxedes, que morreria general em 1944, exerceu grande influência sobre os Ovalle. Caio Lustosa de Lemos tinha pendores intelectuais – foi professor de história e de filosofia – e era adepto das idéias do filósofo hindu Jiddu Krishnamurti (1895-1986), cujo pensamento ("A verdade é uma terra sem caminhos") publicou e divulgou no Brasil por conta própria. Os Ovalle chegaram a hospedar o mestre na casa onde então morava parte da família, em Paquetá, em 1934. Uma das noras do general, Elizabeth Hughes, inglesa nascida no Brasil, casada com o autor de "Pelo Brasil! Pela vitória!", nunca esqueceu certa sessão krishnamurtista que presenciou na casa de Orminda e Eugênio Richard, em Petrópolis – "Orminda vestida com uma túnica branca de gaze, portando um turíbulo e fazendo gestos rituais, muito teatral".

Fez mais pelos Ovalle o futuro general Caio Lustosa de Lemos. Ainda namorado de Praxedes, levou certo dia à casa da família, em Paquetá, um colega de Escola Militar. Haveria lá umas meninas bem bonitas, anunciou ele para convencer o amigo Euclydes Hermes a acompanhá-lo. O visitante se encantou por uma delas, Leolina Ovalle, irresistível nos seus catorze, quinze anos de idade. Ela também gostou de jovem tenente, que era fino, garboso, simpático – e, de quebra, filho do presidente da República, o marechal Hermes da Fonseca. Dona Elisa não teria ousado sonhar tão alto quando se dispôs a batalhar "um futuro mais amplo" e "ricos casamentos" para as filhas.

O amigo de Caio não entraria apenas para a família, passaria também à história do Brasil. Alguns anos mais tarde, já capitão, Euclydes Hermes da Fonseca, o "Xiru" – apelido posto pelo marechal Deodoro da Fonseca, seu tio-avô –, seria o líder da revolta tenentista que culminou, em 6 de julho de 1922, com o célebre episódio dos Dezoito do Forte de Copacabana. Só não ficou sendo o 19º do Forte porque, horas antes do sangrento desenlace, havia saído rumo ao Centro da cidade, com a missão de negociar com Pandiá Calógeras, o ministro da Guerra do governo Artur Bernardes, uma rendição honrosa dos revoltosos. Não chegou a fazê-lo: tendo passado em casa para ver a mulher e os filhos, Xiru foi preso ali pelo general Hastínfilo de Moura, chefe da Casa Militar do presidente da República.

Naquela conturbada quarta-feira, os amotinados retalharam a navalhadas uma bandeira nacional, para que cada qual guardasse um pedaço, e reservaram um para o líder ausente, capitão Euclydes Hermes. Em seguida, deixaram a pé o Forte de Copacabana e se puseram em marcha pela avenida Atlântica – onde quase todos cairiam sob a fuzilaria das forças legalistas. Dos dezoito, salvaram-se apenas os tenentes Antônio de Siqueira Campos e Eduardo Gomes – o futuro brigadeiro, amigo de Ovalle, que em duas eleições tentará chegar à Presidência da República, sendo derrotado pelo marechal Eurico Gaspar Dutra em 1945 e em 1950 por Getúlio Vargas.

O episódio dos Dezoito do Forte turvou a carreira do capitão Euclydes Hermes da Fonseca e lhe custou uma temporada na cadeia. Mas não impediu que fosse reintegrado ao Exército após a Revolução de 1930, chegando a general de divisão bem antes de morrer, em 1973.

O casamento do tenente Euclydes e Leolina Ovalle não tardou. Dona Elisa acompanhou o jovem casal, provisoriamente instalado no Palácio do Catete, e lá morreu, de câncer, pouco tempo depois.

A dona da casa, àquela altura, era a caricaturista Nair de Teffé, que o presidente, já quase sexagenário, desposara em dezembro de 1913, e que acabará tendo, ao lado de Jayme Ovalle, uma participação importante na história da música popular brasileira.

Não é demais relembrar essa extraordinária personagem. Trinta anos mais nova que o marido, a exuberante Nair mudou os usos e costumes no palácio presidencial. Começou por cortar as asas ao mordomo Oscar Pires, que em seguida à morte da primeira mulher do marechal, dona Orsina, em novembro de 1912, se investira de desmedidos poderes na administração do Catete. "Pelo seu hábito inveterado de imiscuir-se em todo e qualquer assunto, pretendendo sempre impor a sua opinião, Oscar Pires passou, no seio da família Hermes, a ter o cognome de O Sogra", conta Hermes da Fonseca Filho num livro sobre o pai.

O presidente, que além de um apelido – "Dudu" – carregava a fama de azarento, desmentira a legenda da urucubaca ao conhecer, dois meses depois de enviuvar, aquela que seria a sua segunda mulher. Foram apresentados em Petrópolis. Dias mais tarde, durante um passeio, Nair literalmente caiu do cavalo, e quem a socorreu foi o chefe da nação, que vinha trotando logo atrás. Numa versão novelesca da história, foi ali mesmo, sobre um conveniente relvado, que o marechal a pediu em casamento.

Moderna, destemida e mesmo petulante, a moça, que brilhava nos jornais como autora de charges sob o transparente pseudônimo "Rian", Nair ao contrário, pôs ordem no Catete. "Esta foi uma das mais notáveis revelações da nobre personalidade de d. Nair de Teffé Hermes da Fonseca", diz ainda o filho do presidente a respeito de sua jovial madrasta. "Revelou-se enérgica e equilibrada dona de casa, reorganizando a vida econômica e material do lar e repondo tudo nos seus lugares."

Fez mais que isso a desenvolta primeira-dama – rótulo que, aliás, ainda não se usava. Reformou as idéias, musicais pelo menos, do marido – o mesmo Hermes da Fonseca que, alguns anos antes, ministro da Guerra do governo Afonso Pena (1906-09), proibira as bandas militares de executar maxixes.

O gênero, então estigmatizado como manifestação próxima da criminalidade, era objeto de perseguições até policiais. Em setembro de 1907 – quem conta é o historiador José Ramos Tinhorão –, Hermes convidou o ministro (como se chamavam os embaixadores) da Alemanha, o barão Franz von Reichenau, para assistir a manobras militares em Santa Cruz, no Rio de Janeiro. Terminada a função, Von Reichenau causou generalizado constrangimento ao pedir à banda que tocasse "Vem cá, mulata", tango-chula de Arquimedes de Oliveira, grande sucesso do carnaval do ano anterior. Impossível não atender a um pedido, mesmo esse, do diplomata alemão. Tamanho foi o desconforto cívico-militar que Hermes decidiu banir o maxixe do cardápio musical do Exército.

E eis que em 26 de outubro de 1914, durante uma festa em pleno Palácio do Catete, a primeira-dama em pessoa empunha o violão e ataca o "Corta-jaca" que a pianista, compositora e maestrina Chiquinha Gonzaga compusera em 1897 para a peça *Zizinha Maxixe* e que, dezessete anos depois, o bom gosto oficial ainda não havia assimilado. Foi um escândalo ainda maior que o causado por Von Reichenau em 1906. Rui Barbosa, que desde 1907 já era a Águia de Haia, pousou na tribuna do Senado da República, de onde proferiu indignado discurso:

> [...] aqueles que deveriam dar ao país o exemplo das maneiras mais distintas e dos costumes mais reservados elevaram o corta-jaca à altura de uma instituição social. Mas o "Corta-jaca", de que eu ouvira falar há muito tempo, que vem a ser ele, Sr. Presidente? A mais baixa, a mais chula, a mais grosseira de todas as danças selvagens, irmã gêmea do batuque, do cateretê e do samba. Mas nas recepções presidenciais o "Corta-jaca" é executado com todas as honras da música de Wagner, e não se quer que a consciência desse país se revolte, que as nossas faces se enrubesçam e que a mocidade se ria!

Algumas faces, como a do senador, podem ter se enrubescido, mas a consciência do país esteve longe de se revoltar – pelo contrário: a ousadia de Nair de Teffé, justamente, permitiu que o "Corta-jaca" e demais "danças selvagens" fossem sendo assimilados como expressões legítimas da arte brasileira. Abriu-se caminho para que, dois anos mais tarde, se pudesse pela primeira vez gravar um samba – "Pelo telefone", parceria de Ernesto dos Santos, o Donga, e Mauro de Almeida, lançado em disco pelo selo Odeon em dezembro de 1916.

No Catete do marechal Hermes, os ritmos plebeus que enchiam de brotoejas a alma de Rui Barbosa tornaram-se não só palatáveis como rotineiros. Quatro décadas mais tarde o jornalista Brito Broca escreveria num artigo, "Nativismo pitoresco":

> Eram as primeiras manifestações de um prurido de supervalorização das coisas nossas, de tudo quando passava por ser genuinamente brasileiro e que iria acentuar-se em vários terrenos, no teatro, na poesia, na ficção, sempre através de um prisma pitoresco. Nos mesmos salões remanescentes do "1900", onde se recitava Rostand e se discutia D'Annunzio ou Anatole France, passaria a ser chique, agora, ouvir o som de uma canção sertaneja.

A pequena revolução não foi obra apenas da primeira-dama, mas também de dois ou três instrumentistas – entre eles, Jayme Ovalle, que certo dia Euclydes Hermes da Fonseca levou à presença do presidente, não na condição de seu cunhado, mas de músico, pois, como logo se verá, já era essa a credencial do futuro autor de "Azulão". Xiru convidou ainda o compositor, violonista e mitológico boêmio Sátiro Bilhar – um telegrafista da Estrada de Ferro Central do Brasil cujo talento artístico, dizia-se, não se expressava apenas em música: o homem era capaz, ainda, de prodígios como batucar o código Morse com os calcanhares.

Conhecido também como "Satinho", Sátiro Lopes de Alcântara Bilhar viveu entre 1860 e 1927, aproximadamente – não se pode afirmar com segurança quando nasceu e morreu –, e era por muitos considerado o melhor violonista de seu tempo, só encontrando rival na pessoa de sua ex-aluna Lili São Paulo. Autor de sucessos como o lundu "Gosto de ti porque gosto", Sátiro Bilhar não chegou a gravar disco. O mais fascinante nele, disse Heitor Villa-Lobos ao musicólogo Hermínio Bello de Carvalho, "não era o que tocava, mas como tocava". Villa, cita ainda Hermínio, dizia ter composto "Bachianas Brasileiras nº 5" "à maneira de Sátiro Bilhar". Sua "voz cavernosa", conta o musicólogo, levou Ernesto Nazareth a arremedá-lo nos baixos do tango onomatopaico "Tenebroso".

Sem ser um valentão, Satinho carregava por toda parte um revólver, embora não fizesse segredo de que deixava a munição em casa. "No dia em que deixar de beber", anunciava, "tomo uma bebedeira de satisfação." Mais de uma vez reapareceu para desmentir rumores de que estaria morto. E, quando de fato morreu, foi homenageado com um poema de Catulo da Paixão Cearense: "Tu, Bilhar, boêmio eterno...".

Sua visita ao palácio presidencial, em companhia de Jayme Ovalle, não foi a única, nem sem conseqüências: segundo o crítico e historiador musical Edmundo Lys, ela abriu ali uma série de "interessantes saraus de música popular". E foi assim – registrará anos depois o jornal *O Radical* –, pela mão de Sátiro Bilhar e do jovem músico paraense, que o samba "desceu do morro para alojar-se no Catete".

A boneca de trapo do

3

menininho pobre

Na época do bafafá do "Corta-jaca", em 1914, Jayme Ovalle tinha vinte anos de idade, três de Rio de Janeiro – e já era uma figura reconhecível nos meios boêmio-musicais cariocas. Ainda sem o monóculo que em breve haveria de compor a sua estampa antiquada e romântica, o jovem escriturário do Ministério da Fazenda podia ser visto, quase toda noite, pelos botecos e vielas da Lapa, a sobraçar seu violão – instrumento que ele, destro para tudo o mais, tocava com a mão esquerda, mesmo que tivesse sido afinado para a mão direita, e que, segundo atestará Manuel Bandeira no artigo "Ovalle", "não se parecia com nenhum outro":

> Tangia-o ele com a canhota, o que lhe valeu uma técnica *sui generis*. Não era violão de seresteiro: tinha todos os encantos dos seresteiros e mais alguma

> coisa de muito requintado, mas sem a mínima pretensão nem duvidoso gosto.

"Sua canhestra", acrescenta o musicólogo Ricardo Cravo Albin, "era louvada por Sinhô e Pixinguinha como das melhores da música popular do Rio." Ovalle não demorou a ganhar o apelido óbvio, "Canhoto" – e com ele veio a fazer parte do Grupo do Caxangá, bloco carnavalesco criado na segunda década do século numa república de sambistas e chorões na rua do Riachuelo, 268. O pardieiro abrigava, entre outros, Donga e Alfredo da Rocha Vianna Júnior, o Pixinguinha, e era ponto não só de músicos como também de escritores – Catulo da Paixão Cearense, Olegário Mariano, Bastos Tigre, Hermes Fontes, Medeiros e Albuquerque, Emílio de Menezes. O próprio presidente da Academia Brasileira de Letras, Afonso Arinos, era

O Grupo do Caxangá, bloco carnavalesco de que Ovalle fez parte na segunda década do século XX. Extinto em 1918, será o embrião de um conjunto mais célebre e mais longevo, Os Oito Batutas. Mas nesse Ovalle não entrou

mais do que um *habitué* da rua do Riachuelo, lembra-se Donga: volta e meia arrastava a turma para um trago no conforto burguês de sua casa, na praia de Botafogo, ou mesmo hospedava alguns em sua fazenda.

Ovalle, conta Henrique Foreis Domingues, o "Almirante", no livro *No tempo de Noel Rosa*, saiu no Grupo do Caxangá pelo menos uma vez, no carnaval de 1917. No ano seguinte o bloco se desfez, mas de suas cinzas veio a nascer, em abril de 1919, um conjunto que se tornaria ainda mais célebre, Os Oito Batutas – tão festejado que em 1920 haveria de figurar entre as excelências da arte nacional dignas de serem mostradas ao rei Albert I e à rainha Elizabeth, da Bélgica, em apoteótica visita ao Brasil.

Formado com a modesta incumbência de animar a sala de espera do Cine Palais, na avenida Rio Branco, o grupo tornou-se uma atração eventualmente maior do que os filmes ali projetados: "Muita gente comprava entrada apenas para ouvir o novo conjunto, tal a novidade e a beleza de suas execuções, o ineditismo de suas músicas", escreve Lúcio Rangel. Não era para menos: pela primeira vez, sambas, maxixes e outras formas de música negra – leia-se marginal, inclusive no sentido policial da palavra – se faziam ouvir numa sala de espera de cinema, reduto até então exclusivo do que se considerava música "fina".

Puxado pela flauta de Pixinguinha, o grupo seria, em 1922, o primeiro a divulgar na Europa a música popular brasileira, em memorável temporada de seis meses em Paris, a expensas do abastado empresário carioca Arnaldo Guinle. Rebatizados Les Batutas, ou L'Orquestre des Batutas, os brasileirinhos julgaram útil abrir suas apresentações com uma composição em língua local, parceria de Pixinguinha e Duque, o compositor e jornalista baiano Antônio Lopes de Amorim Diniz, espécie de bula musical a que não faltavam propósitos didáticos:

Nous sommes batutas,
Batutas, batutas
Venus du Brésil
Ici tout droit

Nous sommes batutas,
Nous faisons tout le monde
Danser le samba
Le samba se danse
Toujours en cadence
Petit pas par ci
Petit pas par là
Il faut de l'essence
Beaucoup d'élégance
Le corps se balance
Dansant le samba.

Os Oito Batutas – os primeiros divulgadores da música popular brasileira na Europa, em 1922. No centro da foto, ao saxofone, Pixinguinha

Seguiu-se outra temporada, também de seis meses, em Buenos Aires, onde o conjunto gravou seus maiores sucessos.

Se não chegou a ser um daqueles batutas, Jayme Ovalle bateu bola com eles; na informalidade das rodas boêmias, aprendeu com todos e com muitos mais, ampliando ao acaso, sem rigor nem método, a base musical plantada pelo professor italiano Edoardo Pierantoni em sua infância belenense. Além dos já citados, conviveu com Cândido das Neves, João da Baiana, Chiquinha Gonzaga. O nome de um de seus mestres, "mestre modestíssimo", ficou registrado em artigo de Augusto Frederico Schmidt – testemunha ocular e auditiva de incontáveis noitadas ao lado do "místico", como ele, Bandeira e outros amigos se referiam a Ovalle: o maestro e flautista gaúcho Cupertino de Menezes, autor, em parceria com o poeta Hermes Fontes, de um xote famoso, "Constelações", também conhecido como "Tardes amenas", "Abril", "Manhãs de abril" ou "Lua cheia".

Já empapado de influências amazônicas, deixou-se embeber também de música negra. Não só como compositor, pôs na macumba um pé que nunca mais tiraria. E, de perto, de dentro, pôde testemunhar nada menos que o nascimento do samba.

Vale relembrar as circunstâncias que determinaram esse grande momento da música brasileira. A libertação dos escravos, em 1888, fizera engrossar a população negra no Centro do Rio de Janeiro. Em 1897, o final da campanha de Canudos despejou na capital federal enormes quantidades de negros que haviam sido recrutados para combater na Bahia e que, na volta, não encontrando outro espaço para erguer suas moradias, iniciaram a ocupação dos morros cariocas, nelas semeando o que veio a chamar-se favela – nome do arbusto que a soldadesca havia conhecido na região de Canudos.

"Permitiu-se então aos soldados que trouxessem com eles as mulheres que haviam conquistado na Bahia, à margem das operações militares", escreve José Ramos Tinhorão num texto sobre a gênese do samba, "Uma tradição em contínuo processo de refinamento". Várias delas, tendo melhorado de vida, acabaram trocando a favela pela área do Centro conhecida como Cidade Nova, situada entre a atual avenida Presidente Vargas, o canal do Mangue, a zona portuária, o morro de São Diogo, o centro propriamente dito e o bairro do Estácio. "Mais do que os homens", prossegue Tinhorão,

> foram essas mulheres que contribuíram para a conjugação de fatores que levaria ao aparecimento de um gênero novo de música popular, o samba, e de uma estilização de festa religioso-pagã de origem rural, destinada a transformar-se, mais tarde, nos desfiles carnavalescos dos ranchos e das escolas de samba.

Uma delas, Hilária Batista de Almeida, a Tia Ciata, se tornaria especialmente célebre, graças à fermentação musical que reinava em sua casa, na rua Visconde de Inhaúma, 117, perto da praça Onze. "Não houve no Rio de Janeiro do início do século um único boêmio que não conhecesse, ao menos de fama, as festas regularmente promovidas na casa da doceira Tia Ciata", informa Tinhorão. O que a distinguia dos demais redutos da música popular era o fato de juntar-se ali a "gente mais heterogênea possível", e não apenas "bambas das camadas mais baixas":

> A casa da Tia Ciata recebia gente de terreiro, boêmios, profissionais (alfaiates, marceneiros), pequenos funcionários públicos, repórteres (como João Guimarães, o Vagalume, e Mauro de Almeida, o autor da letra com que foi registrado o samba "Pelo telefone", baianos bem-sucedidos como Hilário Jovino Ferreira, e representantes da primeira geração de compositores profissionais cariocas, tais como Sinhô e Caninha.

Essa rica e então impensável mistura de classes sociais permitiu que o samba não só tomasse forma na casa da Tia Ciata como, no dizer de Tinhorão, viesse a se tornar, "quase simultaneamente, um gênero de música popular do morro e da cidade".

Foi entre esse pessoal que se meteu, aí pelo início da segunda década do século, o jovem auxiliar de escrita da Imprensa Nacional, depois escriturário da Alfândega, Jayme de Rojas Ovalle.

Sempre como autodidata, informa o musicólogo Vicente Salles, ele cultivou o piano e o violino, mas foi no violão, "o único instrumento que chegou a dominar inteiramente", que "por fim encontrou o seu clima estético e emocional". Com ele, reproduzia "instintivamente melodias tradicionais da Amazônia natal, cantos e melodias aproveitadas por Villa-Lobos, Luciano Gallet e outros, antes, muito antes de fazê-lo ele próprio". A influência de Ovalle na obra desses compositores, confirmará Mário de Andrade a Manuel Bandeira, em carta de julho de 1926, "é profunda e já fez muito bem ao Villa" – e dirá, enfático: "Ouça o que eu digo: talvez inconscientemente o Villa está na escola do Ovalle desde muito".

Para Vicente Salles, em "melodias hoje famosas" de Ovalle, como "Xangô", "Papai Curumiassu" e "Estrela do mar", "extraídas do nosso populário, não se sabe entretanto até onde entrou a inventiva" do compositor. O que, para Ovalle, não parecia ser motivo de preocupação. Pelo contrário, era com orgulho que ele assumia as raízes amazônicas de sua criação. "Folclore é coisa séria", insistia. "Não se inventa. Nasce naturalmente. Vem do povo. Basta só a gente saber colher, aproveitar. Não é coisa forjada e nada tem com literatura. Música verdadeira é assim."

Se nunca negou as fontes populares onde bebeu, Ovalle sabia defender aquilo que considerava criação sua. Foi o que fez, por escrito, em maio de 1930, depois de ler em *O Malho* carta em que um leitor contestava uma informação publicada pela revista carioca. Em edição anterior, o colunista Tom Réo tinha estranhado que, no selo de um disco recém-lançado pela Columbia, a composição "Zé Reymundo", com música de Jayme Ovalle e letra de Olegário Mariano, tivesse sido creditada a Olegário e à intérprete, a cantora pernambucana Stefana de Macedo.

"Vê-se, claramente, que o nome do sr. Olegário foi conservado por ser uma recomendação a auxiliar a vendagem dos discos, dado o grande número de admiradores com que ele conta por este nosso mundo brasileiro", tentou entender o colunista, sublinhando o prestígio nacional do chamado "Poeta das cigarras", e acrescentou:

> Quanto ao Sr. Jayme Ovalle, apesar de conhecidíssimo nos centros de fina sociedade carioca, não possui o renome do autor dos versos da sua canção, e foi sacrificado sem piedade.

De todo modo, na opinião de Tom Réo, Stefana de Macedo tivera, no episódio, comportamento pouco apreciável: "Deve-se silenciar em torno de tão feios atos", indagou o colunista, "só porque se trata de uma representante do sexo que já não é fraco nem nas artimanhas pouco recomendáveis em que os homens são tão fortes? Absolutamente".

Mais de uma vez, o nome de Ovalle ficou de fora no selo do disco. Quando a cantora Stefana de Macedo levou o crédito, Ovalle chiou. Assim também já é demais, disse ele – e saiu em defesa de seus direitos de autor

O próprio Ovalle teria talvez ficado quieto no seu canto se o leitor João Macedo, irmão de Stefana, não tivesse passado recibo do pito de Tom Réo e, em carta à redação de *O Malho*, afirmado que o autor da música não era Ovalle, e sim João Pernambuco, e que a canção apresentada no selo do disco como "Zé Reymundo" era, na verdade, a toada "Marroeiro", para a qual Stefana de Macedo teria feito um criativo arranjo.

A história lhe caiu tão mal que o compositor, fato raríssimo em sua biografia, tomou da pena e rebateu as afirmações do irmão da cantora. "Vejo-me obrigado, embora muito a contragosto, a fornecer ao público da sua revista uma explicação", escreveu Ovalle, e contou que, para saber se não teria sido vítima de uma "reminiscência inconsciente" no momento de compor, cuidara de tirar a prova, comparando as duas obras. E já não tinha dúvida:

> A música do "Zé Reymundo" não é nem a toada do "Marroeiro" do Sr. J. Pernambuco, nem tampouco arranjo dessa toada pela Srta. Macedo, mas simplesmente uma adaptação minha para violão de uma composição, também minha, assim intitulada, e escrita para canto e piano, já por várias vezes executada em concerto nesta e em outras capitais, já analisada em críticas jornalísticas. A diferença entre as duas composições é evidente. Só a absoluta falta de discernimento poderá afirmar o contrário. Devo dizer que essa questão só me interessa pelo lado moral. Aliás, mais de uma vez já silenciei sobre os arranjos de que tenho sido vítima... O caso agora, porém, envolve uma acusação que eu não poderia deixar passar sem contestação formal.

E deu o assunto por encerrado.

Vicente Salles acredita que a Jayme Ovalle, "improvisador extraordinário, criador espontâneo de melodias, faltou-lhe um anotador do muito que sua imaginação criadora produziu". E produziu, escreve Salles, desde muito cedo, ainda em Belém, "como boêmio e seresteiro", sem registrar nada em partitura e já conjugando "uma ancestralidade hispânica senhorial e um populismo brasileiro da maior autenticidade":

> Nos quiosques da praça da República ou no famoso Bar Kean, do largo de São Brás, ele aparecia empunhando um violão e cantando "modinhas" de sua própria [autoria]. Essa fase inicial de sua vida, romântica e pitoresca, criou-lhe, no âmago, aquele gosto tão peculiar de sugerir motivos populares em constâncias freqüentemente urbanas, mas também, outras vezes, fundamentalmente folclóricas.

O "improvisador extraordinário, criador espontâneo de melodias" de que fala Vicente Salles teria, como artista, um curioso parentesco com Domingos Caldas Barbosa, patrono da cadeira nº 3 da Academia Brasileira de Música – cujo primeiro ocupante foi justamente Jayme Ovalle, um dos fundadores da casa, em julho de 1945. Pode-se mesmo supor que a escolha de patrono e ocupante não foi casual. Também o poeta Lereno, como ficou conhecido esse mulato carioca do século XVIII, filho de português e de escrava, tangia indiferentemente a lira e a viola: além de escrever poesia, fazia música, tendo composto lundus, chulas e modinhas de grande sucesso popular. "Caldas Barbosa não era um poeta de inspiração elevada, nem de forma rebuscada", escreve Artur Mota em sua *História da literatura brasileira*. "Muito ao contrário, distinguia-se pela espontaneidade do estro e pelo cunho plebeu de sua musa." Poderia estar falando de Jayme Ovalle. Mas não vão muito além disso as semelhanças entre Caldas Barbosa e o compositor paraense, que tinham ainda em comum uma forte ligação com a religião católica. O primeiro acabou padre. O segundo não chegou a tanto.

A formação deficiente não impediu que Ovalle fosse, informalmente, um afiado crítico musical, como observou Renzo Massarani, musicólogo italiano que viveu no Rio de Janeiro de 1939 até a sua morte, em 1975. "Convém lembrar-nos das inumeráveis observações acertadas e agudas que ele costuma fazer por ocasião de algum concerto", escreveu Massarani num artigo em 1946, "criticando obras e autores, compreendendo com requintada sensibilidade o que há de bom e de ruim nas várias músicas, e as razões que fazem o bom ser bom e o ruim ser ruim, e o modo em que se poderia modificar o ruim para transformá-lo em bom...". É o que diz também Manuel Bandeira, que no artigo "Ovalle" vai além: "Ele sabia dizer com absoluta segurança onde estava o momento mais alto da poesia numa música, num poema, numa pintura".

Tamanha acuidade artística coexistia em Jayme Ovalle com convicções nem sempre convencionais, quando não escancaradamente bizarras. Eurico Nogueira França vai lembrar, na morte do compositor, uma conversa que tiveram por volta de 1940. "Muito justamente", conta, Ovalle vira ingenuidade nos "elogios excessivos" que o crítico e musicólogo carioca fizera aos poemas sinfônicos de Richard Strauss. Tempos depois, escreve Nogueira França,

> ao se encontrar comigo, perguntou-me pelo programa sinfônico que se executaria naquela tarde. "Vão tocar 'Assim Falava Zaratustra'" – respondi. E, de propósito, indaguei: "Você não vai?" Com seus grandes gestos, voltou-se, muito sério: "Não vou. E sabe por que não vou? Porque Zaratustra não falava assim...".

Ovalle, isto é certo, tinha lá suas implicâncias. Já passado dos cinqüenta anos, seguia desqualificando acerbamente o tango argentino, que a seu ver "não representa nada". Tinha-lhe exaltado horror. "Eu não sei como se perde tempo em ouvir esse 'hino nacional' do proxenetismo universal", afirma numa de suas raras entrevistas, em 1946, e acrescenta: "Confesso que nunca consegui entender o tango...".

Anos mais tarde, quando o então jovem compositor e cronista pernambucano Antônio Maria lhe mostrou uma de suas canções, Ovalle – quem conta é Lúcio Rangel – sentenciou:

– Você vem confirmar minha velha teoria. Eu sempre sustentei que o tango tinha sido inventado por nós, brasileiros. – E arrematou, categórico: – Os argentinos chegaram aqui e levaram o tango para lá. Agora, você foi lá e trouxe ele de volta pro Brasil...

Tratava-se de "Menino grande", inequívoco samba-canção.

Ovalle implicava também com outros ritmos. Na mesma entrevista de 1946, o repórter quis saber o que achava da rumba, da conga e do bolero.

– Ruídos estranhos – respondeu ele, enfático, tapando os ouvidos. – Ruídos, ruídos, ruídos!

– E o swing?

– Idem, idem, idem!

Idiossincrasias à parte, prevalecia em Ovalle um extraordinário senso musical – de que deu prova certo dia em Nova York, nos anos 40, quando, ao lado de Fernando Sabino, assistia ao ensaio de um conjunto de samba. Lá pelas tantas, não conseguiu disfarçar seu desagrado com o desempenho do baterista porto-riquenho, o único não-brasileiro do grupo, e houve por bem dar-lhe uma lição, que Sabino registraria:

> "Não é teco-teco-teco o tempo todo, meu amigo: é teco-teco-teco – *telecoteco*! Se não tiver telecoteco não é samba." E plantado à sua frente, braço erguido, passou a reger, encaixando em voz alta o seu telecoteco no ritmo capenga do outro: "Telecoteco... Telecoteco... Telecoteco...".

Bem mais tarde, o escritor mineiro contou o caso a Ary Barroso – "que nele se inspirou", diz Sabino, "para mais uma composição de sucesso, cuja letra afirma categoricamente, na introdução, que *o samba tem que ter telecoteco*": "É luxo só", que Ary e Luís Peixoto compuseram em 1957 e que em algumas gravações vem precedida de versos adicionais.

> Eta samba
> cai pra lá, cai pra cá, cai pra lá,
> cai pra cá.
> Mexe com as cadeiras, mulata,
> e no requebrado me maltrata, ai, ai.
> Samba, samba
> sem teleco-teco não é samba.
> O meu samba não vem sozinho
> traz muito amor
> traz alma e carinho

Movido desde sempre apenas pelo talento e pela intuição, só no final da década de 20, já balzaquiano, o artista paraense irá se aplicar disciplinadamente ao estudo da música, para surpresa de alguns amigos. "O irmãozinho Ovalle continua estudando com o tal preto Paulo Silva", informou Bandeira a Mário de Andrade em janeiro de 1928. "Já está acabando o contraponto."

Em melhores mãos não poderia estar: Paulo Silva, fluminense de Piraí, era um respeitado professor de contraponto e fuga, com fartas credenciais para assumir essa cadeira no Instituto (depois Escola) Nacional de Música em 1931, sucedendo a seu mestre Francisco Braga, o célebre autor, com Olavo Bilac, do "Hino à Bandeira". Os livros que Silva escreveu – *Cartilha de música, Manual de harmonia, Curso de contraponto* e *Manual de fuga*, entre outros – seguiriam sendo referência para além de sua morte, em 1945. São "obras básicas no ensino musical brasileiro", considera o musicólogo Luís Heitor Corrêa de Azevedo. "Para mim e para todos", creditou Donga em depoimento ao Museu da Imagem e do Som do Rio de Janeiro, Paulo Silva "era o instrumentador que mais sabia música, talvez até da América do Sul – tanto que uma vez, em Paris, entrou numa loja para comprar um método, aquele negócio de contraponto e fuga, e deram-lhe o dele mesmo."

Embora a ausência de registros não permita precisar as datas, foi nessa época, a segunda metade da década de 20, que Jayme Ovalle compôs a maior parte de sua pequena obra musical. Ao morrer, em 1955, deixaria apenas 33 composições – quantidade que ele considerava não apenas suficiente como exata, conforme explicou certa vez a sua mulher, Virginia, que em vão o estimulava a seguir produzindo: não precisava compor mais nada, argumentou, pois sendo a idade de Cristo ao ser crucificado, 33 vinha a ser o número da perfeição. Não se tratava de mais uma de suas *boutades*: Ovalle levava extremamente a sério a numerologia. Da mesma forma, aliás, como considerava a escolha de um nome próprio decisiva para quem o iria carregar vida afora. Quando, por exemplo, nasceu uma das filhas de seu irmão Edgar, a cunhada Jannie queria que a menina se chamasse Eleonora. Assim teria sido se Ovalle não tivesse puxado o irmão de lado e advertido: "Se for Eleonora, vai ter dinheiro, mas vai ser muito materialista". E decidiu pelo casal: Eliana.

São desse período as criações musicais mais conhecidas de Ovalle: "Azulão" e "Modinha" – nascidas, as duas, registra o parceiro Manuel Bandeira, na casa do compositor, "no apartamento térreo da Ladeira de Santa Teresa, de paredes decoradas com pinturas de Cícero Dias executadas em aniagem ordinária". A parceria musical dos dois amigos haveria de incluir, ainda, "Berimbau", composta por Ovalle em cima dos versos do poema homônimo, do livro *O ritmo dissoluto*, de 1924, carregado de coleantes aliterações e de onomatopéias amazônicas:

Os aguapés dos aguaçais
Nos igapós dos Japurás
Bolem, bolem, bolem.
Chama o saci: – Si si si si!
– Ui ui ui ui ui! Uiva a iara
Nos aguaçais dos igapós
Dos Japurás e dos Purus.
A mameluca é uma maluca.
Saiu sozinha da maloca –
O boto bate – bite bite...
Quem ofendeu a mameluca?
– Foi o boto!
O Cussaruim bota quebrantos
Nos aguaçais dos aguapés
– Cruz, canhoto! –
Bolem... Peraus dos Japurás
De assombramentos e de espantos!...

O poema, explicou Bandeira anos depois, em seu *Itinerário de Pasárgada*, de 1954,

> foi sentido e pensado em andamento quase *presto* e Ovalle ouviu-me dizê-lo dessa maneira. O andamento da música é precisamente o contrário disso, e todavia a adequação da música às palavras me parece perfeita.

Bandeira, que haveria de colecionar dúzia e meia de parceiros – compositores como Heitor Villa-Lobos, Francisco Mignone, Radamés Gnatalli, Camargo Guarnieri, Lorenzo Fernandez, Marcelo Tupinambá e Ary Barroso –, certamente encontrou em Jayme Ovalle uma oportunidade para realizar-se num território da arte que amava como nenhum outro, e para o qual não se sentia suficientemente dotado e equipado. "Não há nada no mundo de que eu goste mais do que de música", confessará ele, já quase septuagenário, no mesmo livro. Foi, por algum tempo, nos anos 20, crítico nessa área. "Sinto que na música é que conseguiria exprimir-me completamente."

Não chegou a fazê-lo – mas, como nenhum outro poeta brasileiro, viu poemas seus ganharem melodia. Em meados da década de 80, quando preparava uma nova edição de *A canção brasileira*, o musicólogo Vasco Mariz examinou a obra de sessenta compositores nacionais do século xx, e constatou que Manuel Bandeira era, "de longe", o preferido deles: "Foi musicado nada menos que 72 vezes, seguido de Cecília Meirelles (41) e Carlos Drummond de Andrade (34)".

Mariz não tem dúvida de que Manuel Bandeira "exerceu uma influência excepcional sobre duas gerações de compositores eruditos", entre eles Villa-Lobos, Fernandez, Mignone, Fructuoso Viana e Jayme Ovalle, e que, "de certo modo, desempenhou no Rio de Janeiro o papel de mentor intelectual de numerosos compositores, em ação paralela à que Mário de Andrade exercia em São Paulo". Não só no Rio, note-se, e não só naquele momento: no início da década de 60, em Piracicaba, interior paulista, o compositor Ernesto Mahle iria musicar uma série de poemas de Manuel Bandeira. O mesmo Mahle, aliás, que em 1994, para comemorar o centenário de nascimento de Jayme Ovalle, costurou cinco criações do homenageado – "Desafio", "Martelo", "Cantilena", "Paquetá" e "Azulão" – numa "Suíte Ovalle-Mahle", para piano a quatro mãos.

Manuel Bandeira foi parceiro de Jayme Ovalle em três composições. Em "Azulão", escreveu letra para música já feita. Em "Modinha" e "Berimbau", o contrário – Ovalle trabalhou em cima de versos do amigo

O parceiro mais freqüente de Bandeira foi Villa-Lobos, com quem trabalhou, lembra Vasco Mariz, na segunda parte ("Martelo") da "Bachiana Brasileira nº 5". Em 1945, decididos a criar alternativas nacionais para canções comemorativas americanas que invadiam o país, a começar pelo inescapável "Parabéns pra você", os dois compuseram pequenas peças – "Feliz aniversário", "Boas festas", "Feliz Ano Novo" e "Boas-vindas". Tanto quanto o "Vovô Índio", inventado pelos integralistas na década de 1930 para substituir Papai Noel, as canções não "pegaram".

Na maior parte das vezes em que foi parceiro, Bandeira limitou-se a ver seus versos já escritos chegarem à partitura. Na sua dobradinha musical com Jayme Ovalle, foi assim com "Modinha" e "Berimbau" (poema que seria musicado, também, por Francisco Mignone). Entre as exceções, aquelas em que Bandeira trabalhou em cima de melodia pronta, ficariam outra "Modinha", que ele escreveu em 1926, sob o pseudônimo Manduca Piá, sobre seresta de Villa-Lobos, e o "Azulão" ovalliano – frutos de um esforço que ao poeta terá custado não pouco sofrimento, a julgar pelo que diz no *Itinerário de Pasárgada*:

> Essa tarefa de escrever texto para melodia já composta, como fiz duas vezes para Ovalle e muitas vezes para Villa-Lobos, é de amargar. Pode suceder que depois de pronto o trabalho o compositor ensaia a música e diz: "Ah, você tem que mudar esta rima em *i*, porque a nota é agudíssima e fica muito difícil emiti-la nessa vogal". E lá se vai toda a igrejinha do poeta! Do poeta propriamente, não: nesse ofício costumo pôr a poesia de lado e a única coisa que procuro achar é as palavras que caiam bem no compasso e no sentimento da melodia. Palavras que, de certo modo, façam corpo com a melodia. Lidas independentemente da música, não valem nada, tanto que nunca pude aproveitar nenhuma delas.

Alguma coisa dessa batalha pode ter ficado registrada numa carta que Bandeira escreveu ao parceiro depois de criar os versos de "Azulão", e que nos anos 50 Ovalle prometeu ceder ao amigo Renzo Massarani, para publicação na coluna que o crítico italiano mantinha na imprensa carioca – promessa que ele morreu sem ter podido cumprir.

Elizeth Cardoso, Maria Bethânia, Nara Leão e Orlando Silva: quatro entre muitos intérpretes de "Azulão", a obra-prima de Ovalle e Bandeira

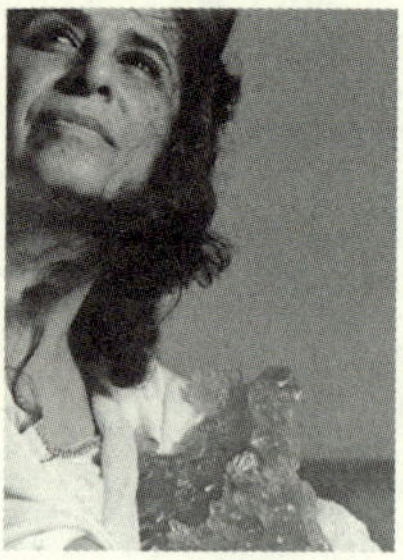

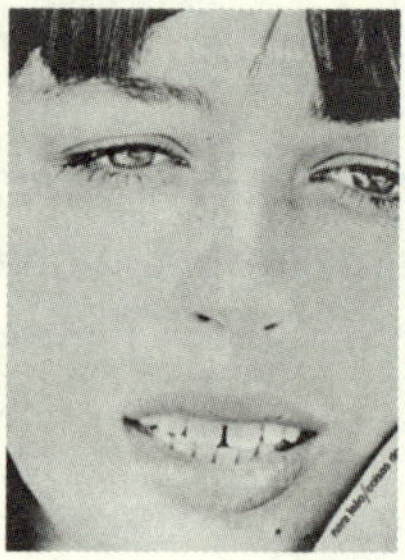

Belos e simples como a canção, os versos de Bandeira –

Vai,
azulão,
azulão,
companheiro,
Vai!
Vai ver minha ingrata

Diz
que sem ela
o sertão
não é mais
sertão!
Ai voa,
azulão,
vai contar,
companheiro,
vai!

– vieram a inspirar duas outras com o mesmo nome, de Camargo Guarnieri e Radamés Gnatalli. Embora mais complexas, nenhuma dessas alcançaria, em popularidade ao menos, o vôo do "Azulão" ovalliano, que, com o título original ou em inglês – "Bluebird" –, cedo se fez ouvir em todo o mundo. No final do século xx, essa canção afortunada tinha sido gravada por sopranos como Victoria de Los Angeles, Kathleen Battle, Conchita Badía, Maria Lúcia Godoy ou Arleen Auger, por violonistas como Laurindo Almeida e Turíbio Santos e por intérpretes populares brasileiros de várias gerações, entre eles Bidu Sayão, Elsie Houston, Francisco Alves, Orlando Silva, Nara Leão, Elizeth Cardoso, Maria Bethânia. Chegaria ao cinema no curta-metragem *Azulão e Pinhal*, que Humberto Mauro filmou em 1948 para a série Brasilianas do Instituto Nacional do

Cinema Educativo, e, em 1983, no longa *Inocência,* de Walter Lima Jr.

Vasco Mariz não hesitaria em qualificar como "fenômeno" a obra-prima de Jayme Ovalle:

> Até hoje parece-me inexplicável a enorme voga dessa miniatura. Não me decidi ainda sobre o que seria mais apropriado à poesia: se a simplicidade quase banal de Ovalle, se a riqueza rítmica e a melodia mais sentidamente cabocla de Guarnieri ou ainda o insopitável lirismo da ampla melodia inicial de Gnatalli. Embora o aspecto técnico me obrigue a hesitar entre o gaúcho e o paulista, ambos impecáveis, não posso deixar de ceder ao lirismo transbordante que Ovalle soube imprimir à sua obra, fator irresistível de sucesso.

Também Eurico Nogueira França, tendo certa vez revisitado o "Azulão" de Jayme Ovalle, meditou sobre "o fulminante poder de certas músicas artísticas de se divulgarem entre o povo". Por que ou de que modo, indagou-se ele, "uma determinada música atinge essa rápida e perdurável popularização"? E arriscou: "Pode-se dizer que as peças nessas condições provêm do povo e até ele voltam, por intermédio de um processo misterioso e subconsciente de elaboração estética".

Nos quatro anos que passou em Londres, na década de 30, trabalhando na Delegacia do Tesouro brasileiro, Jayme Ovalle cuidou de consolidar a sua dispersa e rarefeita criação.

Seis momentos de *Azulão e Pinhal*, curta-metragem que Humberto Mauro filmou em 1948

AZULÃO
USICA DE JAIME OVALE
ERSOS
MANUEL BANDEIRA
ANTOR
PAULO TAPAJÓS

Bem antes disso, porém, antes mesmo de afiar seus instrumentos teóricos nas aulas com Paulo Silva, ele já compunha. Por não ter baixado à partitura, alguma coisa dessa produção de juventude certamente se perdeu – caso de uma parceria com Manuel Bandeira da qual não ficou sequer o título, apenas uma referência em carta: "Eu e Ovalle fizemos um choro de carnaval que é um sonho!...", anunciou o poeta a Mário de Andrade, no princípio de dezembro de 1925.

Naquela altura o compositor paraense e o futuro autor de *Macunaíma* ainda não se conheciam pessoalmente, e Bandeira, amigo de ambos, não via a hora de os dois se encontrarem. Quando, em novembro de 1925, Mário lhe mandou de São Paulo sua recém-escrita "Cantiga do ai" – poema incluído cinco anos mais tarde no livro *Remate de males* –, Bandeira se apressou em ler os versos para o amigo e parceiro, e insistiu com o autor: "Você precisa vir ao Rio só pra conhecer e assuntar o Ovalle".

Voltou à carga no começo de fevereiro de 1926, instando Mário a pedir à cantora carioca Germana Bittencourt, que estava em São Paulo, a lhe "dar uma idéia" do artista paraense. "Eu tinha vontade que você conhecesse o Ovalle pra dar a sua opinião sobre ele", reiterou Bandeira – e sublinhou: "Porque o Ovalle é um caso que só você pode avaliar e quem sabe encaminhar."

O esperado encontro aconteceu pouco depois, em julho de 1926, quando Mário foi passar uns dias no Rio de Janeiro. No final do mês, de volta ao 546 da rua Lopes Chaves, em São Paulo, pôs em carta as impressões que lhe deixara a turma de Bandeira. Gostara muito do poeta Dante Milano – e um pouco menos de Dodô, o estudante de engenharia Geraldo Barrozo do Amaral, o "Bom Gigante" que haveria de protagonizar mais de uma crônica bandeiriana, e de quem mais adiante se vai falar com o detalhamento que merece. Boas razões tinha o escritor paulista para não ter gostado integralmente desse latagão de quase dois metros de altura, que andava pelos dezenove anos de idade. Fino e elegante quando sóbrio, mas encrenqueiro quando alcoolizado, o que acontecia com alarmante freqüência, numa daquelas noitadas o moço se pôs a comentar com o autor o livro mais recente de Mário, *Losango cáqui* – para dali a pouco, já de porre, passar sem mais aquela ao gratuito e nada literário insulto: "Você é um sacana, está ouvindo?", berrava o Bom Gigante para o perplexo poeta.

Mário dedica dois terços dessa carta, datada de 22 de julho, a alguém menos beligerante que Dodô, o jovem paraense de que Bandeira lhe falara com tão veemente admiração. "Quem é mesmo uma maravilha é o Ovalle", escreve ele, e se derrama: "Que sujeito bom e sobretudo que sujeito extraordinário. Fiquei adorando ele, palavra. Se eu pudesse escolher um tipo pra eu ser eu queria ser o Ovalle".

Mário deixa claro, porém, não se tratar de admiração cega – e, em seu estilo epistolar engolidor de vírgulas, avalia:

> Não é que eu deixe de ver também perfeitamente os defeitos, isto é, as desqualidades dele porém o sentimento que ele me inspira é esquisito: uma profunda admiração misturada com uma profunda piedade. Tenho certeza que não o deprecio com esta piedade porque não é da pobreza limpa dele é uma espécie de piedade transcendente pela ingenuidade maravilhosa dele porque adquiri a certeza de que ele se engana profundamente a respeito de si mesmo.

"Isso percebi muito bem", prossegue Mário:

> Existe nele um desequilíbrio enorme entre a grandeza de ideais que alimenta ou antes deseja, deseja palermamente sem nenhuma coragem e sem nenhum esforço para conseguir o desejado, e as faculdades que possui. Ele tem uma falha enorme na inteligência, a falta de autocrítica, e com isso ele se engana a respeito de si mesmo tenazmente. É até dramático da gente observar.

Fala, primeiro, de Ovalle escritor, dos poemas dele que pudera ler em sua recente temporada carioca:

> Saído duma fase simbolista que produziu nele uma impressão indelével ele caiu num haicaísmo do banal sutil e foi exagerando esse haicaísmo essa

> banalidade e essa sutileza a tal ponto que está agora nesse desastre de fazer poeminhas pequenininhos onde tudo o que não é banal fica por dentro, por dizer e só o banal é que está dito. Isso é perigo, Manu, um perigo em que o Ribeiro Couto muitas vezes caiu também. Perigo porque afinal de contas o que fica escrito o que fica objetivado mesmo é só o banal e não tem valor nenhum. Carece a gente raciocinar com coragem e decidir que diante da frase mais banal do homem mais banal com um pouco de imaginação a gente cria o mais perfeito dos poemas. Porém esse poema é interior e na frase mesmo ele não está. Ora embora a poesia tenha seu valor subjetivo como sugestão a virtude está na poesia e não nos poetas que a lêem. A incapacidade de criação do Ovalle que talvez ele não sinta bem até que ponto chega e por isso não sofra muito, a incapacidade de criação dele é fantástica. Ele tem sensibilidade por demais e rápida por demais e creio que por isso a imaginação criadora nele falha tenazmente.

Agora Mário já não se refere apenas ao poeta, e arrisca uma previsão: por força dessa precária imaginação criadora, "tenho a certeza de que não chegará a criar coisa nenhuma de durável", "tanto na poesia como até na música". Pede a Bandeira que fique por enquanto entre eles a sua duríssima avaliação. "Digo por enquanto porque é possível que com maior base de amizade pra trás eu mesmo venha a contar estas coisas pro Ovalle", explica Mário, e detalha o que planeja fazer então:

> Ao menos dizer-lhe francamente o perigo em que ele está pela criação imaginosa da banalidade. O que fica mesmo por enquanto de bem firme na minha opinião é que nunca vi incapacidade criadora artística maior que a dele. Digo artística porque no pasticho musical popular (ele não é popular e daí a palavra pasticho) ele atinge a coisas não tem dúvida que estupendíssimas.

Sim, "estupendíssimas", e Mário não se furta a dar exemplo daquilo que na obra de Ovalle lhe parece superlativo: "Estrela do mar", a pequena peça musical que, com "Chariô" e "Aruanda", forma "Três pontos de santo". "'Estrela brilhante'", escreve Mário, tomando por título o primeiro verso da canção,

> quando principio a cantar não posso parar mais. Repito dez quinze vezes seguidas. E me fica uma tristeza gostosa um abatimento quentinho por dentro... Nunca senti efeito medicinal mais profundo que com essa musiquinha genial. Porém não acredite que aquilo seja popular como o Ovalle fala, aquilo é dele e tem todos os caracteres da personalidade psicológica dele.

Personalidade que nele próprio, Mário de Andrade, fizera nascer "a idéia dum conto, ou mesmo dum romance que me parece interessantíssimo". Disse a Bandeira: ainda não sabia se viria mesmo a escrever esse livro, "porém a idéia já anotei nos meus cadernos". Dessas anotações, contudo, não ficou traço reconhecível na papelada que Mário deixou ao morrer, em fevereiro de 1945. Na sua obra de ficção, o Ovalle inequívoco estará apenas nas linhas finais do sétimo capítulo de *Macunaíma*:

> E pra acabar todos fizeram a festa juntos comendo do bom presunto e dançando um samba de arromba em que todas essas gentes se alegraram com muitas pândegas liberdosas. Então tudo acabou se fazendo a vida real. E os macumbeiros. Macunaíma, Jayme Ovalle, Dodô, Manu Bandeira, Blaise Cendrars, Ascenso Ferreira, Raul Bopp, Antônio Bento, todos esses macumbeiros, saíram na madrugada.

Manuel Bandeira, que tão ansiosamente aguardara uma palavra de Mário de Andrade a respeito de Ovalle, parece não se ter surpreendido com a crueza da avaliação que lhe chegou naquela carta de 22 de julho de 1926 – ao contrário, não só assinou embaixo como a enriqueceu com observações acerca de outros aspectos da pessoa e da obra do amigo. "A tua ficha do Ovalle está estupenda", respondeu Bandeira de bate-pronto já no dia 24, com idêntica economia de vírgulas:

> [...] e acho mais que a incapacidade criadora do nosso extraordinário "irmãozinho" não é só no terreno artístico mas até no afetivo. Estando com ele, conversando, convivendo, se sente o potencial de bondade mas cadê voltagem para distribuir a força pra longe? Em matéria de música o mal é a ignorância com incapacidade de aprender por impossibilidade de aplicação. No domínio afetivo a dispersão sentimental. O que apesar de tudo eu acho impressionante, o que marca o Ovalle, a trajetória do Ovalle, é essa força de sentimento e de aspirações contrastada pela incapacidade de expressão, o que dá em resultado uma angústia que afinal de contas acaba exprimindo com intensidade extraordinária uma parcelazinha miserável da macumba interior do Canhoto.

E encerrou Bandeira com imagem forte:

> Você não sabe certos cães muito inteligentes, muito afetuosos, quando começam a olhar fixo pra gente, ganindo dolorosamente? querem falar e não podem. Ovalle me dá essa impressão.

Na carta seguinte, cinco dias mais tarde, o poeta pernambucano volta ao assunto:

> Tenho pensado também sobre o Ovalle. Se ele tivesse capacidade para se realizar como ele é realmente, e integralmente! Mas o que ele faz é só um lado e sempre o mesmo quando o que há de extraordinário nele é a misturada. Você já reparou que os elementos que ele despreza eu tenho aproveitado? Não é só o Villa não...

Impossível saber, tantos anos passados, se Mário chegou a ter com Ovalle a conversa franca que aventou na carta a Bandeira. Oportunidade para isso não terá faltado, e já naqueles começos de camaradagem, pois no vaivém de suas viagens ao Norte e ao Nordeste do país, cujo relato fará nas páginas póstumas de *O turista aprendiz*, em mais de uma ocasião Mário esteve com Ovalle no Rio de Janeiro. Mais adiante, os dois puderam conviver mais amiúde, nos três anos em que o escritor paulista morou na cidade, de 1938 a 1941.

Ao contrário do que fez com vários outros compositores da mesma geração, e embora em pelo menos numa oportunidade tenha anunciado publicamente o propósito de fazê-lo – num artigo para a *Revista do Brasil*, em setembro de 1938 –, Mário não se animou a escrever sobre a música de Ovalle, nome que só de raspão aparece em seus ensaios. No livro *Música de feitiçaria no Brasil*, por exemplo, lá está ele, modestamente entre parênteses – "documento cantado por Jayme Ovalle" –, citado como fonte da macumba "Ô Cadira", cuja letra Mário transcreve:

Êh, ôh, ôh
Ôh Cadira pisa no Congo,
Ôh Cadira!

Ôh Cadira, mia pai,
Ôh Cadira,
Ôh Cadira pisa no Congo,
Ôh Cadira!

O compositor por certo guardou algum ressentimento, a julgar pela queixa que, em conversa com o jornalista e escritor Moacir Werneck de Castro, deixou escapar: achava que Mário de Andrade não lhe dava a devida importância. Embora humilde, não tinha dúvidas a respeito de seu próprio valor, e nesse terreno sabia reagir ao que lhe parecesse pouco-caso, indiferença. Foi o que fez, já no final da vida, com Antônio Maria, que fora visitá-lo em seu apartamento em Copacabana. Em clima afetuoso, de grande delicadeza, os dois interpretaram "Modinha", Maria no vocal, Ovalle ao violão. O autor ficou tão feliz que deu ao amigo, com dedicatória, uma velha partitura da canção – que o visitante, distraído, se esqueceu de levar quando saiu. "Voltei no dia seguinte para buscar", contará Antônio Maria numa "Lembrança de Ovalle", "voltei duas ou três vezes, e ele sempre dizia uma coisa nova: 'Perdi' ou 'Joguei no mar' ou 'Levei para a Alfândega e dei a não sei quem'. Não perdoava o meu desapreço pela 'Modinha'."

No caso de Mário de Andrade, é possível que o escritor paulista não lhe desse mesmo toda a importância de que Ovalle se achava merecedor. Se não foi dito, o essencial do que pensava a respeito de sua música ficaria registrado nos diálogos imaginários de *O banquete*, o livro em que planejou sintetizar suas idéias sobre música, e que Ovalle não viveu o bastante para ler. Iniciada em 1944, a obra deveria ter dez capítulos, mas apenas seis estavam escritos quando Mário morreu, meses mais tarde, e inéditos permaneceram até 1977.

Reunidos em torno da mesa de um jantar, cinco personagens de *O banquete* falam, a certa altura, da "situação técnica defeituosíssima da música brasileira", e enveredam pelo tema da composição musical. Um deles, Janjão, deplora que não houvesse no Brasil, naqueles meados de década de 1940, uma safra de compositores jovens. A última fornada, enumera Janjão, teria sido a de Villa-Lobos, Lourenço Fernandez, Francisco Mignone, Arthur Pereira, Assis Republicano, Jayme Ovalle, Camargo Guarnieri, "pra citar os mais conhecidos", todos eles, porém, com mais de quarenta anos de idade ou bem próximos disso.

Nesse ponto da conversa, intervém a cantora Siomara Ponga:

> Mas Janjão, esse mesmo estado de coisas se reflete nos dois centros metropolitanos, São Paulo e Rio. Basta você observar a criação musical de dois compositores tão bem dotados como Jayme Ovalle no Rio e Arthur Pereira em São Paulo. Você repare, Janjão: há uma tal ou qual incongruência entre a tenuidade e curteza de pensamento musical de um Jayme Ovalle e o revestimento harmônico inda por cima resolutamente acordal que ele lhe dá. Curteza de pensamento musical não é defeito, é caráter: basta lembrar Schumann, Malipiero e o próprio Haydn. Me lembro de um desses ensinadores de fazer versos dizer que não se pode compor em alexandrinos uma poesia sobre as delicadas violetas. Está claro que não é bem isso, mas, em princípio, esse tratadista escutou cantar o galo. É possível fazer um alexan-

drino alado e tênue como uma violeta, ou é possível tirar todo um drama profundo dos olhos duma violeta, assim como não é por ter seis ou sete sons que um acorde é pesado. Basta lembrar que ajuntando cinco terças Debussy faz acordes duma seriedade maravilhosa. Ora num Catalani como em outros ainda mais monótonos harmonistas tantas vezes as duas terças dum acorde de tônica pesam várias toneladas... Tudo depende da seqüência harmônica e da disposição sonora do acorde. Isto é que me parece falta a Jayme Ovalle, no seu pequeno conhecimento técnico de harmonia e prática de piano, e que a sua intuição musical não consegue remediar. Como remedeia tantas vezes em Villa-Lobos. Certas canções melodicamente deliciosas de Jayme Ovalle se tornam quase insuportáveis de cantar porque enquilosadas num acompanhamento opaco, compacto, gordo e desamável, tanto harmônica como pianisticamente, em total desacordo com as suas linhas melódicas, no geral curtas e pouco ou nada dramáticas. E no entanto deliciosas!

A "tenuidade e curteza de pensamento musical" que Mário, pela boca de Siomara Ponga, viu na obra de Jayme Ovalle constituem avaliação que outros estudiosos endossaram, mas que está longe de ser unânime. Não era, certamente, o que achava o musicólogo Andrade Muricy, para quem "Jayme Ovalle é músico pessoal e fecundo; a sua obra, de feitio raro, é de um hermetismo perturbador e sugestivo". Muito menos a musicóloga paraense Maria Lenora Menezes de Brito – uma das resp onsáveis, em 2002, pela produção e lançamento de *Jayme Ovalle*, o primeiro CD inteiramente dedicado à obra do compositor –, que num texto acadêmico de 2003 rebateu com veemência o julgamento de Mário: "Pensamos que o eminente folclorista", escreveu Lenora Brito, "constatando a produção exuberante e, aparentemente, mais claramente 'nacional' da música de outros compositores brasileiros, não conseguiu entender a honestidade, a ausência de excessivos arroubos ou até de truques, nas composições de Ovalle".

Na mão oposta de uma amizade que nunca engrenou para valer, a rigor Jayme Ovalle não poderia queixar-se do silêncio de Mário, ou de sua forma enviesada de se manifestar, uma vez que ele mesmo, Ovalle, parece não ter feito muito para que a conversa andasse. Uma descida aos arquivos do escritor, guardador obsessivo de toda correspondência recebida, permite afirmar que Ovalle jamais lhe enviou uma linha sequer. Não só não escrevia cartas, a quem quer que fosse, como, segundo sua viúva, não costumava guardar as que lhe chegavam.

Três meses depois de se conhecerem, em 1926, ele até andou ensaiando uma mensagem a Mário – e, à sua tortuosa maneira, a fez chegar ao destinatário, conforme se lê num divertido relato de Manuel Bandeira ao confrade paulistano:

> Ovalle escreveu nas costas de um programa uma carta pra você em resposta à sua. Escreveu a lápis e andou com aquele papelucho no bolso sem jeito de mandar pra você. Afinal anteontem me encontrou e me pediu lhe mandasse contar a você que lhe tinha respondido. Me leu uns pedaços da carta com uma dificuldade enorme porque aquilo já estava quase todo apagado. A súmula é que ele dizia coisas tão carinhosas "que parecia que ele era homem e você mulher ou o contrário – que você era homem e ele mulher"! "Mário – você – ... é perfeito – como o seio de uma mulher por quem eu chorei muito..."

"Coisas assim", encerra Bandeira. "O resto você imagina."

Mário podia, sim, imaginar, conhecedor que já era da enorme, dramática incapacidade de Jayme Ovalle de se exprimir. O próprio Ovalle sabia dessa sua limitação, e sofria. "Ele conhecia algumas decepções terríveis como artista dotado de insuficiente poder de expressão para fixar o mundo extraordinário que na sua alma se continha", escreverá na sua morte alguém que o conhecera como poucos, Augusto Frederico Schmidt:

> Não falava fluentemente; sentia-se que as palavras que proferia tinham ido arrancar alguma coisa de difícil do fundo da sua alma. A expressão nele era penosa. Músico, não tivera uma formação que lhe permitisse dizer o que desejasse, com nitidez, mas produziu algumas breves obras-primas. Do poeta não posso dizer nada, sua obra é um mistério. Mas a verdade é que a

forma não o ajudou nunca. Falava sem saber jamais se conseguiria dizer o que desejava, no fim. Mas que clarões em profundidade nasciam nele!

Não era só com as palavras que Jayme Ovalle se atrapalhava. Enredava-se também nas questões da vida prática. "Não sabe telefonar, pregar selo em carta, redigir telegrama, e sua caligrafia nem ele mesmo decifra", atestou Fernando Sabino, que com ele conviveu diariamente em Nova York entre 1946 e 1948:

> Assim terá perdido seus melhores poemas: por não conseguir ler o que escreveu. Variar de restaurante é para ele um suplício e já foi forçado a cortejar a caixeira da casa de roupas, única maneira de comprar o que desejava. Acabou comprando roupa diariamente, só para vê-la. Mais uma de suas famosas noivas. Durou uma semana, ou seja: seis dúzias de lenços.

Não espanta que mesmo na criação artística Ovalle se embananasse com freqüência, e disso uma boa ilustração ficou registrada numa carta de Bandeira a Mário, em novembro de 1926. A cantora Germana Bittencourt pedira músicas ao compositor, para um recital que daria no Rio de Janeiro – e, faltando poucos dias para o evento, entrou em desespero, pois não conseguia que ele lhe passasse as partituras.

"Germaninha me telefonou esta manhã reclamando as músicas do Ovalle", contou Bandeira – que, na tentativa de aliviar a angústia da amiga, largou imediatamente seus afazeres e se mandou para o trabalho do músico, na Alfândega. De volta à casa, escreveu a Mário:

> Arrancar uma música do Ovalle é um caso sério. Porque ele não acaba de compor: emenda, volta atrás, dá à frente, risca e quer verificar ao piano e não tem piano e como há de ser e Seu irmãozinho eu não tenho outra cópia e Germana é capaz de perder...

"Não perde não", buscou tranqüilizá-lo Bandeira – que, na mesma carta ao poeta paulista, desabafou: "Em suma, o Ovalle com as músicas dele é o tipo de viúva que não quer deixar sair o enterro". A muito custo conseguiu que o amigo, "depois de mil recomendações", lhe entregasse uma partitura – para pouco depois chamar Bandeira ao telefone e recomeçar o tormento, pedindo que mudasse isso ou aquilo. Segundo o poeta pernambucano, Ovalle impôs uma condição para liberar as partituras: "Que você [Mário] veja elas, escolha as que Germana deva cantar, ensaie, veja se o acompanhador dá o ritmo exato. Enfim ele se coloca sob a sua proteção". E passou ao destinatário um recado do compositor: "O Ovalle recomendou que em todas as músicas você pode dar ou alterar as indicações de expressão, etc.".

Fosse esse o único problema diplomático que o prestativo Manu (ou "Flag", como Mário de Andrade também o chamava, passando-lhe o sobrenome para o inglês) precisava administrar – mas não: o poeta era um pára-raio onde os amigos músicos faziam desabar as mais emaranhadas pendengas. "Meu Deus, o Ovalle e a Germaninha me dão trabalho!", queixou-se Bandeira na mesma carta de novembro de 1926. Poucos dias antes, contara a Mário um imbróglio envolvendo aqueles dois. Com a ajuda de Villa-Lobos e Lucília, a primeira mulher dele, a cantora estava ensaiando para o recital uma canção de Ovalle, "Caboclinho", e em má hora comentou, entusiasmada, sem saber que pisava um calo do vaidoso compositor: "Isso é bem o Ovalle!".

Foi o bastante para que Villa-Lobos se encrespasse: aquele ritmo já estava numa composição sua de 1923, o "Noneto", e além do mais não tinha nenhuma originalidade, pois havia ali "uma porção de influências – Debussy, Fauré, René Baton". Germana não reagiu, e mesmo assim Villa subiu o tom: se ela insistisse em incluir músicas do Ovalle no programa, ele retiraria as dele, porque não queria "mistura". Pois retire, encarou Germana, e foi lamuriar-se com Bandeira. O poeta aconselhou-a a "fazer tudo pra não brigar"; a retomar os ensaios com Villa-Lobos e só brigar se ele insistisse em não querer "mistura" com o autor de "Caboclinho"; e a não contar nada a ninguém, "sobretudo ao Ovalle".

A moça seguiu as recomendações, menos a última – e dali a pouco estava Ovalle a se queixar a Bandeira da "secura" com que Villa-Lobos passara a tratá-lo: seria por causa do recital de Germana? Não seria o caso, então, de retirar "Caboclinho" e outras músicas suas do programa? "Parece que o fundo de toda essa merda é uma ciumada estúpida do Villa para com o Ovalle", confidenciou Bandeira a Mário de Andrade: "O menino rico com inveja da bonequinha de trapo tão gostosa do menininho pobre".

Se tudo acabou bem entre os amigos, e mesmo no recital de Germana – cujo cardápio teve, sim, "mistura"... –, foi, garante Bandeira, graças à grandeza de alma do "menininho pobre":

> O Ovalle é que procedeu como criatura de coração que é: pronto a se apagar, desejoso de desculpar o Villa e de guardar a camaradagem dele ("Eu gosto dele, seu irmãozinho!").

Dez anos depois desse qüiproquó, em 1936, o nome de Jayme Ovalle volta a aparecer na correspondência entre Mário de Andrade e Manuel Bandeira. Vivendo então em Londres, ele se dispusera finalmente a consolidar a sua obra musical, e de lá começou a enviar partituras para que Manuel Bandeira, seu procurador, cuidasse não só de imprimi-las, na Casa Arthur Napoleão, como também de fazê-las chegar às melhores mãos. Mais tarde, planejava Ovalle, ele próprio cuidaria de divulgar a sua criação. Pouco depois de retornar ao Brasil, organizou-se em casa de Augusto Frederico Schmidt um recital privado do pianista paraense Mário Neves.

E ficou nisso. Depois de um recital de Germana Bittencourt em 1926, que incluiu quatro criações suas, a obra de Ovalle só voltaria a ser apresentada em público em 1959, quando a Rádio Ministério da Educação e Cultura lhe dedicou toda uma emissão do programa *Música e Músicos do Brasil*, consistindo numa palestra de Andrade Muricy ilustrada pela soprano Gelsa Ribeiro da Costa e pela pianista Ana Cândida. Já fazia, então, quatro anos que Jayme Ovalle se fora.

"Estou lhe escrevendo para remeter estas músicas do nosso místico", escreveu Bandeira a Mário em julho de 1936:

> Afinal ele desencantou a obra e mandou vinte e tantas peças com um cheque para eu mandar imprimi-las. Estas são as primeiras saídas. Tome um exemplar de cada uma para você, ofereça outros a seu juízo (pensei no Guarnieri, no Souza Lima, em Nieta e um ou dois críticos). Sobrando, ponha à venda em alguma casa de música. À proporção que forem aparecendo, irei lhe mandando.

Uma das composições incluídas nessa primeira remessa, aliás, era o retrato musical intitulado "Manuel Bandeira". Tratava-se menos de "um retrato que uma impressão que o Ovalle sentirá quando eu tiver morrido", precisou o homenageado, sem saber que viveria ainda treze anos depois de enterrar o amigo. Três meses mais tarde, enviou novas partituras a Mário de Andrade, entre elas as de "Azulão" e "Modinha". Contou então que Ovalle, tendo recebido na Inglaterra as primeiras partituras impressas, descobrira vários erros – "vindos de Londres!" –, e, "homem incorrigível" que era, mandara o procurador "parar tudo".

Animado com o surto criativo, no início de 1937 Ovalle inscreveu uma de suas composições, "Pedro Álvares Cabral", num concurso de peças sinfônicas promovido pelo Departamento de Cultura da Prefeitura de São Paulo, que Mário de Andrade então dirigia – e, ansioso, pediu a Manuel Bandeira que se informasse sobre o resultado. Decepção: o vencedor foi João de Souza Lima, com o poema sinfônico "O rei mameluco".

Na peleja para transcrever em partitura uma obra musical até então guardada quase toda na cabeça, Ovalle contratou em Londres os serviços de um jovem pianista carioca, Manoel Antônio Braune, com quem trabalharia durante mais de um ano.

Sobrinho de um colega seu na Delegacia do Tesouro, o rapaz chegara à Inglaterra em 1932, aos 23 anos de idade, para completar estudos de música que já o haviam levado à França e à Alemanha. Descendia da mesma família de origem irlandesa de que faziam parte dois garotinhos paulistanos – os futuros poetas Augusto e Haroldo de Campos. A necessidade de ganhar a vida o afastou aos poucos do piano, que terminou por trocar pelo microfone, tornando-se locutor de rádio.

Essa atividade, não a música, é que lhe daria notoriedade. Foi a voz de Manoel Antônio Braune que, no dia 14 de março de 1938, inaugurou em Londres as transmissões da BBC para o Brasil. "O sr. Hitler entrou hoje à noite em Viena, num entusiasmo formidável", noticiou ele naquela emissão histórica, e deu detalhes: "De pé, no seu carro aberto", o Führer "respondeu repetidamente com a saudação nazi às aclamações da multidão".

Com o início da Segunda Guerra Mundial, em setembro de 1939, Manoel Antônio passou a se identificar para os ouvintes com um pseudônimo indígena e um bordão que o tornariam conhecido em todo o Brasil: "Aqui fala Aimberê, da BBC de Londres...". O

Manoel Antônio Braune desviou-se da carreira de pianista ao se tornar locutor da BBC, em Londres. Teve uma recaída musical ao ajudar Ovalle a transcrever suas composições em partitura

futuro romancista Antonio Callado, que com ele trabalhou na emissora entre 1941 e 1947, se lembrará de Manoel Antônio Braune como um moço alto, forte, calvo, muito fino e inteligente, dono de uma esplêndida coleção de discos. A partir de 1951, trocou a BBC por um emprego na embaixada do Brasil.

Casado em Londres com a carioca Rachel Crotman Braune, funcionária do consulado brasileiro, com a qual teve dois filhos, Manoel Antônio teria provavelmente ficado para sempre na Europa se Assis Chateaubriand, o *capo* dos Diários e Emissoras Associados e ex-namorado de sua tia Dedé, não tivesse cruzado o seu caminho em novembro de 1957, quando o presidente Juscelino Kubitschek o nomeou embaixador na Grã-Bretanha. Manoel Antônio acabaria se tornando uma espécie de super-secretário de Chatô, encarregado de tarefas como transcrever em linguagem fonética os discursos que o embaixador improvisado, monoglota incurável, leria em inglês com seu indelével sotaque paraibano.

Na entrada da década de 60, problemas de saúde forçaram o cardíaco Braune a passar seis meses no Brasil, mas nem assim Chateaubriand lhe deu sossego: fez dele o superintendente dos Associados no Nordeste brasileiro, com base em Recife, e a incumbência de montar a primeira emissora de televisão da capital pernambucana. Um infarto o mataria pouco depois, em junho de 1960, aos 53 anos de idade, durante um baile no Rio de Janeiro, quando acompanhava a representante de Pernambuco num concurso de Miss Brasil.

Manoel Antônio Braune foi de grande valia para Jayme Ovalle, de quem se tornou não apenas colaborador remunerado como admirador e amigo. Embora sem regularidade britânica, os dois trabalharam intensamente no apartamento do compositor, no bairro de Mayfair, em geral nos fins de semana. Perfeccionista, Ovalle levava o jovem pianista ao desespero com seus pedidos para alterar músicas já vistas e revistas, num processo que, além de paciência, consumia resmas de partituras e parecia nunca ter fim. Não raro, empunhava o violão para mostrar ao rapaz exatamente o que desejava ver transposto para o piano.

Tanto esforço não tardou a desaguar em resultados. Em janeiro de 1934, Manoel Antônio Braune realizou o seu primeiro recital em Londres, no American Women's Club, e incluiu no programa a "Legenda nº 3" de Ovalle – peça "brilhante", avaliou um crítico londrino, "com ritmo e melodia próprios" e merecedora de "figurar ao lado de algumas das mais conhecidas composições modernas".

Anos mais tarde, em julho de 1943, Ovalle já de volta ao Rio, Manoel Antônio haveria de dedicar a ele todo um programa da BBC, retransmitido por algumas emissoras brasileiras. Apesar das "falhas da transmissão e da recepção aqui", escreveu em *O Globo* o crítico Edmundo Lys, foi possível apreciar a produção de um artista "brasileiríssimo", e observou: "Raramente encontramos em compositor nosso tanta 'terra virgem' como em Ovalle, e em particular no Ovalle dessa 'Legenda nº 1' que nos chega da BBC".

O reconhecimento viria também, anos mais tarde, de Luiz Heitor Corrêa de Azevedo. Jayme Ovalle, escreveu o musicólogo carioca em *150 anos de música no Brasil*,

> é um músico que veio do povo, formado na escola do "choro", habituado a empunhar o violão ou o violino nas noites de serenata e nos bailes suburbanos. Dessa fecunda experiência ele guardou um senso muito realístico da canção brasileira, que mais tarde havia de apresentar, revestida de harmonias mais escolhidas, em muitas de suas obras. Conhecia como poucos a música popular e, um dos primeiros, havia anotado, ou guardava de cor, uma infinidade de melodias diversas. Mas não chegou a receber preparo artístico regular. Em suas obras de mais fôlego, sobretudo nas que escreveu para piano, essa insuficiência é claramente perceptível. Na harmonização de canções populares, ou mesmo na criação de outras, originais, é que ele nos legou as suas melhores páginas. Entre estas últimas convém notar o Azulão op. 21 (texto de Manuel Bandeira) que, embora não tendo origem popular, está destinada a tornar-se, talvez, em futuro não muito distante, uma verdadeira canção popular, dessas de que o povo se apropria para adaptar e reduzir ao anonimato.

Já então reconhecida autoridade em assuntos brasileiros, Gilberto Freyre viu na música de Ovalle, em 1939, "uma expressão nova e verdadeiramente nacional da arte e de cultura", digna de figurar – disse ele ao repórter de *O Jornal*, Arnon de Mello (pai do futuro presidente Fernando Collor de Mello), – ao lado de "certas receitas brasileiras de doces ou quitutes", na mesma prateleira "da música de Villa-Lobos ou de um poema de Manuel Bandeira ou uma pintura de Cícero Dias ou uma escultura do Aleijadinho ou o Convento dos Franciscanos da Bahia".

O elogio que mais contava para o compositor, no entanto, o de Mário de Andrade, esse nunca veio. O que o poeta paulista confidenciou a Bandeira a esse respeito, em carta ou pessoalmente, infelizmente se perdeu, mas alguma coisa se pode recuperar numa carta que o amigo lhe enviou do Rio em março de 1937. "Sobre as músicas de Ovalle", escreveu Bandeira,

> fiquei meio desapontado com as suas impressões. Desapontado no sentido que tive que me reconhecer um cavalo (como me reconheço cavalo quando leio por exemplo as coisas do Paul Valéry). [...] No caso do Ovalle, eu tinha impressão de escrita não pesada, como você disse, mas densa, nada deselegante, pastosa sim, mas no bom sentido, como se pode dizer de uma boa pasta em pintura.

Depois de lamentar a fragilidade de sua própria formação musical, Bandeira concordou com Mário:

> Numa coisa estamos de acordo e é visível à primeira vista no místico: a curteza curtérrima da inspiração. São sempre idéias pequenas que têm que morrer logo porque falta não só ciência de desenvolvimento, como mesmo a invenção.

Poucos dias mais tarde, numa carta em que encaminhava mais duas partituras – "Dois tangos" e "Ninanatatana" –, Bandeira voltou a comentar:

O que você diz do Ovalle já tenho ouvido os entendidos dizer de gente grande. O meu instinto só dá para distinguir a música boa (embora pastosa, pesada, deselegante) da música reles (embora bem escrita). Creio que compreendi bem o que você criticou no Ovalle. Para compreender melhor, mais a fundo, seria necessário uma demonstração ao piano.

Duas décadas depois, em seguida à morte do amigo, Manuel Bandeira faria sua avaliação definitiva da obra musical ovalliana. Nela destacou, como ponto mais alto, "Azulão", capaz de garantir a "imortalidade" ao compositor. Também "Modinha", que, mesmo não tendo "o sabor total brasileiro de 'Azulão'", teria o mérito de transpor "à música erudita o espírito da seresta carioca". Bandeira acharia injusto não mencionar ainda os "Três pontos de santo", em especial "Estrela brilhante", que a seu ver exprimiam "o que havia de mais densamente cósmico em Ovalle", transmitindo "com incomparável fidelidade e felicidade o mistério do mundo das macumbas". Depois de lembrar a "graça e ternura e fina melancolia" de pequenas peças para piano – "Dois retratos", "Tango", "Martelo", "Prelúdio" –, o poeta detectou nas "Legendas" o que seria "o pórtico para uma atividade musical de maiores ambições" – e, melancólico, finalizou seu parecer:

Mas essa já não seria possível para Ovalle, que desperdiçara em serestas de violão os anos em que se pode aprender. Bem que ele tentou recuperar o tempo perdido e antes de embarcar para Londres andou tomando lições com Paulo Silva. Mas era tarde, evidentemente. A música de Ovalle tinha de ficar no que ficou: uma extensão ao piano daquilo que ele balbuciava com indizível sortilégio nas cordas do violão.

Na roda dos

4

irmãozinhos

Em parte superpostos aos do século, os vinte anos de Jayme Ovalle foram uma quadra farta em boemia, criação musical, novas amizades e grandes amores, tudo na vertiginosa simultaneidade que só a juventude pode suportar.

Uma fatia daquele tempo foi vivida ainda sob as asas da família, na lonjura da Estrada Velha da Tijuca, o que o obrigava a um cansativo vaivém entre o sossego suburbano e o bulício, cada vez mais sedutor, do Centro da cidade. A certa altura, finalmente, Ovalle alugou uma casinha e se instalou, sozinho, na rua Conde de Laje, nas entranhas da Lapa.

Estava ali a vida que lhe interessava. "Naqueles dias", escreve o poeta Onestaldo de Pennafort,

> nenhum bairro tinha vida própria, de modo que toda a gente convergia para a cidade para tudo, à tarde

> para as compras, para os cinemas, para o *footing* e o chá das cinco, à noite para os teatros ou ainda para os cinemas, pois teatros não os havia em nenhum bairro e os cinemas dos bairros era de terceira ordem.

O transplante não poderia ter sido mais radical. Ovalle, lembra Augusto Frederico Schmidt, morava agora "em plena *zona*, como se chamavam antigamente as ruas em que se localizavam as mulheres que faziam o comércio do amor". Naquele fervedouro, teria mais de um endereço – um deles, numa casa na ladeira de Santa Teresa, 19, onde, segundo descreve Manuel Bandeira na crônica "O místico", havia uma "saleta de entrada, minúscula e entupida por um piano de cauda". Quando o 2-6928 tocava e, conta Bandeira,

> uma voz de mulher aparecia numa ligação errada de telefone e indagava: "Aí é o escritório do Dr. Fulano?", o místico respondia com o maior carinho: "Não, aqui é minha casinha...". Havia um riso gostoso do outro lado do fio e freqüentemente o idílio acabava na alcova obscura da ladeira. *Alcova* aqui não está como palavra bonita em vez de *quarto*. A "câmara de dormir" do místico não se poderia chamar de outro modo. Não havia abertura direta para a luz exterior. Tinha qualquer coisa de parecido com as "salinhas do santuário" das nossas macumbas.

A Lapa boêmia vivia então o seu momento mais brilhante, em clima de animação etílico-venérea praticamente *full time*. Mas nem por isso Ovalle se entregou à gandaia que se poderia imaginar num tal cenário.

Manuel Bandeira e Jayme Ovalle na década de 20: parceria que passava pela música, pela poesia e pelas ruas da Lapa

Sem prejuízo das noitadas nos bares, becos e lupanares do bairro – e há registro de Ovalle em madrugadas de transe poético, abraçado a postes de rua a gemer "meu Deus, eu morro..." –, ele seguia sendo, na repartição, o servidor correto e pontual que sempre fora e seria. "Deixava a boemia na porta da Alfândega", dirá Alceu Amoroso Lima num artigo dedicado à memória daquele que chamou de "O saci do asfalto".

Foi em meio ao fuzuê da Lapa, e quem sabe até mesmo por estar nele, que o compositor produziu o melhor de sua obra. São desse tempo o "Azulão" e a "Modinha", para começar. Mais do que nunca na vida de Ovalle, sobrou inspiração para criar – e até para distribuir: foi na Conde de Laje, por exemplo, que se passou com ele o episódio aproveitado por Manuel Bandeira para compor seu "Noturno da rua da Lapa" – a história kafkiana de um inseto monstruoso que entra pela janela e, enfrentado pelo morador com jatos de inseticida, vai se tornando cada vez maior.

Na Conde de Laje, conta Schmidt no artigo "A voz", a casa de Ovalle era "a única que não pertencia a essa atividade mercantil e melancólica mas ruidosa que outrora, e ainda hoje talvez, se denominava *fazer a vida*". Embora menor, se parecia com as demais ali enfileiradas. Nela havia, descreve o poeta,

> um minúsculo jardim em aclive na entrada, dois quartos, uma saleta minúscula e uma sala grande que servia para tudo – música, comer e receber visitas. As cadeiras eram velhas e mal podiam sustentar um homem corpulento como eu naquele tempo. Mas havia um sofá antigo de cor indecisa onde me deixava eu pousar, enquanto ouvia, discutia e conferia coisas do céu e da terra como o músico e profeta.

O convívio de Ovalle com suas operosas vizinhas era amistoso, conta Schmidt: ele "as tratava humanamente, normalmente" – com um surpreendente detalhe, capaz de contradizer o último advérbio: "sem usá-las". Reinava em sua casa um convidativo clima de *open door* em que as mulheres, tanto quanto os amigos, não faziam a menor cerimônia em simplesmente ir entrando, a que hora fosse. Ele as recebia o mais das vezes com inusitado desinteresse carnal, cuidava delas, ouvia seus casos e não raros queixumes, e ao final da visita, sem que tivesse havido vias de fato, até lhes dava um dinheirinho. Murilo Mendes vai recordar esse tempo num longo poema, "Saudade de Jayme Ovalle", de 1958:

> Não viste maldade na mulher da vida,
> Chamando-a de irmã e companheira. "São simples e humildezinhas".
> Sabendo que está escrito, no Livro eterno:
> EM VERDADE VOS DIGO, OS PUBLICANOS E AS MULHERES DA VIDA
> entrarão primeiro que vós no reino de deus.
> Quantas vezes tu lhes trouxestes flores
> E tocaste harmônio só para elas.

As "irmãzinhas" retribuíam sendo tolerantes com o som tristíssimo da música que Ovalle freqüentemente fazia brotar de seu harmônio, noite adentro. Se havia reclamações, de apenas uma ficou registro, relatada pelo cronista Alvaro Moreyra, não sem antes compor a cena:

> Tirava a roupa e o monóculo. Sentava-se, de mãos no teclado. Que coisas tocava! Lentas, dolorosas, elas estendiam no ar uma fumaça que a vista não enxergava, mas que entrava pelo corpo, ia ao fundo da alma. Exalação da sensibilidade. Um dia, de repente, bateram na porta. Ovalle parou: – Quem é? Falaram do lado de fora: – Faz favorr, senhorr! – Ergueu-se. Vestiu-se. Foi abrir. Encontrou uma senhora de cabelos ruivos e voz aflita: Senhorr faz favorr! Eu mora pegada deste casa. Pension Nini, meu propriedade. Senhorr! Não toca mais! Música de senhorr está muito desgraçado! Os freguês fica tudo triste, não faz despesa! Se precisa tocar, eu paga mudança de senhorr! Mais aqui eu pede: não toca! não toca mais! Música de senhorr não está bom para meu pension!

Menos polido, contava o cronista e comediógrafo Henrique Pongetti, foi "um crioulão" que certa vez irrompeu na sala onde Ovalle, com a porta aberta, alta madrugada, desfiava melancolia em seu harmônio, e bateu duro na madeira do instrumento:

– Vamos parar com essa igreja!

Também Schmidt, à sua maneira rebuscada, fala das "irmãzinhas" de Ovalle como "estrelas mortas, estrelas pálidas, esquivas, com os seios nus boiando nas águas, estrelas encontradas no Passeio Público em horas tardias, e largamente contempladas dos bancos humildes". Ele próprio siderado por tais corpos celestiais, o poeta assesta seu telescópio literário e admite: "Quem melhor realizava o contato e a intimidade com as estrelas [...] era mesmo Jayme Ovalle" – e explica:

> Era um namorado simples, despretensioso, e intenso dessas estrelas frias, mulheres distantes. Nada que lembrasse a atitude de Manuel Bandeira, para quem estrela era chaga – ou o que não foi e poderia ter sido; nem o orgulhoso amor de Dante Milano, por exemplo, duro e rasgando-se por dentro, sem o confessar. Ovalle humilhava-se, rendia-se diante do amor pelas estrelas. Na sua casa pequenina e pobre, [...] o nosso profeta e intérprete da Bíblia esperava de porta aberta a visita casual de uma das muitas estrelas bem amadas. Não dormia em certas noites quentes, cheio de palpitação e de esperança; ficava espreitando, a boca da poesia aberta gulosamente. Às vezes, vozes aproximavam-se. Não raro, um bêbado espiava pela janela, a cabeça suspensa – e continua o seu caminho, cantando. Ovalle se embalsamava, imóvel; depois despertava, e corria solicitado pelo rumor confuso da Lapa em flor, com os seus sortilégios baratos – com a sua mágica sedução, que era a da nossa própria mocidade, irresistivelmente atraída pelo desejo de exaurir-se, de perder-se.

Ovalle foi homem de muitas e avassaladoras paixões, pouco importando se a sua amada fosse venal ou virtuosa, pobre ou rica, branca ou de qualquer outra raça. Extrapolando o gênero humano, apaixonou-se até mesmo, veremos mais adiante, por uma pomba e por um manequim de vitrine. E não se pense que foi sempre tão platônico quanto costumava ser com as visitantes noturnas de sua casa na Conde de Laje. Lendária ou não, é perfeitamente verossímil a história da noite em que, a muito custo, conseguiu levar uma namorada cheia de pudores a um canto de praia deserta. Conseguiu também que ela levantasse a saia – e, ao ver surgir aquele belo, fornido, apetitoso par de nádegas, bateu de joelhos na areia: "Meu Deus, eu não mereço!".

Gilberto Freyre, que morou com ele por algum tempo em outra casa, a da ladeira de Santa Teresa, testemunhou mais de uma vez a desconcertante naturalidade com que Ovalle transitava do espírito à carne. Ele podia, conta Gilberto, entregar-se numa noite a altas conversações com Deus, e

> no dia seguinte, fazer-me ouvir uma sua conversa com ingênua adolescente – uma brasileirinha de origem alemã – apaixonada por ele. Conversa lúbrica. O sensual, o libidinoso, o volutuoso fazendo a inocente masturbar-se, segundo indicações do magistral iniciador de virgens em semi-virgindades. Libidinoso que, entretanto, vi beijar crucifixo com a maior unção. Como se acabasse de converter-se a Cristo passando de cristão novo a cristão velho.

É de Ovalle, muito provavelmente, que o poeta Dante Milano está falando quando escreve em suas "Anotações": "Entrava num lupanar como num templo povoado de deusas. Febre e fervor no olhar. Amar fisicamente era um culto, o espírito inteiramente consagrado ao ato. E nisto havia mais beleza que prazer". Em outra anotação: "Místico é o sujeito que quer gozar com a alma em vez de gozar com o corpo".

Augusto Frederico Schmidt não tinha dúvida de que "ninguém examinou mais de perto do que Ovalle o problema do amor":

> Não me lembro de ter conhecido homem algum que se tenha apaixonado tanto quanto ele da mulher e do seu mistério. Sabia, com uma sutileza única, destacar o encanto, o segredo das raparigas em flor e das damas

Ovalle, à direita, e dois de seus "irmãozinhos": Dante Milano e Álvaro Ribeiro da Costa

maduras, ver-lhes nos olhos refletidos os elementos poéticos; às vezes, também, não via nada e era capaz de transfigurar um ser, vesti-lo de graças e encantos inexistentes, inventando de tal maneira, que não se podia sequer identificar o que Ovalle dizia ver e o que era, tal como se apresentava aos outros seres, o objeto de sua fantasia. Mas ele estava longe de ser uma fantasia; conhecia as coisas, sabia distinguir bem no fundo as intenções, as variações, as mutações, a temperatura das almas.

O poeta se encarregaria de recensear num poema "as noivas de Jayme Ovalle", "escuras ou claras", todas elas "gentis e fagueiras": "Dedé dos cabelos ruivos que chorando adormeceu"; "essa triste Clélia", a primeira namorada, "que se findou pobremente"; "Amália, noiva veemente, flor de um noturno calor"; "a mais madura de todas", Rosinha, "que teve por destino morrer deixando riqueza"; uma cujo nome não se conhece, "essa noiva de mistério, noiva de uma noite só", "que em Paris se sepultou"; "Olívia, cheirando a manga, flor de uma grossa ternura como a chuva de Belém"; "Otília, a mulata", "essa virgem desgraçada, que um dia fugiu chorando e os mares atravessou".

Com tal ardor Jayme Ovalle descrevia suas amadas que, por vezes, os amigos tinham dificuldade em distinguir o que era realidade e o que era fantasia naquele exaltado discurso. "Certa ocasião, falou-me – como se fosse de uma princesa, de uma heroína romântica de Kleist – de Judite dos Santos", conta Schmidt. Descrita por Ovalle,

> ela era a suprema delicadeza, o próprio sofrimento feito mulher; Judite dos Santos era um pássaro triste; uma poesia dolorosa se desprendia de Judite dos Santos. Tratava-se, no entanto, de uma pessoa que só Ovalle, neste mundo, e mais ninguém, seria capaz de ver dessa maneira misteriosa; todos os demais mortais, absolutamente todos mesmo, achariam exatamente o contrário do que Ovalle enxergava nessa pobre mulher, endurecida por uma miséria atroz. Parecia, ouvindo-o descrever as prendas da criatura (que era de tez escura e analfabeta), o próprio Senhor Dom Quixote a manifestar-se sobre Dulcinéia.

Uma vez, por algum motivo, Judite foi presa, e Ovalle, desesperado, recorreu ao amigo Heráclito Fontoura Sobral Pinto, já então no trilho que faria dele um dos advogados mais respeitados do país. Também esse capítulo policial mereceu entrada nos versos de "As noivas de Jayme Ovalle":

> E Judite – essa Judite
> Rodrigues dos Santos, presa
> por um agente infernal
> e que Sobral defendeu.
> Judite, a de corpo escuro,
> que bebia gravemente
> magra e seca,
> lírio preto,
> noiva na triste miséria

Sem prejuízo das demais, ele adorava a pele preta, numa fissura para a qual Bandeira, na crônica "Ovalle", encontrou explicação:

> O seu amor das negras era, afinal, amor da raça negra. Um dia uma negrinha da Lapa repeliu-o, repreensiva:
>
> – O senhor, um homem branco!
>
> E Ovalle:
>
> – Eu sei que é uma infelicidade minha, mas não tenho culpa de ser branco!

Murilo Mendes não esquecerá:

> Que marcha descobrias no andar de uma negra
> Que samba em suas pupilas sincopadas!

Se era carnaval, então, Ovalle delirava mais ainda. Via nele, conta Murilo,

> uma descida em nós mesmos,
>
> Metamorfose do rito ancestral,
> Explosão de instintos comprimidos,
> Muito mais do que safadeza.

Mas não qualquer carnaval, ressalva Augusto Frederico Schmidt num artigo subseqüente à morte de Ovalle:

> O carnaval que não existe mais hoje, o carnaval de vinte e cinco, de trinta anos atrás, era o elemento próprio de Jayme Ovalle. Sentia-se integrado no mundo carnavalesco como um peixe nas águas fundas, como uma borboleta num jardim de flores. O carnaval não era uma oportunidade de brincar, de divertir-se, mas uma espécie de clima em que Ovalle se via livre para encontrar-se com os mistérios humildes. As mulheres mascaradas o

entonteciam, davam-lhe um entusiasmo pela descoberta, que era qualquer coisa insopitável. Não raro, entre grupos de foliões, deparava com um anjo secretamente envolvido na folia, com um ser todo luz e pureza que seguia alígero um cordão que rumava para a praça Onze.

Ambigüidades não o detinham – bem ao contrário, funcionavam como estímulo suplementar:

> Nos bondes de Vila Isabel, ele vislumbrava, às vezes, seres de uma pureza única e, em certa ocasião, o mais belo dos anjos – um arcanjo – saltou no estribo do automóvel (um carro de praça de capota abaixada) em que ele fazia o corso carnavalesco. Esse arcanjo tomara as aparências de um jovem vendedor de jornais. Traiu-se por um sorriso de angélica doçura e desapareceu de súbito como surgira.

Ovalle não perdia um Baile dos Artistas, evento carnavalesco criado em 1918 para reunir gente "do escopo, do pincel e da pena" – retorcida maneira com que os jornais se referiam a escultores, pintores e escritores. Numa das primeiras edições, em 1921, no Teatro Fênix, sua participação valeu quadrinha do poeta Olegário Mariano na revista *Careta*:

> No Baile dos Artistas
> foi a rata que mais feriu a vista
> O Jayme Ovalle de João Batista
> dançando com uma Salomé mulata

Outro poeta, Onestaldo de Pennafort, identificou a mulata por detrás do disfarce: um marmanjo de cor branca, Carlos Frederico da Silva, boêmio e antiquário que o musicólogo Ricardo Cravo Albin descreve como "um grande gozador, figura proeminente do Rio nos anos 1920". Schmidt conta que o pândego adorava hostilizar o acadêmico Osório Duque-Estrada, temido crítico literário, em plena avenida Rio Branco: "Bofe!",

bradava Carlos Frederico ao ver passar o nada fotogênico autor da letra do *Hino Nacional.*

Ovalle era freqüentador, também, de um baile para homens que fazia parte da programação carnavalesca do mesmo Teatro Fênix. Manuel Bandeira lá esteve pelo menos uma vez: "Ali as senhoras pagam entrada porque não é possível distingui-las dos tipos que se fantasiam de mulher com uma perfeição em que não entra somente a habilidade e a arte, mas o temperamento também", escreveu ele numa crônica para o jornal recifense *A Província*, em março de 1929.

> E os há de todas as cores, de todas as idades, de todas as classes, nacionais e estrangeiros. O círculo de mirones toma com eles liberdades cruéis que vão do carinho acanalhado ao pontapé de troça. No meio disso sujeitos maduros, de capote, guarda-chuvas e óculos de tartaruga combinando com seriedade encontro acenando os dedos.

Uma das maiores atrações do carnaval carioca era o Baile dos Artistas, no Teatro Fênix. No grupo acima, em 1923, Jayme Ovalle tem 28 anos e o rosto pintado de preto

Pelas tantas, prossegue Bandeira,

> passa um lindo rapaz que a assistência aclama de Miss Brasil. E João, que está comigo, confessa desesperado que há nos olhos da falsa mulher qualquer coisa que ele nunca encontrou nas mulheres de fato.

Manuel Bandeira não revela, mas não há equívoco possível: João é Jayme Ovalle, assim chamado também por outros companheiros. Murilo Mendes escreverá em "Saudade de Jayme Ovalle":

> Prepara-te para o xangó dos teus amigos,
> Prepara-te, João do amor e da música.
> [...] João, azulão,
> Seremos todos um só,
> Companheiros unidos para sempre

João – apelido que se alternava com "Místico", "Profeta" e, em alusão a uma rua onde ele morou em Santa Teresa, "Santo da Ladeira" – comparece em outras crônicas de Bandeira. Aquela, por exemplo, em que o poeta fala de certa Esmeralda, cujos encantos atordoaram Ovalle e muitos mais na noite boêmia dos anos 20, começo dos 30, e que parecia habitar o mesmo altar em que o compositor entronizara Judite Rodrigues dos Santos. "Esmeralda já virou a cabeça de uma porção de sujeitos", escreve Bandeira:

> No entanto não é bonita, não é fina, não é boa (o leitor me entende!). Coisa misteriosa. [...] O fato é que

Esmeralda depenava os seus adoradores um depois do outro, e como residia em casa de porão alto, os adoradores depostos passavam a morar no porão e confraternizavam, entre si e com o último empossado. Uma organização perfeita.

Um desses adoradores era Jayme Ovalle:

> João era recebido por Esmeralda na esquina de uma travessa da rua dos Voluntários da Pátria. Esmeralda punha-lhe uma venda – um lenço de seda preta perfumado de Amour Amour. Assim andava alguns minutos, depois subiam uma escada e, quando se lhe restituía a vista, João se achava num *boudoir* fabuloso, com jarrões da China e uma estante cheia de edições preciosas em Madagascar e *pur fil* Lafuma. Seguia-se o amor...

João "sabe descobrir a beleza nas mulheres mais feias", escreve Bandeira e, a propósito de Esmeralda, transcreve um diálogo entre Ovalle e "um poeta que virou escultor e está fazendo a minha cabeça" – Dante Milano, cujo nome não é citado.

> – Mas João, disse o escultor, não sei como você foi se apaixonar por uma mulher daquelas!
>
> Com assombro de nós dois, João se desculpou:
>
> – Mas foi uma noite só!

Na crônica em que reproduziu esse diálogo, Bandeira já avançara algumas pistas: "João é aquele mesmo amigo a quem chamávamos o Santo da Ladeira, o Místico, o homem que só leu um livro na vida – a Bíblia", aquele que abraçava "postes da Light em crises de ternura", que morara em Londres e que se tornara "poeta inglês", e que, na verdade, "não existe", assim como "Esmeralda não existe".

Ou por outra, existem, mas naquela supra-realidade de que falava Gérard de Nerval a propósito dos seus sonetos. Na realidade de todos os dias João não existe: quem existe é o exemplar funcionário da Alfândega.

Quando, em 1933, Ovalle partir para uma longa temporada em Londres, sua amada será musa de Schmidt:

Esmeralda, onde estão teus noivos?

Teus irmãos, teus primos, onde estão?

Onde está teu velho Amor, teu namorado,
Aquele de antigamente, que vagava nas ruas?
Onde estão teus sonhos, Esmeralda?

A lua de Londres roubou meu noivo
A lua de Londres fugiu do céu.
[...]

Uma das grandes paixões de Jayme Ovalle na juventude foi Ninon Vallin, nome artístico de Eugénie Vallin, célebre soprano francesa que se apresentou no Brasil mais de uma vez, a partir de 1916, e que por alguns anos viveu em Buenos Aires e Montevidéu. Ao desembarcar na América do Sul, trazia a legenda de uma estrela que em 1911 Claude Debussy escolhera para o papel de Erigone na primeira apresentação de *Le Martyre de Saint Sébastien*.

A voz de Ninon Vallin, dizia o grande compositor, era "pailletée d'argent" – algo como "recoberta de prata". Mas não foi apenas em suas cordas vocais que Jayme Ovalle se amarrou. O jovem músico brasileiro teria bons motivos para se encantar com os olhos escuros, os cabelos castanhos e o sorriso da cantora, oito anos mais velha que ele, que em sua primeira passagem pelo Brasil carregava ainda, grudado ao seu por um hífen, o sobrenome Pardo, de um marido italiano. Não é impossível que o alumbramento tenha ocorrido nessa ocasião.

A cultura francesa era ainda, ao redor do mundo, a de maior prestígio, e para os brasileiros não foi honra pequena acolher como embaixador da França o poeta Paul Claudel, que serviu no Rio de Janeiro do início de 1917 a novembro de 1918. O secretário do embaixador era o compositor Darius Milhaud, que, ao se tornar amigo de Ernesto Nazareth, Donga, Alberto Nepomuceno e Villa-Lobos, com os quais freqüentava gafieiras da avenida Rio Branco, se encharcou de Brasil. De volta a Paris, comporá em 1919 a partitura do balé *Le Boeuf sur le toit* – título tirado do tango "Boi no telhado", de Zé Boiadêro –, encenado com coreografia de Jean Cocteau, além de *Saudades do Brasil* (1921). Inspirado no carnaval brasileiro, Milhaud compôs *L'Homme et son désir* para Vaslav Nijinsky

A soprano francesa Ninon Vallin foi uma das grandes paixões de juventude de Ovalle. "Meu querido doido", lhe dizia ela, sem dar esperança ao enamorado, que foi até São Paulo, na tentativa de ganhar a mulher impossível

– estrela cuja passagem pelo Rio de Janeiro, na época, deixou pelo menos um rastro de luz: foi "por ter visto Nijinsky dançar" que Murilo Mendes se tornou poeta.

Coube a Milhaud organizar um recital de Ninon Vallin no prédio da embaixada, em 1918, com um programa que incluiu obras de Schumann, Duparc, Puccini e Fauré. "On adore Ninon dans la capitale brésilienne", escreve seu biógrafo Robert de Fragny.

Menos sorte teve ela em São Paulo, onde em seguida foi se apresentar: caiu doente, vítima da gripe espanhola, que naquele ano mataria milhares de brasileiros. Conta Robert de Fragny que Ninon Vallin teve febre de quarenta graus e entrou em delírio. Atendida por um médico desastrado, foi parar numa quarentena, tendo por companhia única uma enfermeira – por ironia, espanhola como a devastadora gripe. Por pouco não morreu. Ninon Vallin precisou de dois meses para se pôr de pé, e de um ano para poder pensar em retorno à Europa. Convalescia em São Paulo quando, em 11 de novembro, soube do armistício que encerrara a Primeira Guerra Mundial.

Não se sabe se foi nesse parêntese hospitalar que Jayme Ovalle, ardendo em outro tipo de febre, viajou para São Paulo, no encalço de Ninon Vallin. Em algum momento o fez, isto é certo, pois seu confidente Augusto Frederico Schmidt haveria de registrar no artigo "A voz":

> Revejo Ovalle me explicando como se dera o encontro aqui no Rio, as noites em que esperava no sereno a grande mulher famosa em todo o mundo, a viagem que fez a São Paulo seguindo-a, inteiramente perdido, espantado de como pudera e ousara misturar a admiração pela artista e o amor pela mulher impossível ou quase impossível.

No mesmo texto, o poeta relembra a noite em que o amigo lhe contou que estava apaixonado pela cantora. "Depois de longas voltas pela Lapa", escreve Schmidt, Ovalle o levou para a sua casa da Conde de Laje, desejoso de lhe "mostrar umas poesias misteriosas, segundo o próprio autor as classificava". Falou então do seu amor por Ninon Vallin,

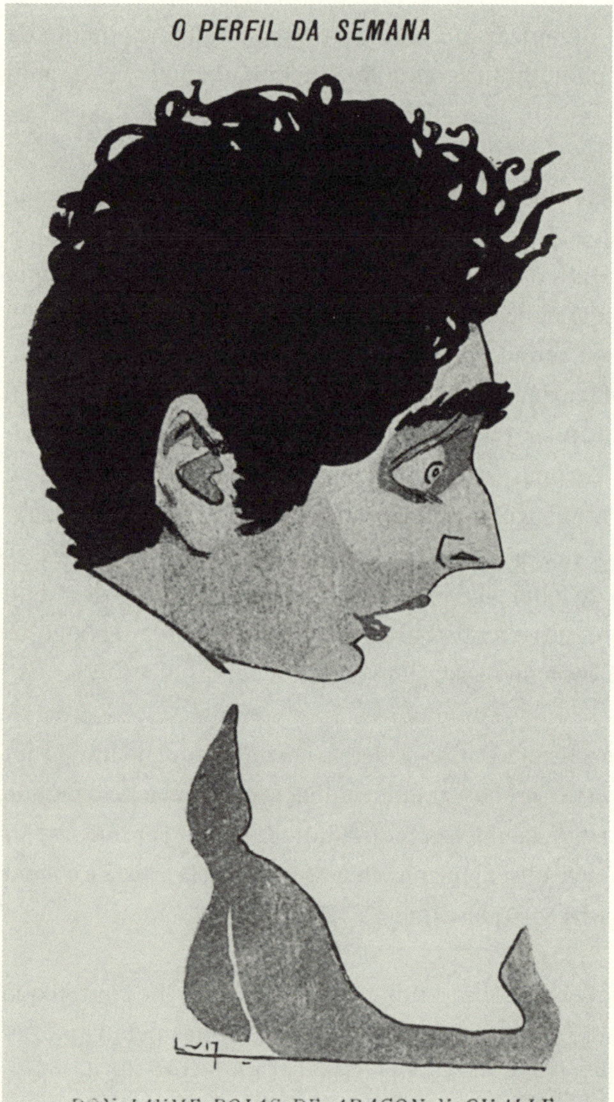

Com 22 anos de idade e sete de Rio de Janeiro, em 1918 Jayme Ovalle já era suficientemente notório para merecer uma página na revista *O Malho* e uma caricatura assinada por Luiz, o desenhista e compositor Luiz Peixoto das lágrimas que derramara pela famosa cantora. Deu-me então a ler alguns bilhetes que a artista lhe escrevera e que ele guardava numa velha pasta de couro trancada a chave numa mala. [...] Não sei o que terá acontecido entre os dois. Revestia Ovalle esse episódio de sua vida de tal segredo que não me animei ou não tive curiosidade em saber mais do que ele me oferecia. Os bilhetes revelavam que o tão grande amor que despertara comovera, certamente, a criatura de carne e coração que não se dissociara da gloriosa cantora. Ninon Vallin, com a sua letra firme e grave – consolava o seu bicho amoroso. "*Mon pauvre petit*, meu querido doido, é preciso conformar-se e resignar-se quando as coisas são belas e não podem durar senão alguns instantes", dizia Ninon, mais ou menos assim. Não me recordo das palavras, só as li uma vez e rapidamente, porque o Profeta, mal me confiara os documentos do seu segredo, logo se arrependera. Mas havia no que li, no que traçara a mão daquela criatura que fora bela e superiormente dotada, uma ternura materna, uma espécie de comovida piedade. A carta de adeus, então, me pareceu quase amorosa. Estava manchada das lágrimas que nelas derramara o autor de "Azulão".

Ao destilar essas reminiscências, na primeira metade da década de 60, Schmidt supõe que "o amor desesperado e veemente terá passado ou se transformado em substância poética depois da separação", e arremata, no retumbante tom funéreo que em prosa e verso era tão seu: "Cantora e músico já se devem ter reunido agora num dos caminhos do Reino da Morte, por onde passeiam os amorosos que se desencontraram nesta vida".

Ninon Vallin morreu – ou, para entrar no tom schmidtiano, desembarcou no Reino da Morte – em 1961, aos 75, seis anos depois de seu enamorado brasileiro.

Não foi mais bem-sucedida outra história de amor, também essa unilateral, do jovem Jayme Ovalle – a paixão que por muitos anos o manteve obcecado por Maria do Carmo de Melo Franco Nabuco, à época ainda sem o último sobrenome. Teria sido o grande amor platônico na vida de Ovalle. "É o que dizem", comentará ela, sem mais, já próxima de completar noventa anos de idade.

O irmão mais velho de Maria do Carmo, o futuro embaixador Caio de Melo Franco, era amigo e companheiro de boemia de Ovalle, que por isso freqüentou intensamente a residência da família, no 1126 da avenida Nossa Senhora de Copacabana – "uma das últimas casas-grandes brasileiras da capital da República", reivindica outro irmão de Maria do Carmo, o futuro escritor, deputado, ministro e senador Afonso Arinos de Melo Franco. Da "mansão patriarcal, extraviada na cidade", lembra ele que

> as grandes janelas, as portas amplamente rasgadas sobre a enorme varanda, abriam sobre uma Copacabana meio rural e meio pescadora, cheia de casas baixas e terrenos baldios, com portugueses puxando pelas ruas as vacas dos estábulos e italianos consertando botes, remendando redes, cantando ou praguejando.

Como o chanceler Afrânio de Melo Franco teve onze filhos, e os filhos uma fartura de amigos, o entra-e-sai ali era tão grande que o casarão, ponto de convergência também de intelectuais, políticos e homens de negócios, acabou conhecido entre os jovens freqüentadores como "República de Copacabana". Era uma "república alegre", recordava Maria do Carmo, que muitos tratavam de Nininha:

– Todos era moços bem-educados. Tocava-se violão, faziam-se versos. Quem quisesse entrar, entrava. Havia no térreo um dormitório permanente.

Embora menos amiúde que os demais, também Ovalle pousava nesse dormitório, quando ia à então distante Copacabana. Maria do Carmo se lembrará dele como um rapaz de cabeça grande e cabelos crespos, especialmente amável e simpático, sempre disposto a cantar e a tocar violão. Tinha "um irmão bonito que parecia um alemãozinho", Waldemar. Segundo Maria do Carmo, Ovalle "gostava de ser apreciado, e ficava furioso se alguém, para chateá-lo, dizia que a sua música não prestava".

Os amigos caçoavam da vontade que ele tinha de ser, um dia, importante, e de sua insistência em usar monóculo. Um dos críticos era Rodrigo Melo Franco de Andrade.

– Você pensa que fica elegante para impressionar sua namorada, mas é exatamente o contrário – dizia o futuro escritor e criador do Serviço do Patrimônio Histórico e Artístico Nacional.

Mas não havia unanimidade em torno do assunto, e Murilo Mendes, décadas mais tarde, dará em versos sua opinião:

O amigo Rodrigo M. F. de Andrade dizia que Ovalle, com seu monóculo, queria impressionar a namorada, mas o que acontecia era o contrário. Para Murilo Mendes o monóculo era "de vidente"

Teu monóculo não era de elegante,
mas de vidente mesmo.

Num texto da maturidade, "Mortos-vivos", em que entrevista amigos já instalados no Céu, Murilo volta ao assunto:

– Querido, você ainda usa monóculo?
– Não. O Cristo vê tudo por nós, irmãozinho.

De quebra, o poeta quer saber do amigo:

– Que tal Santa Maria Madalena?
– Tem cara de bailarina honesta.

Na esperança de que a moça a que Rodrigo se referia viesse a se tornar de fato sua namorada, Ovalle compôs uma música que batizou "Maria do Carmo". Tocou-a certa noite para os amigos, na República de Copacabana, e, segundo a musa inspiradora, fez muito sucesso – "todo mundo gostou", inclusive ela. Mas não lhe pedissem que cantasse, pois se considerava "desafinadíssima".

Animado, o autor julgou ter cacife, musical ao menos, para declarar-se à amada – "o amor mineiro de Ovalle", dizia Manuel Bandeira –, e abriu o jogo:

– Você gostaria de se casar comigo? – arriscou.

– Não – disse ela, com nitidez e delicadeza.

Continuaram amigos. Em seu amor de mão única, Ovalle compôs outra canção, "Nininha" – e não arquivou a paixão nem mesmo quando, em 1931, Maria do Carmo se casou com o advogado José Thomaz Nabuco de Araújo, o caçula de Joaquim Nabuco. Teve seis filhos. Conta-se que Ovalle saudou com um poema o nascimento do primeiro deles. Repetiu a dose na chegada do segundo. Mas quando veio o terceiro, entregou os pontos e depôs a lira:

– Nenhuma musa é tão prolífica – sentenciou.

Otto Lara Resende, que foi seu amigo, não abusa da retórica ao falar de Jayme Ovalle como "um largo estuário mágico". Pois nele, de fato, muitos, as figuras mais díspares, de mais de uma geração, foram se encontrar. Foi Ovalle, diz Otto, uma "silenciosa presença" que, "sem querer marcar, marcou todo mundo que passou por ele", deixando "por toda parte, ao léu, suas impressões dígito-espirituais, espirituosas".

Vinicius de Moraes, por exemplo, diz o escritor mineiro, "com todos os seus ovallianos diminutivos", deve ser visto como "um viril expoente" do "carinho antimachista" de que Jayme Ovalle seria o "patriarca". A uni-los, acrescenta, uma ausência de vergonha "do que é ser bom, frágil e humano, também feminino".

Muito antes, porém, do "poetinha" – que um dia, para justificar atraso num compromisso, explicou a Paulo Mendes Campos que em sua casa tinha entrado "um ladrãozinho" –, houve Manuel Bandeira, o mais próximo e querido dos amigos de Ovalle. Também ele sucumbiu ao mel dos diminutivos de seu "irmãozinho" – e invocou, no poema em prosa "Conto cruel", que incluiria em *Estrela da manhã*, de 1936: "Meu Jesus-Cristinho!". Adorava os inhos e inhas em que Ovalle se derretia. Não deixaria passar sem registro, entre outras pérolas, a resposta que o companheiro deu a alguém que o criticara por estar usando luto:

– Deixa eu usar o meu lutinho!

Difícil precisar quando foi que os dois se conheceram, mas seguramente o engate já se dera em 1922, pois Bandeira data desse ano "sua amizade, de contato quase diário", com amigos que foi fazendo, "em cadeia", a partir de Ribeiro Couto (que em sua porta fora bater, recém-chegado de São Paulo, em dezembro de 1918): Jayme Ovalle, Rodrigo Melo Franco de Andrade, Dante Milano, Sérgio Buarque de Holanda, Prudente de Morais, neto, Osvaldo Costa. Menos conhecido que os demais, este último, nascido no Pará, era jornalista e no final da década participou da fase mais radical – a chamada "segunda dentição" – da *Revista de Antropofagia*, de Oswald de Andrade, onde escreveu, como "Tamandaré", corrosivas críticas

Ovalle, Olegário
Mariano, Cândido
Portinari, Heckel
Tavares e Luiz
Peixoto, na casa de
Olegário, em 1928

a antigos companheiros de movimento modernista, e para a qual criou um slogan: "Quatro séculos de carne de vaca! Que horror!".

A esse time masculino se juntou, também por essa época, a cantora Germana Bittencourt, que seria a primeira intérprete de canções de Jayme Ovalle em espetáculos públicos – em 22 de outubro de 1926, quando cantou "Zé Reymundo", "Papai Curumiassu", "Macumbebê" e "Caboclinho" no Cassino do Passeio Público, no Rio de Janeiro. Escrevendo sobre o recital, Manuel Bandeira fez elogios à cantora ("Mlle. Germana Bittencourt possui uma voz de timbre agradável, um temperamento muito vibrátil"), arriscou uma aposta no seu futuro ("Se ela tiver a força de se consagrar inteiramente ao estudo, há muito que esperar dos seus dotes naturais, tão ricos de promessas") e considerou oportuno encaixar uma observação mais própria de pai do que de crítico musical:

> Mas em primeiro lugar convém que se fortifique fisicamente. A sua figurinha graciosa, a que assentava bem o romantismo daquela toalete de estilo, está pedindo urgentemente dois meses de fazenda mineira com muita papa de milho verde e muito leite de vaca sã.

Boas razões tinha o poeta, ex-tísico com passagem por sanatório europeu, para fazer tal recomendação: Germana Bittencourt morrerá cedo, em 1931, de tuberculose, deixando um filho de seu casamento com o poeta argentino Pedro Juan Vignale, e sem realizar o sonho de estudar em Paris com Ninon Vallin, o amor francês de Jayme Ovalle. Mas provavelmente ainda agradecida ao compositor, pelas atenções, conselhos e carinho que lhe dera, e a quem se referira mais de uma vez nas nove cartas que enviou a Mário de Andrade. "Até hoje", disse numa delas, "são vocês dois os homens e os amigos mais nobres e mais puros de sentimento que conheci."

Sem prejuízo de seus "traços delicados e firmes", Bandeira sempre tratou essa "mulher com físico de menina" como a qualquer outro rapaz de sua patota – Ovalle, Osvaldo Costa, Dante Milano –, uma vez que Germaninha, como todos a chamavam, "se deixava ficar conosco até altas horas". Um dos redutos da "roda dos irmãozinhos", como o grupo ficou conhecido, era o Reis, no número 18 da avenida Almirante Barroso, restaurante onde o prato de resistência consistia num famoso Bife à Moda da Casa – "uma mixórdia, que entupia", lembra Bandeira, na qual "entrava de um tudo". Pediam um só prato para os cinco, porém "reforçado com muito pão e muito arroz".

O milagre da multiplicação das porções era obra de Germaninha, pois a moça "possuía o talento de organizar um menu para cinco sem exceder, duas garrafas de vinho do Rio Grande inclusive, a nota de dez mil-réis. Não sei bem como era, nunca pude saber, mas o fato é que todos saíamos bem jantados e alegres". Teria sido Germaninha a "descobridora" da casa, freqüentada, nos primeiros tempos, por motoristas e carroceiros, e que aos poucos passara a abrigar também jornalistas, literatos e artistas com os mais variáveis talentos e saldos bancários. Não era raro ver por lá um escritor de renome internacional, o mexicano Alfonso Reyes, que foi por longos anos embaixador no Brasil. O *don* Alfonso que muito escreveu sobre o país e que, em sua despedida do Rio de Janeiro, na década de 30, mereceria menção de Bandeira no "Rondó dos cavalinhos", inspirado num almoço de bota-fora no Jockey Club:

Os cavalinhos correndo,
E nós, cavalões, comendo...
Alfonso Reyes partindo,
E tanta gente ficando...

A casa onde comiam os "irmãozinhos" foi cantada em prosa por Bandeira e em verso pelo argentino Raúl González Tuñon, que com ele gastou, além de muitos mil-réis, boa parte de seus adjetivos:

nuestro restaurant Reis, digno de Rabelais y de Rimbaud!
¡Oh restaurant Reis, grande, espeso, picante, popular, oloroso, luminoso, impúdico y sonoro!

Quando o dono do Reis se matou, Bandeira lamentou numa crônica – "Quem poderia imaginar que o simpático Américo Joaquim de Almeida acabaria bebendo formicida na Gruta da Imprensa?" – para em seguida sucumbir à nostalgia:

> Bons tempos aqueles, em que Ovalle ainda tocava violão, Dantinho cantava as modinhas de Catulo, Osvaldo era alegre e loquaz, a boa Germaninha vivia...

Bons tempos mesmo: para o resto de sua vida, Bandeira haveria de se sentir devedor daqueles "irmãozinhos", pelo que lhe deram não apenas de alegria e carinho como de iluminação poética. Escreve, no *Itinerário de Pasárgada*, a respeito de *Libertinagem*, coletânea de seus poemas da safra de 1924 a 1930, "os anos de maior força e calor do movimento modernista":

> Não admira pois que seja entre os meus livros o que está mais dentro da técnica e da estética do modernismo. Isso todo mundo pode ver. O que no entanto poucos verão é que muita coisa que ali parece modernismo, não era senão o espírito do grupo alegre de meus companheiros diários daquele tempo: Jayme Ovalle, Dante Milano, Osvaldo Costa, Geraldo Barrozo do Amaral. Se não tivesse convivido com eles, decerto não teria escrito, apesar de todo o modernismo, versos como os de "Mangue", "Na Boca", "Macumba de Pai Zusé", "Noturno da rua da Lapa" etc.

E creditou em seguida: "Este último é aproveitação de um caso que se passou com Ovalle em sua casa da rua Conde de Laje".

O convívio a que Bandeira se refere se esparramava por muitos outros pontos do Rio além do Reis, com especial insistência no Bar Nacional, na Galeria Cruzeiro. Nada de altos papos cerebrais nas mesas desse bar, esclarece Dante Milano no texto que escreveu em 1936 para o livro em homenagem aos cinqüenta anos de Bandeira:

> A nossa roda de amigos no Bar Nacional não tinha nada de literário, e era bem interessante ver-se a figura recatada do poeta em meio às risadas e impropérios daquela reunião de bebedores, libertinos, estudantes, jornalistas, músicos, artistas, e um ou outro *boxeur* estapafúrdio que de repente virava as mesas do bar.

O mais notório entre os pugilistas em questão era o já citado Dodô, o estudante de engenharia Geraldo Barrozo do Amaral, aquele galalau que em julho de 1926 acuou Mário de Andrade num canto do ringue literário ao descompor o autor de *Losango cáqui* a propósito de coisa alguma. Curiosamente, o escritor não lhe guardou ressentimento, e até fez uma leitura magnânima do episódio. De volta a São Paulo, escreveu a Bandeira:

> O Dodô prejudicou a boa impressão que eu tinha dele com a última noite, decerto o Ovalle já contou pra você o que houve. Porém é certo que fiquei gostando dele também embora discorde bastante da opinião de você sobre ele. Não acho que ele saiba conservar aquela elegância inglesa permanente que você descobriu nele. O que fiquei admirando mesmo nele é a extraordinária delicadeza de sentimento que fez até ele me fazer umas críticas muito finas do meu livro.

Dodô – futuro tio do colunista Zózimo Barrozo do Amaral, que brilharia na imprensa carioca nas últimas décadas do século, e avô de Isabel Salgado, a campeoníssima "Isabel do vôlei" – era um personagem fabuloso, e não espanta que Manuel Bandeira o tenha tantas vezes injetado em sua prosa. Assim como Jayme Ovalle é "o místico", "João" ou "o Santo da Ladeira", Gilberto Freyre o "modesto sociólogo", o pintor Cícero Dias o "Cicinho da Batateira" e Dante Milano o "durinho" (apelido posto por Ovalle), por exemplo, nas crônicas de Bandeira Dodô é o "Bom Gigante" eventualmente baderneiro das noitadas do Bar Nacional – do qual, não só por isso, acabou se tornando atração suplementar. "Havia [...] uma espécie de mesa cativa onde imperava Geraldo Barrozo do Amaral, o famoso Dodô", registrou num texto de reminiscências um amigo da turma, Aloysio de Paula, médico ilustre que freqüentava a casa. "Intelectuais, artistas, boêmios e até mulheres de má vida eram atraídos pelo charme do anfitrião."

O adjetivo "bom" até se poderia discutir, mas quanto ao substantivo não cabe dúvida: conta seu filho, Antônio Geraldo, que o Bom Gigante media 1,94 metro. Ribeiro Couto, em carta a Bandeira, reforça e enriquece a imagem ao descrever "esse vasto gigante norte-americano do Dodô, tipo do *policeman* à paisana, emborrachado de sentimentos, de ideologias confusas e de *cocktails*". De fato não era homem de pouco excesso. Meses antes de morrer, aos 78 anos, engenheiro aposentado da Central do Brasil, Dodô dirá ao filho: "Achei que eu fosse durar um pouco mais, mas com todas as farras que eu fazia...".

Também aqui não há dúvida. Cícero Dias se cansou de ver o Bom Gigante berrar para os garçons: "Vocês têm que servir esta mesa!", e, claro, ser prontamente atendido. Presenciou também a briga dele com o baixote Gilberto Amado, durante um jantar. Já bêbado, Dodô começou a discutir com o escritor e jornalista sergipano, e, à míngua de argumentos, pôs um revólver sobre a mesa: "Você já matou um, mas olha aqui, comigo tá aqui, ó". Anos antes, em 1915, num episódio de enorme repercussão, o então deputado federal Gilberto Amado matara a tiros um grandalhão, o poeta gaúcho Aníbal Teófilo, no apinhado hall de entrada do *Jornal do Commercio*, em plena avenida Rio Branco.

Quase vinte anos mais velho do que ele, Manuel Bandeira tinha por Dodô muito carinho – e até gratidão. "Não se deve ler Proust em exemplares emprestados", escreveu ele em "Romance do Beco" – e creditou: "Quem me ensinou isso foi o Bom Gigante." Quando, em 1958, o Hotel Avenida foi demolido, e com ele a Galeria Cruzeiro, para dar espaço ao edifício Avenida Central, o poeta evocou em crônica seus tempos de Bar Nacional, "que o Bom Gigante chamava 'a casa dos que não tinham casa'". Confessou sentir "um pequenino, doloroso rebate no coração, afogado subitamente numa onda de recordações", e registrou um débito existencial para com Dodô, que ainda prefere não identificar:

No Bar Nacional vivi um pouco a vida "que poderia ter sido e que não foi". A doença que me salteou por volta dos dezoito anos não me deixou realizar o currículo da adolescência nas suas loucas aventuras. Ora, aos quarenta pude desfrutar um pouco o sabor delas através da experiência de um rapaz de vinte. Já o nomeei Bom Gigante. Não quero identificá-lo na atual pessoa de engenheiro rangé, bom esposo e bom pai. Naquele tempo, aí por 1925, era o símbolo da mocidade decantada por Raimundo Correia: Por que tudo o que tem de fresco e virgem gasta/ e destrói...? No Bar Nacional e da boca do Bom Gigante ouvi a crônica do Túmulo dos Faraós, porão aberto à juventude noctívaga e onde se cheirava cocaína quando era vendida livremente a três mil-réis a grama. No Bar Nacional tiveram início alguns episódios surrealistas que narrei nas *Crônicas da província do Brasil*. No Bar Nacional me relumeou de repente a célula de muito poema de *Libertinagem* e da *Estrela da manhã*.

Na mesma crônica, "O bar", Bandeira rememora o *réveillon* de 1928, quando assistiu no Bar Nacional à "mais turbulenta e lírica cena urbana" que presenciou em sua vida, protagonizada por Dodô:

Tudo correu tranqüilamente até meia-noite. Foi precisamente quando as sereias começaram a apitar saudando o ano novo que o Bom Gigante se levantou, bastante bêbado, e desfechou um soco na cara do Ubirajara. Ubirajara batia-lhe pelo ombro, mas era um dos três ou quatro valentes mais destros daquela mocidade faraônica. Quando o Bom Gigante desfechou o segundo golpe – um pontapé à altura da cara, Ubirajara aparou no peito, como um arqueiro apara uma bola de pênalti, o pé do amigo (porque eram amigos, muito amigos!), fez vúquete! e quando vi foi a massa enorme do Gigante revolutear no ar e estatelar-se no chão do bar. Aí, não sei como, a briga generalizou-se, as sereias apitavam ainda mais, bombas estouravam, viva o ano novo! e no meio de toda aquela confusão havia uns bêbados beatamente sorridentes que andavam de um lado para outro, de copo na mão, desejando felicidades a toda gente. Quando a calma se restabeleceu, o Bom

Gigante tinha desaparecido com a mais linda mulata da cidade, pivô da briga, e foi preciso livrar Ubirajara das mãos da polícia.

Baixada finalmente a poeira, Bandeira volta à sua mesa, e constata um pequeno desastre, que relatará na crônica, mas sem os divertidos detalhes que pôs em carta a Ribeiro Couto: a maior vítima do entrevero, "com um ar meio esfrangalhado", tinha sido o seu guarda-chuva, "o irônico", assim apelidado porque, achava o dono, exibia às vezes "o sorriso da Gioconda"...

Jayme Ovalle, nos anos 20, começo dos 30, era figura encontradiça em vários pontos boêmios do Rio de Janeiro, além do Bar Nacional, pois girava em rodas outras além daquela dos "irmãozinhos". Em ainda mais restrito *petit comité*, por exemplo, freqüentou durante algum tempo a Rôtisserie Americana, na rua do Ouvidor. "Seria uma casa de primeira ordem em qualquer país europeu", escreveu Augusto Frederico Schmidt, que se esbaldava na casa em companhia de Ovalle e Sobral Pinto. "As coisas mais simples eram excelentes, bem feitas e admiráveis." Era o mais caro da cidade: uma refeição individual, ali, saía 10 mil-réis – o mesmo que o quinteto dos "irmãozinhos" desembolsava no Reis.

Na Rôtisserie Americana, em vez de Alfonso Reyes, atraíam as atenções dois literatos nacionais de alto coturno, integrantes ambos da Academia Brasileira de Letras: Laudelino Freyre, autor do *Grande e novíssimo dicionário da língua portuguesa*, formidanda obra em cinco volumes, e o parnasiano Alberto de Oliveira, "Príncipe dos Poetas Brasileiros" eleito em 1924 pelos leitores da revista *Fon-Fon!*, cuja entrada no recinto, "solene e olímpico, com o seu ar vetusto e majestoso ao mesmo tempo vagaroso e tranqüilo como se penetrasse nos Campos Elíseos", conforme seu admirador Schmidt jamais esquecerá.

Ovalle provavelmente preferia a informalidade e os bons preços do Café Lamas, no largo do Machado, velha casa que o memorialista Luiz Edmundo descreve como tendo sido, no começo do século, "um cenáculo de estúrdios e irrequietos boêmios". Continuava sendo. O poeta Onestaldo de

Pennafort, contemporâneo de Ovalle (além de parceiro, pois o compositor fez música para os versos de seu "Noturno"), conta que "morava" ali e que a sua geração foi a última a freqüentar o lugar, afamado por seus ovos mexidos com presunto.

O Lamas era um dos dois cafés do Rio de Janeiro que ficavam abertos durante a noite inteira – o outro era o Suisso, na esquina da avenida Rio Branco com a rua da Assembléia –, e atraía um pouco de tudo:

> escritores consagrados, mas ainda notívagos, e escritores em começo de nomeada, estreantes, artistas, estudantes, rapazes de famílias importantes e de alta roda, a *jeunesse dorée* como modestos boêmios bem-educados.

Um dos *habitués*, confirma Onestaldo, era "o Ovalle, aliás, Don Jayme Rojas de Aragón y Ovalle, como lhe chamava o Olegário [Mariano]". Ele conta que numa madrugada encontrou o parceiro no Lamas,

> altamente espiritualizado e bamboleante, com uma cartilha escolar na mão, à hora do pagamento dos seus débitos pendurados, a soletrar para o gerente da casa, a fim de convencê-lo da sua inocência e pureza infantil: a p-a pá, o p-e pé, o p-o pó...

Havia no Lamas bebuns em condição mais deplorável, diz Onestaldo, como

> um tipo popular de rua, o "Giló", o pobre e maltrapilho "Tamandaré", neto ou bisneto do grande almirante do Império e tortura da sua família que não conseguia retirá-lo da miséria em que vivia voluntariamente, no seu desequilíbrio mental, e a quem os rapazes do café, certa noite da revolução de 1922,* convenceram de que o Governo, em desespero de causa e para salvar a situação, o havia nomeado Ministro da Marinha, pelo que, no dia seguinte, lá se foi o Tamandaré para o Ministério, para tomar posse da pasta.

---

* O levante dos tenentes no Forte de Copacabana.

Jovens escritores, artistas, jornalistas e músicos, entre eles Ovalle, batiam ponto, também, no Café São Paulo, na avenida Rio Branco – onde, certa manhã de setembro de 1920, esperando que lhe trouxessem seu pão com manteiga, Onestaldo de Pennafort ouviu um garçom gritar: "O rei!". Era Albert I, da Bélgica, que em companhia da rainha Elizabeth visitava o Brasil.

> Imediatamente, todos os presentes se levantaram com respeito e admiração e o estabelecimento foi logo invadido por populares, que manifestavam a sua simpatia pelo herói da guerra de 14, que, fugido ao protocolo, sem áulicos e sem batedores (palhaços esses que não se usavam), à paisana, sozinho como eu e a dois passos de mim, se sentara no Café São Paulo para tomar um cafezinho de duzentos réis, nesta querida cidade de São Sebastião, tão diferente naqueles dias da Sapucaia em que a transformaram!

A Ovalle não tocou ver um rei, mas podia ele se gabar de ter andado de bonde em companhia daquele que era tido então como o maior poeta brasileiro. Contou a história a Fernando Sabino, que a converteu em literatura:

> Este é Bilac, Olavo Bilac, poeta brasileiro, em 1918, pouco antes de sua morte, num bonde Laranjeiras, descendo para a cidade. Este outro, de cabeleira assustada, é um jovem chamado Jayme Ovalle, que já possui um violão e várias de suas mil noivas. Em 1918 Jayme Ovalle espera a lua, a amada e a inspiração, mas também espera o bonde e acontece sentar-se no terceiro banco ao lado de Olavo Brás Martins dos Guimarães Bilac, um alexandrino. Outro alexandrino diz que é proibido fumar nos três primeiros bancos – mas ainda assim ele acende um cigarro e fica a observar disfarçadamente o seu vizinho.

Em dado momento, o poeta que ouvia estrelas tem a atenção atraída por uma pequena mancha no encosto do banco da frente; sempre observado por Ovalle, olha para os lados, inclina-se "e, com todo cuidado, completamente absorvido, fica tentando apagar a manchinha com a ponta do dedo. Há um brilho de infância em seu olhar".

O Suisso, aquele café que, como o Lamas, nunca fechava, era outra casa noturna muito concorrida, embora os donos fossem um tanto enjoados: Manuel Bandeira, que aparecia às vezes com Ovalle, conta que viu "o poeta Schmidt, então modesto gerente da Livraria Católica, ser tocado para fora do café por estar em mangas de camisa, o que não era permitido ali".

Encaixada numa crônica dos anos 50, "Orestes", a expressão "modesto gerente" vinha lembrar ao leitor mais jovem as dificuldades materiais por que passara Schmidt antes de se tornar, nas últimas décadas de sua vida, um bem-sucedido empresário, responsável, entre muitas outras iniciativas, pela criação do primeiro supermercado brasileiro, o Disco, inaugurado em Copacabana em 1952, e da Orquima, exportadora de minerais atômicos. Não só: Schmidt veio a ser um dos mais influentes assessores do presidente Juscelino Kubitschek, para quem escrevia os pronunciamentos mais importantes, como aquele que, em outubro de 1956, no descampado goiano, anunciou o que viria a ser Brasília: "Deste planalto Central, desta solidão que em breve se transformará em cérebro das altas decisões nacionais...".

É dessa época um episódio que envolve Jayme Ovalle e que o romancista Autran Dourado irá contar em suas memórias políticas, *Gaiola aberta*, publicadas em 2000 – nas quais, aliás, Schmidt é lembrado e descrito em copiosas páginas. O escritor mineiro, então secretário de Imprensa de Juscelino, presenciou a cena:

> Um dia o poeta me disse algo muito engraçado. Autran, administrar e governar um país é uma coisa muito secundária. Eu ri e disse – muitíssimo. A princípio de cara fechada, JK, por perto, quis saber do que estávamos rindo. Eu e Schmidt caímos na gargalhada. De que vocês estão rindo? insistiu JK. De uma história do poeta e anjo Jayme Ovalle, disse Schmidt mentindo. Pelos casos que você me contou dele, é maluco demais para o meu gosto, disse JK. Ele é o autor daquela música que o Dilermando Reis tocou outro dia e que o senhor gostou tanto, disse eu. Por que você, Schmidt, não o convida para vir aqui (estávamos no Palácio das Laranjeiras). Por uma razão elementar, disse o poeta. Ele morreu antes de você tomar posse...

Me perdoe, Schmidt, senão eu choro... disse Juscelino, que era vaidoso, romântico e sentimental.

Como homem e como poeta, Schmidt passou longe de despertar admirações unânimes, para dizer o mínimo. Bandeira, Vinicius e Mário de Andrade, por exemplo, tanto o elogiaram quanto alfinetaram, na imprensa ou em cartas que trocaram entre si. Colegas de letras lhe pespegaram o indelével apelido "Gordinho Sinistro". Não poucos viram nele um artista vendido ao capital, um poeta pervertido em plutocrata. Ninguém lhe negaria, porém, o mérito de haver corrido o risco de editar pela primeira vez autores então desconhecidos – Jorge Amado (*O país do carnaval*), Graciliano Ramos (*Caetés*), Gilberto Freyre (*Casa-grande & senzala*), Lúcio Cardoso (*Maleita*), Vinicius de Moraes (*O caminho para a distância*). Muitos, por outro lado, não lhe perdoaram ter publicado também os integralistas Plínio Salgado, Gustavo Barroso e Miguel Reale.

O economista, diplomata e político Roberto Campos, em *A lanterna na popa*, viu em Schmidt uma "personalidade rotunda e alma anfractuosa", um "poeta notável, empresário um pouco envergonhado do seu sucesso e um incurável aspirante a estadista":

> Usava o pragmatismo como couraça para esconder um incurável e admirável romantismo. Em suas crises de depressão, quando via o país atacado de reincidivo emburrecimento, gostava de dizer que os brasileiros "ou somos arquitetos do caos, ou profetas da catástrofe, ou simuladores da eficiência, ou falsos ecléticos".

Ainda segundo Roberto Campos, o escritor achava

> acanhado o palco literário e preferia a conspiração política e a manobra econômica. A alcunha de "poeta" às vezes o irritava por denotar irrelevância prática, quando se considerava um "ativista" – política e empresarialmente.

Um capítulo da antipatia por Schmidt seria escrito em francês. Albert Camus, com quem ele almoçou no Rio de Janeiro em 1949, traçou em seus diários de viagem um retrato crudelíssimo de "Federico", ao qual não falta uma referência à maestria com que o poeta, sem curvar o corpanzil, cuspia no prato as espinhas de seu peixe.

A livraria que o jovem Schmidt tinha sob seu comando ficava na rua Rodrigo Silva, 7, no Centro do Rio de Janeiro, e vinha a ser um nutrido reduto de escritores e artistas, não necessariamente concernidos pelo "católica" do nome do estabelecimento. Mas os católicos, compreensivelmente, predominavam, sendo quase certo encontrar por lá Jackson de Figueiredo, Alceu Amoroso Lima, Hamilton Nogueira, Alfredo Lage, Gastão Cruls, Agripino Grieco, Sobral Pinto, Ismael Nery – e, antes mesmo da morte deste, em 1934, solavanco que o fez, já no velório do amigo, converter-se ao catolicismo, o poeta Murilo Mendes. Muitos deles participaram, em 1922, da criação do Centro Dom Vital, núcleo de pensamento católico que mais adiante, ainda naquela década, se cindiria com estrépito, reproduzindo simetricamente o que se passava no plano político-ideológico.

"A grande e eterna divisão do pensamento político entre a Ordem e o Movimento, ou, se quiserem, entre a direita e a esquerda, começou a apaixonar, a adquirir um sentido próprio, entre os nossos escritores", escreve Afonso Arinos de Melo Franco.

> Essa divisão em breve se cristalizaria nas duas direções do integralismo e do comunismo. [...] O fenômeno repercutia nas gerações mais jovens. Na Livraria Católica costumavam aparecer, vez por outra, rapazes moços, que em breve viriam marcar as suas presenças nos quadros da divisão ideológica. De dois deles me lembro: Jorge Amado e San Thiago Dantas. Entre os estudantes formavam-se, já, grupos que iriam reforçar, em breve, os pensamentos direitista e esquerdista que, depois da queda da Primeira República, viriam se chocar em 1935 e 1938, propiciando ao hábil caudilho pampeiro os pretextos de que carecia para instaurar o seu governo patriarcal, a princípio apoiado na direita e, ao fim, na esquerda ideológica. A

Livraria Católica era um centro desse estado de espírito, que indiscutivelmente não existira no Modernismo.

Ainda não se consumara, porém, a cisão que haveria de condenar a trincheiras opostas Alceu Amoroso Lima e Gustavo Corção, por exemplo, para falar apenas de duas lideranças do pensamento católico. Era bem ecumênica a clientela da livraria, onde se podia encontrar a jovem Rachel de Queiroz, que passava longe de religiões. Foi lá, aliás, que ela conheceu Jayme Ovalle, cada vez mais próximo de consolidar aquele seu personalíssimo cristianismo em que entravam ingredientes de diversos credos – entre eles, a macumba, de cujos terreiros era íntimo.

O adolescente José Carlos de Gouveia Isnard, que em seus escassos catorze anos de idade se insinuava nas rodas adultas da Livraria Católica, veio a conhecer como ninguém o *pot-pourri* religioso de Jayme Ovalle. Apresentado a ele por sua tia Ruth, viúva de Raul de Leoni, o futuro d. Clemente Isnard ficou fascinando e passou a procurá-lo na Alfândega, para "conversas espirituais". O religioso beneditino haveria de fazer o casamento de Ovalle, de batizar a sua filha, de abençoar seu apartamento na avenida Atlântica, de lhe encomendar o corpo e, por fim, por telefonema internacional, já na entrada deste século, dar a última bênção a sua viúva quase agonizante.

O mínimo que Ovalle e Isnard tinham em comum eram certidões de nascimento fajutas. Conta d. Clemente que sua mãe, d. Zulmira, conseguiu para ele um documento que o dava como sendo nascido em 1914, e não em 1917, para que pudesse fazer logo o vestibular para Direito. A própria d. Mimi, como fazia questão de ser chamada, provideciara para si mesma uma falsa certidão de batismo, pois não suportava o fato de ser cinco anos mais velha que o marido, Ernest Isnard.

Daqueles papos na Alfândega, José Carlos guardaria a impressão de que Ovalle "tinha coisas meio hinduístas, talvez idéias de Krishnamurti, de que algumas de suas irmãs eram adeptas". Guardou mais, acrescenta, até mesmo um truque para o convívio com o semelhante neste vale de lágrimas: "Ele me ensinou a encarar uma pessoa – disse que era muito importante olhar entre os dois olhos, sem ficar olhando de um lado para o outro".

Já maduro, d. Clemente seguia reafirmando sua "veneração" por Jayme Ovalle, para ele "um sábio, um homem reto, talhado a foice". Achava-o uma pessoa muito equilibrada – além de "silencioso, homem de poucas palavras: a gente o visitava e parecia que ele não tinha assunto, chegava a parecer pouco inteligente. Não era, claro. A *finesse* dele estava nas *boutades*".

O religioso fechava um pouco os olhos à sem-cerimônia do catolicismo ovalliano: "Um jesuíta ortodoxo diria que ele era um livre-pensador", limitava-se a comentar. Embora tenham conversado muito pela vida afora, apenas uma vez d. Clemente ouviu Ovalle em confissão. Aconteceu num 29 de junho – na época, o último dia para que um católico cumprisse um preceito, hoje em desuso, segundo o qual se devia fazer a Páscoa e comungar pelo menos uma vez por ano, no tempo pascal, que se encerrava nesse dia. Ovalle o procurou, preocupado: como sua última confissão tinha sido em 29 de junho do ano anterior, achava que ficaria em pecado se não se confessasse e comungasse imediatamente. "Como você deixou para o último dia?", ralhou com doçura o confessor, e o tranqüilizou.

Raro era o domingo, no começo da década de 30, em que o garoto José Carlos, Ruth de Leoni, Jayme Ovalle e Augusto Frederico Schmidt não tomassem a barca para passar o dia em Paquetá, na casa de Leolina e Euclydes Hermes da Fonseca. Pelos fundos da casa de Leolina, lembra d. Clemente, chegava-se à casa de outra irmã de Ovalle, a bela Orminda, e seu venerando marido, o marechal Costallat. Belos passeios, esplêndidos almoços.

Schmidt já namorava Yedda Ovalle Lemos, a quem fora apresentado no dia em que acompanhou o amigo numa visita à sobrinha, interna no Colégio Sacré-Coeur. Casaram-se em 1934, ano também de publicação de *Canto da noite*, com a dedicatória imediatamente célebre: "A Yedda, para que a poesia torne à sua origem". Segundo Rachel de Queiroz em suas memórias, porém, "o casamento nunca deu certo e Schmidt sentia-se e dizia-se muito infeliz, pois – alegava – amava profundamente a mulher e não era correspondido".

Depois que conheceu Ovalle – "a apresentação mais preciosa que devi ao Schmidt", dizia –, Rachel volta e meia se incorporava às expedições dominicais a Paquetá. Divertia-se com os modos pouco usuais do novo amigo e com o prazer que ele experimentava quando alguém do sexo feminino fazia, em francês, o trocadilho óbvio com o seu prenome: "J'aime".

Mal chegada aos vinte anos de idade, a escritora cearense já era uma sensação das letras nacionais, graças à publicação, em 1930, de seu primeiro romance, *O quinze*. No ano seguinte se instalara no Rio de Janeiro, e foi então que conheceu Ovalle e se juntou à sua roda. Em comparação com o que se passava em outras capitais do país, era bem desinibido o convívio entre amigos e amigas. Persistiam, porém, convenções que intrigaram Rachel: "Senhoras, mesmo literatas, não freqüentavam apartamento de homem solteiro. A única exceção a essa regra era Manuel – não sei por quê, mas todo mundo, todas nós podíamos ir à casa de Manuel".

Todas e todos, pois, nos sucessivos endereços que teve, vivia cheia a casa de Bandeira. Num deles, Jayme Ovalle vai se comover às lágrimas ao constatar que o próprio poeta fazia o seu café. O amigo apanhou o mote e escreveu o "Poema só para Jayme Ovalle":

Quando hoje acordei, ainda fazia escuro
(Embora a manhã já estivesse avançada).
Chovia.
Chovia uma chuva de resignação
Como contraste e consolo ao calor tempestuoso da noite.
Então me levantei,
Bebi o café que eu mesmo preparei,
Depois me deitei novamente, acendi um cigarro e fiquei pensando...
– Humildemente pensando na vida e nas mulheres que amei.

Na casa de Bandeira também aparecia, para filar café e prosa, a soprano carioca Elsie Houston, uma das primeiras intérpretes de Ovalle, de quem gravou algumas composições. Mulata, era filha de americano e irmã de Mary

Houston, mulher do crítico de arte Mário Pedrosa. Foi aluna de Ninon Vallin em Paris, onde se casou com o poeta surrealista Benjamin Péret. Já separada dele e mãe de um filho, tentou, com algum êxito, carreira nos Estados Unidos, interrompida por seu suicídio em Nova York, em 1943. Mário de Andrade situava Elsie na mesma prateleira das "cantoras afro-ianques de *spirituals*", identificando-a de modo especial com Marian Anderson. E Manuel Bandeira, na qualidade de autor da letra de "Berimbau", acreditava que, entre muitos intérpretes, "só Elsie Houston é que, com a sua inteligência e o seu temperamento, soube traduzir na voz toda a potencialidade que havia na música de Ovalle".

Poeta e cantora estiveram rompidos por bom tempo. "Uma vez, na minha casinha de Santa Teresa,

Elsie Houston foi uma das primeiras intérpretes de Ovalle – que, conta Di Cavalcanti, a atormentava com pedidos para que cantasse suas músicas. Foi casada com o poeta surrealista francês Benjamin Péret e se matou em Nova York em 1943

teve um gesto cujo realismo sacrílego encheu-me de revolta e levou-me a cortar relações com o casal", recordou Bandeira na crônica "Elsie Houston", suscitada pela morte da artista. Discreto, não revelou que gesto sacrílego teria sido aquele. Foi preciso que Murilo Mendes, igualmente reservado – não deu o nome dos santos –, escrevesse o seu relato, num artiguete para o livro em homenagem aos cinqüenta anos do poeta pernambucano, em 1936. Somado ao de Bandeira, o texto de Murilo permitiu fechar a história do incidente:

> Contaram-me que, em pleno furor do movimento "modernista", na época em que o cúmulo da inteligência e da elegância consistia em se dizer ateu, a-religioso, anticristão etc., um casal de modernistas em delírio (surrealistas) foi visitar Manuel Bandeira na sua casa de Curvelo. Entrando no quarto do poeta, avistaram os dois um crucifixo e ficaram "escandalizados", exigindo do poeta que o atirasse fora. Bandeira indignou-se e convidou o casal a dar o fora logo.

E aquela não foi, em terra brasileira, a única ilustração da mania que tinha Péret de *épater le chrétien*, pois Murilo Mendes dá notícia de outro episódio:

> Em 1929 realizava-se na casa de conhecido poeta uma reunião a que comparecia todo o mundo literário e artístico do Rio e de São Paulo. De repente surge uma discussão sobre assuntos religiosos e um escritor surrealista francês, de passagem pelo Rio, tipo fisicamente forte, arrogante, insulta o Cristo. Ismael* aplica-lhe uma bofetada no rosto. Produz-se uma enorme confusão. Os dois contendores são apartados, e a reunião é dissolvida. Foi o apogeu do modernismo.

O objeto que tanto horrorizou Elsie e Benjamin era da especial estima de Bandeira, que a ele dedicou um poema, "O Crucifixo":

---

* Ismael Nery.

Manuel Bandeira e seu crucifixo de marfim, objeto de briga feia com Elsie Houston e Benjamin Péret. Numa visita ao poeta, os dois queriam que ele tirasse o Cristo da parede – e o dono da casa, indignado, pôs o casal para correr

É um crucifixo de marfim
Ligeiramente amarelado,
Pátina do tempo escoado.
Sempre o vi patinado assim.

Nunca como naqueles anos – final dos 20, começo dos 30 – Jayme Ovalle esteve tão próximo do que se poderia chamar de uma vida literária. Não era apenas o convívio com escritores, fosse a roda da Livraria Católica, fossem livre-atiradores como o francês Péret. Em 1930, ele participou, como "redator-secretário", da breve existência de um jornal, pequeno demais para o título que tinha: *As Novidades Literárias, Artísticas e Scientificas – Quinzenario de Informação, Notic., Bibliografia e Ensino.*

"Ovalle é agora secretário de revista literária", anunciou Manuel Bandeira em carta a António de Alcântara Machado, "e tem se revelado homem de negócios solerte, na opinião do Gordinho." Gordinho era o redator-chefe da publicação, Augusto Frederico Schmidt, que a tinha em altíssima conta – chegou a escrever em carta à namorada, Yedda Ovalle Lemos: "Creio que jamais se terá feito no Brasil um tão sério órgão de opinião e de orientação cultural".

"As novidades schmidtianas e ovallescas continuam a aparecer com pontualidade", voltou Bandeira a informar a Alcântara Machado, um mês depois. E em 5 de agosto, depois de almoçar com Schmidt e Ovalle – que naquele dia comemorava seus 36 anos de idade –, transmitiu a Mário de Andrade um pedido dos dois amigos:

> um artiguinho sobre o Sinhô que, como deve ter visto nos jornais, morreu ontem. É para as *Novidades Literárias.* Eles estão com esperanças que o jornal pegue. Do último número venderam 240 exemplares só na Livraria Católica. Se você puder escrever alguma coisa, mande-a até o dia 12.

Mário escreveu, não sobre Sinhô, mas sobre o compositor mineiro Fructuoso Viana. Passara por cima do que lhe pareceu ser uma indelicadeza de um dos editores, da qual se queixou a Bandeira:

> O Schmidth, a que resolvi acrescentar um agá no nome pela grandeza do poeta, nem por simpatia me mandou um número das *Novidades Literárias.* Grande poeta e besta.

A publicação, com apenas quatro páginas, teve seis edições, de 1º de julho a 1º de outubro de 1930, e um cardápio de colaboradores que misturou modernistas do porte de Mário e Oswald de Andrade (deste, um texto ilustrado pela jovem Pagu) e passadistas como Alberto de Oliveira e Afrânio Peixoto. Em mais de uma oportunidade, entrou num grande debate daquele momento, entre os adeptos e os adversários do cinema falado, novidade que estava chegando ao Brasil. O crítico Cláudio de Souza choramingou contra a contaminação da arte cinematográfica pelo "bacilo do som" e profetizou: "Tarde ou cedo o público conhecerá o erro em que caíram esses senhores produtores". O cinema mudo tinha defensores não necessariamente reacionários – entre eles, o acadêmico de direito, cinéfilo e já poeta Vinicius de Moraes.

O número 3 de *As Novidades Literárias...*, de 1º de agosto, marcou o que foi a estréia e também a despedida de Jayme Ovalle como repórter, ao entrevistar, em parceria com Schmidt, o poeta Alfonso Reyes, na embaixada do México. "Saímos com a magnífica impressão de que um homem capaz de conhecer o Brasil em toda a sua complexidade e explicá-lo estava entre nós", opinaram os improvisados entrevistadores. Só pode ser da lavra de Schmidt o petardo poético que fecha a matéria: "As estrelas não brilhavam na noite recém-chegada".

Um dos anúncios estampados em *As Novidades Literárias...* prometia para breve o lançamento, pela Schmidt Editora, de *Cahetés*, romance de estréia do prefeito alagoano Graciliano Ramos. O número 5 acenou com uma tentação: uma caneta Parker de presente para quem conseguisse trinta assinaturas, a 10 mil-réis cada uma. Provavelmente não deu tempo: a sexta e última edição circulou em 1º de outubro, dois dias antes de estourar a revolução que poria abaixo o presidente Washington Luís e a República Velha, e em cuja marola o jornal bem pode ter se afogado.

Inseparáveis até mesmo na aventura de *As Novidades...*, da qual Bandeira foi colaborador, Ovalle e o poeta pernambucano eram presença habitual também, por essa época, nos animados jantares na casa de Tita Leão. Mãe do pintor e desenhista Carlos Leão, o "Caloca" – um dos jovens arquitetos que participariam do projeto do revolucionário edifício do Ministério da Educação e da Saúde, no Centro do Rio de Janeiro, a partir de 1936 –, Tita recebia regularmente um grupo de amigos em que predominavam intelectuais e artistas. A certa altura, conta Elvia Bezerra em *A trinca*

Di, Ovalle e Pixinguinha: os amigos de juventude se reencontram na idade madura. "Éramos personagens de romances/ que nunca foram escritos", diz o pintor num poema

do Curvelo, as reuniões se tornaram semanais, agora no apartamento de Maria Augusta Costa Ribeiro, e de José Cláudio, primo de Manuel Bandeira, no Leme. Ovalle, escreve a ensaísta cearense,

> insistia em que não era um apartamento, e, sim, um navio: o comandante (Manuel Bandeira) colocava-se na proa, acompanhado de uma mulher loura. Brincadeiras fantásticas, como uma vez em que [Ovalle] amarrou lenços nas cabeças dos convidados e deu início a uma aula de dança inventada na hora, dança que todos se esforçavam para aprender.

Em contraponto com a animação contida daqueles jantares pequeno-burgueses, havia para Ovalle a agitação sem peias da boemia na Lapa. "Em que cidade do Brasil, ou mesmo fora do Brasil, terá existido um boêmio mais solto e mais completo do que Jayme Ovalle?", perguntará Manuel Bandeira na crônica "Tiago".

Foram altas *démarches* etílicas, nas quais não faltava o selo ovalliano dos diminutivos, e que Murilo Mendes, ali presente, irá eternizar em versos:

Dominavas, Ovalle, a bebedeira:
"Me dê um pouco mais de uísque, neguinha,
É pra minh'alma"

Um dos sócios mais freqüentes naquelas noitadas era Di Cavalcanti, de quem Ovalle gostava de lembrar uma história. Num bordel, tomado de imperiosa urgência, o pintor quis a todo custo arrastar para a cama uma das "horizontais", como havia então quem dissesse – mas a moça não tinha pressa.

– Estou suja, preciso me lavar – protelava ela, fazendo inchar ainda mais a sua impaciência.

– Não lava não, não lava não! – suplicou Di Cavalcanti.

O pintor, por seu turno, tinha na ponta da língua uma coleção de casos de Ovalle, cujo nome lhe trazia de volta a lembrança de impenitente esbórnia na noite carioca. Em companhia dele e de Villa-Lobos, nos anos 20, acabava dando com os costados no Passatempo Internacional, na rua do Lavradio, esquina de rua dos Arcos, na Lapa – "o primeiro cabaré que teve show", disse num depoimento no Museu da Imagem e do Som do Rio de Janeiro, em 1966. "Dali nós íamos para outros lugares", prosseguiu, "e onde tivesse piano o Villa-Lobos sentava-se – e começava uma discussão tremenda, porque o Ovalle nunca terminou coisa nenhuma: sempre eram acordes e coisas que iniciavam e nunca terminavam."

Di Cavalcanti, como tantos outros, experimentou a enorme frustração que era tentar passar adiante certos ditos de Ovalle. "O que era extraordinário nele era inenarrável", explicou no mesmo depoimento. "A graça dele não se podia contar, porque era feita de maneira muito especial. Falava uma coisa que, naquele momento, era engraçadíssima – mas, se eu fosse contar, não teria graça." Era mais fácil contar histórias do personagem Ovalle. Outro amigo, Henrique Pongetti, divulgava uma que teria se passado em sua casa. Como a bebida tinha acabado, o cronista teve a idéia de adicionar o perfume Amour-Amour a um resto de vermute – e jurava que o autor de "Azulão", sem saber o que estava bebendo, adorou o drinque:

– Mas que delícia! Nunca tinha provado isso.

Já sessentão, Di Cavalcanti há de jogar lastimosa sépia sobre a juventude compartilhada com Ovalle:

Nosso tempo! Nosso tempo!
As meninas eram tristes,
As meninas e os rapazes.

Pertencíamos à boêmia artística
E não compreendíamos os malefícios que nos cercavam.
Éramos anjos das madrugadas
Quando dizíamos docemente,
À beira das rótulas,
Belos segredos de amor às prostitutas.
Ah, quanta insistência lírica
Pagara nosso amor de vagabundos!
Saudade,
Saudade de Violeta,
Aquela mulher grande como um cavalo.
[...]

– Guiomar, mais cerveja para os rapazes!

E bebíamos cerveja com mulatas no colo.
[...] Oh, bela mocidade pervertida!
Éramos personagens de romances

Que nunca foram escritos
Porque há grande falta de romancistas
Neste mundo de Deus que nos guarda.
Nós, heróis da Lapa,
Os heróis da Lapa da Madrugada!
[...]

Os grandes elefantes que são os Arcos
E sobre os Arcos as auroras mortas,
Barcos perdidos nos vendavais
E eu gritando como copo cheio
E tu, Ovalle, me acompanhando no violão!
[...] Voltai, passado de mil delícias!

E pedirá ao amigo desaparecido:

Ó Dom Jayme, toca a música sentida
do teu coração desfeito pelo mundo que perdemos,
Olha para o céu branco da madrugada, Ovalle,
Não te esqueças da nossa Lapa
Que já foi muito louvada pelos outros,
Mas que é nossa,
Que é de nós dois,
Que somos dois grandes brasileiros.

Di, neste último verso, embarcava na mania que tinha Ovalle de se referir a algumas pessoas como "grandes brasileiros".

Nas vielas e recônditos da Lapa, tropeçava-se em conhecidos. Encontros inesperados se davam nos cantos escuros. Boêmio já retirado, o ator e cantor Mário Lago vai entregar nas páginas de *Na rolança do tempo*:

Dali, onde a Augusto Severo se encontra com a Conde de Laje, certo fim de noite vi dois vultos ilustres se precipitarem sobre uma mulata mais parecida com gazela em férias, obrigando-me a defender direitos seriamente ameaçados.

– Vamos com calma, maestro Villa-Lobos.

– Ah, Laguinho, é você?

– O senhor, mais íntimo aí do poeta Olegário Mariano, diga pra ele que me desculpe, mas esta mulata já tem dono. Eu também aprecio muito uma roxinha.

Histórias assim nem sempre acabavam bem no clima efervescente da Lapa. Quase ia acontecendo com o pintor Cícero Dias, que numa noite, em companhia de Mário de Andrade, Augusto Frederico Schmidt e Carlos Leão, aportou no *rendez-vous* de Teresina Betti, um dos mais procurados da região, ávido por certa moça do Rio Grande do Norte, que vira desfilar na capota de um carro no corso do último carnaval. Desastrado, Cícero exagerou na força ao fechar a porta do bar e estilhaçou o vidro. "Quebrou meu vitral! Quebrou meu vitral!", pôs-se a bramir a dona da pensão. De repente, o pintor viu surgir um revólver apontado para ele – e voou para a rua, onde a sorte fazia passar um táxi bem naquele momento.

"Atrás de mim", contava Cícero,

> o tiroteio espocava: pá! pá! pá! E eu, apavorado, dizia assim ao motorista: Corra! Vá depressa! Eu sou filho do Guinle, ouviu? Vá depressa que eu sou filho do Guinle! A família Guinle era uma rica família do Rio de Janeiro nos anos 20.

Dona, entre negócios maiores, do Copacabana Palace.

Mário de Andrade, em *O turista aprendiz*, dá versão mais verossímil do entrevero, até porque era meticuloso anotador e, naqueles dias, mantinha um diário. No seu relato, ele próprio não está presente – a história lhe foi contada pelo "pernambucano maravilhoso". O vitral não se quebrou acidentalmente, e sim numa briga em que Cícero se envolveu. Não só a história melhora como Mário aproveita para contar outra, igualmente saborosa:

> E são assim os casos deste pernambucano que ainda não conseguiu se carioquizar. No carnaval deste ano [1928] ele ia tomar éter passeando sozinho na praia de Copacabana. Falava pra onda: – Você não me molha não? A onda vinha e o molhava. – Molhou porque eu deixei... E mais éter nos rodamoinhos do cérebro.

As amizades de Jayme Ovalle, por essa época, incluíam uma figura extraordinária, Evandro Moreira Pequeno, que morrerá em 1959, aos 62 anos de idade, sem deixar obra. À semelhança do compositor de "Azulão", o intelectual e artista cearense tinha muito a render – e, diferentemente dele, era dotado de meios para fazê-lo.

Evandro Pequeno (que, com seu 1,65 metro de altura, fazia o sobrenome parecer apelido) não só se interessava por tudo – explicação, quem sabe, para a dispersão em que pulverizou seu talento – como era intelectualmente muito bem preparado. Conhecia como poucos filologia, que estudou por conta própria; sabia inglês, espanhol, francês, russo, alemão e sueco, e tinha conhecimentos razoáveis de japonês e grego. "Ensinou-me Evandro a pronunciar e a transcrever para o português quanta arrevesada palavra ou nome russo, húngaro, polonês, tcheco, serbo-croata, sueco e outros, surgiam no noticiário do exterior", contava Barreto Leite Filho, que como jornalista de assuntos internacionais incontáveis vezes recorreu a ele. "Os seus conhecimentos de fonética comparada permitiam-lhe identificar o som e a entonação exatas até mesmo nas línguas indo-européias que não conhecesse perfeitamente."

Sem ser, como Ovalle, compositor, Evandro Pequeno também era músico – tocou fagote na Orquestra Sinfônica Brasileira (embora a sua paixão fosse o violoncelo). Foi, ainda, tradutor, funcionário do Instituto Nacional do Livro e jornalista, atividade em que seguramente consumiu energias utilizáveis em produção menos fungível. Amigo de Murilo Mendes, Di Cavalcanti, Ismael

Nery, Antônio Bento, Mário Pedrosa, Mary e Elsie Houston, Guignard, Aníbal Machado, Dante Milano e muitos outros, freqüentava a Livraria Católica.

Era igualmente encontradiço no Pingüim, loja de discos e música na rua do Ouvidor que os pendores não exatamente comerciais de um dos donos, Oscar Rocha, acabaram convertendo num inesperado bastião de intelectuais e artistas. "Nos fundos dessa loja", escreve Gustavo Corção, "numa escassa área de uns quinze metros quadrados, ou pouco mais, reunia-se todas as tardes uma tertúlia onde tive o gosto de conhecer os mais variados e surpreendentes representantes desta caluniada humanidade", entre eles "Villa-Lobos, em carne, osso e charuto, sempre lírico e sempre absurdo."

De um dos freqüentadores do Pingüim, Corção ouviu certa vez uma indagação que o divertiu: "Vocês já repararam que a gente, quando vai pedir dinheiro, fica torto?". Quem terá sido o autor da frase, perguntava-se anos depois: "O Evandro Pequeno ou o Ovalle, ambos inesquecíveis personagens d'O Pingüim?". Leva jeito de Ovalle, que segundo Corção "freqüentemente trazia o brilho de seu monóculo e o inesperado de alguma apreciação sua sobre as coisas mais definitivas e assentadas". Como uma restrição que Murilo Mendes, deliciado, poria em versos: o telefone, disse Ovalle naquela era pré-viva-voz, era uma invenção ainda muito primária – não permitia conversar com a Santíssima Trindade...

Mas a observação sobre a entortadura na hora de pedir dinheiro bem poderia ser, também, coisa de Evandro, não menos conhecido por suas *boutades* – achados que entregava apenas se a roda fosse pequena, camerística: "Não sou homem de plenário", dizia ele, "sou homem de Comissão". Inventava, disse Mário Pedrosa, "anedotas que acabavam fazendo a volta ao Rio e do Brasil, para ir ter de novo a ele, em mil variações". Para não falar nas disparatadas sugestões que oferecia a seus contemporâneos: um piano com sotaque português, eleições para presidente deposto, uma fórmula de envenenamento de acadêmicos com verbos e adjetivos extravagantes que eles gostam de usar...

Sua amiga Rachel de Queiroz se lembra da mania que tinha Evandro de fazer traduções literais transformando, por exemplo, William Shakespeare em

"Guilherme-balança-as-peras". Ele ia às vezes às putas – é também Rachel quem conta – e, na volta, se queixava: o dinheiro que tinha só dera "para pagar uma tão feia, mas tão feia que, para me inspirar, precisava olhar para as minhas próprias pernas...". Se o panorama da vida brasileira lhe trazia desânimo, decidia: "Sou um sueco em trânsito". Nesse estado de espírito, propôs certa vez a criação de uma "Liga contra o Brasil", e passou a torcer pelo dia em que o exército vermelho do Paraguai invadiria o país. Sua obra-prima no terreno do civismo, no entanto, talvez tenha sido o "bananismo": considerando que quando se age menos se erra menos, argumentava Evandro Pequeno, deveriam os brasileiros suspender toda atividade e passar a viver em redes, comendo banana...

Disse Murilo Mendes sobre o amigo:

> Neste século de gritaria e orquestração publicitária, Evandro falou baixo, exibindo-se o mínimo possível. Vindo do território da timidez, do desprendimento, da não-industrialização da inteligência, passou sem querer a figura de primeiro plano entre os férteis comentadores da vida, os poetas sem versos e os atores sem teatro.

Murilo poderia estar falando de Jayme Ovalle.

A Nova

5

Gnomonia

Em algum momento do final dos anos 20, num café do Rio de Janeiro, Manuel Bandeira encontrou Jayme Ovalle e Augusto Frederico Schmidt envolvidos numa discussão sobre um político da época. Não chegavam a um consenso a respeito do figurão, cujo nome infelizmente se perdeu, e a certa altura Ovalle, pondo a mão sobre o joelho do amigo, quis encerrar a conversa:

– *Seu* Schmidt, vá por mim! Aquele sujeito é do Exército do Pará!

– Exército do Pará? – quis saber Bandeira, varado de curiosidade. Quando se levantou da mesa, horas mais tarde, o autor de *Libertinagem* levava assunto para um artigo que se tornaria célebre. Publicado no *Diário Nacional*, de São Paulo, em 17 de outubro de 1931, esse texto registrou aquela que foi, ao lado do "Azulão", a mais famosa criação de Ovalle: a Nova Gnomonia.

De Ovalle e também de Schmidt, "no tempo em que ainda não se odiavam", creditou o poeta pernambucano quase vinte anos depois, carregando um pouco nas tintas do que viria a ser a relação daqueles dois. Não fosse Bandeira, essa engenhosa divisão da humanidade em cinco categorias provavelmente teria se perdido ali, como tantas teorias engendradas no fogo de palha das conversas de botequim.

No que dependesse de Ovalle, observou em 1937 o escritor e jornalista pernambucano Osório Borba, a Nova Gnomonia teria permanecido "sempre no domínio do anedotário, do folclore urbano", uma vez que "o diletantismo, no seu sentido mais amplo e absoluto, a mais perfeita gratuidade, constitui a própria natureza da sua inteligência". Tratava-se, afinal, prosseguiu Osório Borba, de criação de um "boêmio intelectual", não de um "intelectual boêmio", fruto

> de uma dessas inteligências diletantes que fazem da vida mental uma *blague* e uma aventura permanente e que, fugindo aos deveres escravizadores de uma profissão, no sentido mental, recusando assumir compromissos com a cultura e quaisquer responsabilidades desse caráter, brincam apenas de estudar, vagabundeiam pelas regiões do conhecimento, põem-se às vezes a estudar as coisas mais difíceis e desnecessárias, e se divertem com o jogo livre da imaginação construindo teorias desinteressadas e inúteis.

Voltemos à mesa de bar onde Manuel Bandeira testemunhou o nascimento disso que Osório Borba chamou de "*boutade* de uma imaginação vagabunda".

O tal Exército do Pará, explicou Ovalle ao poeta, era formado por "esses homenzinhos terríveis que vêm do Norte para vencer na capital da República". Alguém, então, como o próprio Ovalle, que um dia despencou de Belém para estabelecer-se no Rio de Janeiro? Certamente não, a julgar pela descrição que ele fez e que Bandeira pôs no papel: a categoria é território de sujeitos "habilíssimos, audaciosos, dinâmicos" que visam, "primeiro que tudo, o sucesso material, ou a glória literária, ou o domínio político".

Anchieta, Inácio de Loyola e o padre Vieira: melhorando a imagem dos parás

São extrovertidos, ágeis – "onde chegam, vencem". Uma gente cujo hino poderia ser "Peguei um ita no Norte" – e quem apresentou sugestão nesse sentido, no livro *Cancioneiro da Bahia*, de 1978, foi justamente o autor desse clássico da música brasileira, o baiano Dorival Caymmi, admitindo não lembrar-se de quem inventara "a pilhéria do 'Exército do Pará'":

> Peguei um ita no Norte
> pra vir pro Rio morá.
> Adeus, meu pai, minha mãe,
> adeus, Belém do Pará.

Até certa altura, de fato, o grosso dessa armada vinha mesmo do Norte, a bordo nos navios da Companhia Nacional de Navegação Costeira, popularizados como "itas" por se chamarem *Itacoatiara, Itapajé, Itapé, Itaquicé* e *Itassucé*. Em dado momento, porém, o fluxo começou a vir também do outro extremo do país – e, aos poucos, o "paraísmo", como batizou alguém, acabou por identificar brasileiros de qualquer canto do país.

"Quase toda a imprensa carioca está nas mãos de nortistas, e há dezesseis anos os cordéis da política brasileira são manejados pelos gaúchos", constatou Bandeira em 1946, evocando a revolução que em 1930 levara Getúlio Vargas à Presidência da República. Para contrabalançar o pelotão dos poderosos do momento, as fileiras do impetuoso Exército do Pará exibiam também alguns "tipos superiores da humanidade", como Santo Inácio de Loyola, José de Anchieta, o padre Antônio Vieira e um brasileirinho, o padre Leonel Franca.

Instruído por Ovalle e Schmidt a respeito de cada uma das cinco categorias da Nova Gnomonia, Manuel Bandeira se tomou de tal entusiasmo por ela que em pouco decidiu empurrar para um segundo plano outra tipologia de que muito gostava e que desfrutava então de enorme prestígio nos meios científicos em todo o mundo: o sistema concebido por Ernst Kretschmer para relacionar tipos físicos a distúrbios mentais. Num livro de 1921, *Körperbau und Charakter*, o célebre psiquiatra alemão se esforçara por provar, por exemplo, que a esquizofrenia seria mais freqüente entre os que chamou de "leptossomos" – pessoas magras, esbeltas, longilíneas. Já os "pícnicos", indivíduos de formas mais arredondadas, baixos e reforçados, com os membros relativamente curtos, seriam as vítimas preferenciais da psicose maníaco-depressiva. Felizardos, na teoria de Kretschmer, seriam os donos de corpos atléticos, cujos músculos pareciam capazes de afugentar os males da mente.

Interessante, achava Bandeira – mas nada que pudesse comparar-se, em inventividade pelo menos, à Nova Gnomonia. Nesta, para começar, as diversas categorias eram regidas por "anjos" inspiradores, dos quais – com exceção da estouvada milícia dos nortistas – tiravam seus nomes: dantas, kernianos, onésimos e mozarlescos.

A denominação Exército do Pará, cuidou de esclarecer Bandeira no famoso artigo em que consolidou a Nova Gnomonia, não implicava "desdouro, senão honra para o grande Estado" – não fosse o Pará "torrão natal do homem-símbolo ou Anjo da grande categoria".

Jayme Ovalle? Não. O inclassificável criador da Nova Gnomonia foi muitas vezes escalado nessa ou naquela categoria. Osório Borba, por exemplo, não titubeou em classificá-lo entre os onésimos: "Foi fácil", escreveu ele – e brandiu argumentos nas páginas de *A comédia literária*:

> Ovalle nasceu em Belém. Paraense, filho de um chileno e de uma cearense, o mais carioca dos moradores do Rio. Quem via na rua aquele "diplomata" de monóculo e descobria no armazém de bagagens do Cais do Porto que ele era um zeloso e prestativo funcionário da Alfândega, estava sujeito a ter uma surpresa mais desconcertante ainda ouvindo-o uma madrugada qualquer na Lapa cantar sambas morríssimos ao violão. Em português, nunca escreveu nada. Vindo de Londres descobriram-lhe na bagagem belos poemas seus em inglês. Onésimo indiscutível. Só um onésimo mesmo poderia ter criado a Nova Gnomonia.

O próprio Ovalle, porém, considerava-se um dantas, a julgar pelo que conta d. Clemente Isnard, que o conhecia bem. "E desconfiava de que Augusto Frederico Schmidt era um kerniano", acrescenta o religioso.

A figura escolhida para ser o anjo dos parás foi outro filho da terra, Osvaldo Orico, prolífico escritor nascido em Belém em 1900 e transplantado ainda jovem para o Rio de Janeiro. Com a impetuosidade característica dos que pertencem a essa categoria gnomônica, ao chegar ao Sul ele se esparramou por meia dúzia de atividades, entre elas o jornalismo, o magistério, a diplomacia e a política (foi deputado federal pelo Pará). Era mesmo um tanto abusado: quando prestou concurso para a cadeira de Literatura Vernácula da Escola Normal, no Rio, Orico "esculhambou" – quem narra o episódio é Manuel Bandeira, em carta a Mário de Andrade – o romance *Macunaíma*, de Mário, lançado dois anos antes, razão pela qual foi, em seguida, "espinafrado" por um de seus argüidores, Alceu Amoroso Lima.

Não poderia ter sido mais acertada a escolha do anjo dos parás, julga Osório Borba, que recorre a uma ilustração para sustentar sua certeza:

> Orico, brilhando numa roda de pessoas pouco familiares à literatura, insinuará que é quem melhor escreve no Brasil, chegará mesmo a dizer que não vota nos concursos para "príncipe dos prosadores" porque não lhe seria lícito votar em si mesmo. Mas noutras circunstâncias agirá de outro

modo. E se alguém lhe disser que ele é o anjo dos parás, não gostará do gracejo, mudará habilmente de assunto.

Compreensivelmente, Orico não se sentia à vontade no papel de anjo dessa categoria da Nova Gnomonia. Num artigo publicado em abril de 1956, meses depois da morte de Ovalle, ele tomou as dores de seus coestaduanos: "Por que *exército do Pará?*", reclamou, levando Manuel Bandeira a vir com panos quentes: tratava-se, explicou o poeta, de "brincadeira sem maldade", e insistiu no que dissera dez anos antes: se a teoria gnomônica tivesse sido criada depois da revolução que levou Getúlio Vargas ao poder em 1930, o exército em questão seria "do Rio Grande do Sul", não do Pará. Disse mais o apaziguador Bandeira:

> Se examinarmos com atenção o problema do "paraísmo", chegaremos à conclusão de que da minha província, Pernambuco, é que saem em maior quantidade os mais temíveis "parás" do Brasil. De Pernambuco e do Nordeste em geral.

De resto, acrescentou o poeta, "parás" havia "que já lograram categoria internacional, como a lograram nas artes Villa-Lobos e Portinari".

Não há dúvida, porém, de que nenhum outro escaninho da Nova Gnomonia abrigaria melhor Osvaldo Orico. Pouco lembrado antes mesmo de sua morte, em 1981, o autor de *A arte de esquecer* chegou à Academia Brasileira de Letras ainda moço, aos 36 anos de idade, tendo sido responsável por um importante capítulo na história da instituição. Foi por iniciativa do anjo dos parás que em 2 de setembro de 1976 os imortais aprovaram a entrada de mulheres na Casa de Machado de Assis, abrindo caminho para a eleição, no ano seguinte, de Rachel de Queiroz. Ainda no terreno feminino, o acadêmico paraense prestou outro serviço às artes nacionais ao pôr no mundo sua filha única, Evangelina, a atriz Vanja Orico, estrela de duas dúzias de filmes, entre eles *O cangaceiro* (1953) e *Lampião, o rei do cangaço* (1963) – para não mencionar a ponta que fez, na Itália, em *Mulhe-*

res e luzes (*Luci del varietà*, 1950), de ninguém menos que Federico Fellini, longa-metragem no qual a brasileirinha comparece cantando "Meu limão, meu limoeiro". Feito que, pode-se arriscar, talvez garanta a Vanja ingresso no exército de que o pai foi anjo.

Outra passagem memorável na vida de Osvaldo Orico foi a fragorosa polêmica que o fez engalfinhar-se, quase literalmente, com um colega de Academia, o cearense Raimundo Magalhães Júnior, quando este, em 1965, ousou atirar uma pedra contra a Águia de Haia, ao publicar um livro iconoclasta intitulado *Rui, o homem e o mito*. Venerador da memória de Rui Barbosa, Osvaldo Orico retrucou de bate-pronto com outro petardo: *Rui, o mito e o mico*. Não faltou quem visse, nesta última palavra, uma alusão impiedosa à baixa estatura e à figura algo saltitante de Magalhães Júnior.

Não menos surpreendente foi a nomeação do anjo tutelar dos dantas, a categoria a que todos gostariam de pertencer, pois, ensina Bandeira, enfeixa os bons, "os homens de ânimo puro, nobres e desprendidos, indiferentes ao sucesso na vida, cordatos e modestos, ainda quando tenham consciência do próprio valor". Alguém como Elizabeth Leseur, a piedosa dama francesa que ao morrer, em 1914, deixou um diário capaz de converter ao catolicismo o viúvo, o dr. Félix Leseur, ateu empedernido, levando-o ao extremo de ingressar na ordem dos dominicanos.

Para pasmo unânime de quem o conheceu, o anjo dessa gente invejável ficou sendo San Thiago Dantas – o carioca Francisco Clementino de San Thiago Dantas, àquela altura acadêmico de direito. Pouco mais que um frangote, pois nascera em 1911, e longe ainda de assumir o corpanzil que faria a delícia dos caricaturistas, ele já deixava entrever o portento em que se transformaria: ao morrer, com apenas 53 anos de idade, San Thiago Dantas era jurista, professor, jornalista, ex-deputado federal, ex-ministro das Relações Exteriores e da Fazenda, além de representante do Brasil nas Nações Unidas.

Sua candidatura ao posto de anjo foi proposta e defendida por Augusto Frederico Schmidt, que o conhecera havia pouco e se tomara, confessou, "de uma espécie de mania por ele", pelo "charme de sua inteligência ainda primaveril, aberta a todas as coisas". Ovalle acolheu a sugestão, sem contudo embarcar no entusiasmo do amigo. Ao ouvi-la, contará Schmidt muitos anos mais tarde, "recolheu-se o profeta em si mesmo e meditou". Só se decidiu por San Thiago às sete horas da noite daquele dia, "depois de uma luta renhida, íntima", no instante em que saíam os dois de uma barbearia da rua Rodrigo Silva, no Centro do Rio de Janeiro.

"De súbito seu rosto grave se abriu num largo sorriso", anotou Schmidt, pois acabara de ter uma importante revelação: nenhuma das cinco categorias de Nova Gnomonia é impermeável às demais; os integrantes de todas elas podem, eventual ou fatalmente, gravitar para outra. No caso dos dantas, curiosamente, esse movimento os faz pender em direção do Exército do Pará. "É uma espécie de vento que inclina as roseiras para um lado", explica Schmidt, "para o pólo Pará do mundo."

De imediato, pelo menos, Ovalle não ficou inteiramente satisfeito com a designação de San Thiago para o elevado posto de anjo dos dantas. É ainda Schmidt quem conta, ao relatar a caminhada que os dois fizeram, naquela mesma noite, pelo Passeio Público:

> Ovalle me disse, então, ajeitando o monóculo que o suor ameaçava fazer cair: "Sinto uma sensação de dificuldade e dúvida quando penso na escolha do Anjo dos Dantas. É quase angustioso. Dizer quem é o Anjo é sempre difícil. O Anjo dos Dantas, então, é qualquer coisa de arriscado. É que aos Dantas está confiado o papel de salvar as nações. Não se exige dos Dantas virtudes permanentes. Há sempre Dantas trêfegos e pecadores. Mas eles devem acima de tudo amar a qualidade. Isto é que é fundamental. Um Dantas seduzido pela má qualidade é um perigo...".

Nem todos os iniciados da Nova Gnomonia achavam que a cultura e a probidade do jovem San Thiago Dantas bastariam para fazer dele o melhor representante da mais prestigiosa das categorias da Nova Gnomonia. O primeiro a levantar objeções foi Manuel Bandeira, que, bem a sério, anunciou uma discussão sobre o assunto "no próximo 1º Congresso da

Nova Gnomonia". O poeta pernambucano, e com ele muita gente, acreditava que o ambicioso San Thiago Dantas estaria mais bem encaixado no Exército do Pará.

Muitos anos depois, em setembro de 1961, quando ele foi designado ministro das Relações Exteriores no primeiro gabinete do regime parlamentarista, sob o comando de Tancredo Neves, Bandeira escreveu uma crônica para evocar a condição de "anjo" do novo chanceler, ao mesmo tempo em que lembrava as qualidades que caracterizam os dantas – o ânimo puro, a nobreza e o desprendimento. Aproveitou para lembrar também a teoria da gravitação dos anjos para o Exército do Pará – cuja autoria há quem atribua não a Ovalle, como sustenta Schmidt, mas a Sérgio Buarque de Holanda. Ou, ainda, a Rodrigo Melo Franco de Andrade, conforme se lê numa carta de Manuel Bandeira a Gilberto Freyre em março de 1935.

O fato é que nenhum dantas escapou dessa derrapada, observou Bandeira na mesma crônica, "O amigo Dantas", referindo-se a figuras aparentemente acima de qualquer suspeita que em algum momento haviam derivado para o Exército do Pará: "O próprio Francisco Clementino ensaiou-se no integralismo, virou grande advogado, enriqueceu". O jurista, de fato, havia sido, aos 25 anos, adepto da versão tupiniquim do fascismo italiano, criada em 1932 por Plínio Salgado; mas despiu a camisa verde desses radicais por ocasião da intentona integralista, em 1938.

Nas últimas linhas da crônica, Bandeira fazia um apelo: "Lembre-se San Thiago de Ovalle, retorne à sua condição de anjo, ajude a reparar o mal que Jânio fez ao Brasil com sua renúncia". O chanceler praticamente não teve tempo para desincumbir-se de tão dura tarefa. O gabinete de que fazia parte teve vida breve, pois em junho de 1962 o premiê Tancredo Neves renunciou. Quando San Thiago Dantas voltou ao poder, em janeiro de 1963, na qualidade de ministro da Fazenda do restaurado regime presidencialista, já estava no horizonte o golpe militar que varreria o governo João Goulart – e pouco tempo faltava para que um câncer do pulmão o liquidasse. Doente, San Thiago deixou o ministério em junho daquele ano, reassumiu sua cadeira na Câmara dos Deputados e morreu em setembro de 1964.

Havia uma pessoa mais bem qualificada para o posto de anjo inspirador dos dantas, propôs Manuel Bandeira no momento em que a Nova Gnomonia se estruturava: Pedro Dantas, pseudônimo com que o também jovem Prudente de Morais, neto, vinha publicando artigos de crítica literária e alguns raros e aplaudidos poemas. "Uma prova luminosa e até com caráter de revelação", sustentou Bandeira, "está no fato de que, desconhecendo de todo a nova ciência e desejando adotar um pseudônimo literário", Prudente de Morais, neto, "escolheu o de Pedro Dantas, com que subscrevia as crônicas literárias da revista *A Ordem*", da entidade católica Centro Dom Vital.

Nascido no Rio de Janeiro em 1904, seis anos depois de o avô ter deixado a Presidência da República, Prudentico, como lhe chamava Mário de Andrade, foi, ao lado de Sérgio Buarque de Holanda, um dos diretores da importante revista modernista carioca *Estética*, cujos três números saíram em 1924 e 1925. Mais adiante, foi catedrático de Técnica de Crítica e História Geral da Literatura na Faculdade de Filosofia e Letras da Universidade do Distrito Federal, da qual seria diretor. Ao morrer, em 1977, era presidente da Associação Brasileira de Imprensa. Dezoito poemas de sua autoria foram incluídos na *Antologia de poetas brasileiros bissextos contemporâneos*, de Manuel Bandeira. Um deles, em especial, "A cachorra", tornou-se célebre entre a geração modernista:

Veio uma angústia de cima
Pelos ombros me agarrou
No mais fundo do meu peito
Sua lâmina cravou. [...]

Se Prudente era o melhor anjo, não faltava à categoria dos dantas um punhado de reluzentes representantes – a começar por São Francisco de Assis. Ainda no terreno eclesiástico, Don Abbondio, o abade de *I promessi sposi*, do italiano Alessandro Manzoni (1785-1873), clássico indiscutível do romance histórico. Ou, nem tão santo assim, o filósofo holandês Baruch Spinoza. No Brasil, um bom espécime de dantas seria Auta de Souza, poetisa de Macaíba,

Rio Grande do Norte, que ao morrer, em 1901, com apenas 24 anos, deixou um livro de versos, *O horto*, merecedor de prefácio de Olavo Bilac. Auta, na opinião de Alceu Amoroso Lima "viveu em estado de graça", e, embora nunca tenha sonhado com a glória literária, veio a ser "um dos pontos altos mais puros e solitários" da "cordilheira da nossa poesia cristã".

Dantas exemplares, para Manuel Bandeira, seriam ainda o acadêmico paulista Amadeu Amaral e a D. Carmo, personagem do *Memorial de Aires* machadiano. Ou o historiador Capistrano de Abreu, morto pouco antes, em 1927, aos 74 anos de idade, e que Brito Broca haverá de catalogar, ao lado do crítico João Ribeiro, como um "dos maiores homens do Brasil mental". Pouca gente, de fato, terá sido mais dantas do que Capistrano, que além de livros como *Capítulos de história colonial* pôs no mundo uma criatura de reconhecida santidade: Honorina de Abreu, a freira carmelita descalça Madre Maria José de Jesus, autora de *Sonetos e poemas*, *A Santíssima Virgem e outros poemas*, *Ciclo litúrgico* e *Festas do carmelo*.

Pouca gente, também, terá sido menos pará que o humilde Capistrano, cearense de Columinjuba. Humilde e tosco, a crer em Gilberto Amado, que o des-

O Barão de Itararé, San Thiago Dantas, São Francisco de Assis e Prudente de Morais, neto: dos quatro, apenas um não era unanimemente aceito como dantas – exatamente San Thiago, o anjo dessa categoria à qual todo mundo gostaria de pertencer

creve como "aquela figura torta, aquele olho de boi sonso pendido para o lado, as calças torcidas como se tiradas de um saco de roupa suja". Amado o defende, porém, da reputação de homem avesso à higiene corporal que a ele se colou irreversivelmente; diz que chegou a conhecer o lugar onde o historiador pelejava para livrar-se dessa e das outras nódoas, e testemunha: "Capistrano não só se banhava, ali, naquele poço, como só faltava dormir dentro daquela água – tanto tempo ficava dentro dela", escreve o autor de *Presença da política*. "Ensaboava-se, esfregava-se como para arrancar a pele; parecia querer desencardir-se. Não o lograva, saía da água ainda mais 'sujo'. Confessou-me, numa das expansões que teve, que em casa tomava às vezes dois e três banhos por dia, e sempre com sabão. [...] Por mais que se abluísse, mais 'sujo' ficava."

Se os dantas são pura bondade, os kernianos se caracterizam por serem impulsivos. "Indivíduos de bom coração, capazes de grandes sacrifícios pelos outros, deixam-se no entanto arrastar às vezes à prática dos atos mais condenáveis, não por maldade, mas por um impulso irresistível de cólera", define Manuel Bandeira, que à guisa de ilustração conta uma história sucedida em Juiz de Fora:

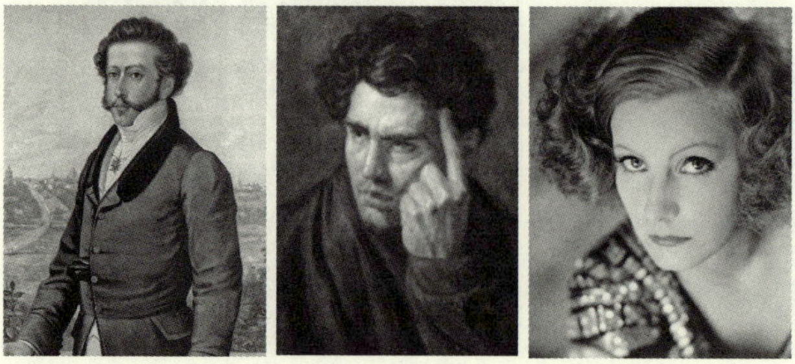

Dois kernianos legítimos – D. Pedro I e o poeta Byron – e outra nem tanto, a atriz Greta Garbo. Manuel Bandeira chegou a incluí-la nessa categoria, mas voltou atrás. Garbo, retificou ele, "é sabidamente pará"

> Um empregado público de pequena categoria, irritado com a conduta impolida de uma viúva, não se conteve e lhe deu um pontapé no ventre, de que resultou a morte imediata, porque a infeliz estava grávida. Incontinenti arrependeu-se, arrancou os cabelos, pediu perdão ao cadáver, e sabendo que a viúva deixava onze filhos ao desamparo, tomou-os todos ao seu encargo, criou-os, educou-os com o mesmo carinho que dedicava aos próprios filhos: kerniano puro.

Kernianos sem mácula seriam os poetas Byron e Verlaine, o escritor Ribeiro Couto, o jurista Sobral Pinto e o imperador Pedro I. Bandeira chegou a incluir a atriz Greta Garbo nessa categoria, mas voltou atrás. Tratando a si mesmo na terceira pessoa, fez numa crônica a crítica de seu primeiro escrito sobre o assunto:

> Aqui também há leviandades grossas, como por exemplo classificar Greta Garbo entre os kernianos. Greta Garbo é sabidamente pará. O sr. Manuel Bandeira escreveu com certeza sua crônica depois de ter visto o filme *Mulher de brio*, no qual a heroína se mata um tanto kernianamente.

O anjo eleito para batizar e reinar sobre a categoria é o compositor, pianista, jornalista, autor teatral e funcionário público carioca Ari Kerner Veiga de Castro (1906-63), futuro marido de Anita, a irmã caçula de Augusto Frederico Schmidt. Manuel Bandeira o descreveu, na sua morte, como um "rapaz simpaticíssimo" que, "cioso de seus músculos, andava sempre de cabeça alta". E rememorou:

> Fazia-me bem encontrá-lo nas ruas com os seus olhos claros, o seu otimismo. Só que os seus abraços atléticos me doíam, eu protestava: "Anjo kerniano, não me abraces com tanta força, eu sou um velho tuberculoso, apenas clinicamente curado: não agüento abraços como os do meu xará tamanduá!". Ari se ria e, por sua vez, protestava: "Por causa dessa história

de anjo eu ainda acabo dando muito tapa em algum!". Ao que eu retrucava triunfante: "Provando bem que é o anjo!".

Autor de "música brejeira", segundo o musicólogo Vasco Mariz, Ari Kerner andou gravitando para o Exército do Pará, na medida em que buscou e fez sucesso com alguns de seus sambas e marchinhas, como "Serra da Mantiqueira". Prolífico na juventude, sua produção foi aos poucos rareando, até se extinguir por completo – o que talvez tenha a ver com as pauladas que lhe desferiu, seguidas vezes, o implácavel crítico de música da revista *O Malho*, Tom Réo, para quem o anjo kerniano não passava de uma "fábrica de tolices poéticas e banalidades musicais". Comentando em janeiro de 1930 o lançamento de um disco com duas composições de Ari Kerner, o samba "Sapo, sapinho" e o choro-canção "Vida de passarinho", o crítico a ele se refere como "autor que produz em grande quantidade, embora não se preocupe com a qualidade de suas composições" – e fulmina: "A sua característica notável, porém, é escrever letras intragáveis, defeituando músicas suas e, o que é pior, dos outros também".

Os mozarlescos, que compõem a quarta categoria imaginada por Jayme Ovalle e Augusto Frederico Schmidt, seriam gente mais difícil de classificar. "São pessoas que se exprimem ou obram de molde a fornecer aos que os observam uma impressão de coisas consideráveis, ao que todavia não corresponde o conteúdo de suas palavras ou das suas ações", tentou explicar Manuel Bandeira em seu primeiro escrito sobre a Nova Gnomonia. Tentou de novo no discurso com que saudou a entrada do escritor potiguar Peregrino Júnior – um pará legítimo – na Academia Brasileira de Letras, em 1946. Sobre a categoria dos mozarlescos, disse então, "pesa injustamente uma vaga atmosfera de ridículo. Os mozarlescos são sentimentais, acreditam no esperanto, choram nos cinemas". Trata-se, em todo caso, de homens de bem, que "acreditam no sufrágio universal" e "manifestam decidido pendor pela pedagogia".

Bandeira garante que "há formas extremamente sutis e refinadas de mozarlescos", bastando lembrar que "em todo poeta existe algo de mozarlesco". Seria o caso, também, do pintor pernambucano Cícero Dias, que, "apesar de

Cícero Dias se tinha na conta de dantas, embora, lembra Manuel Bandeira, desse a impressão de ser kerniano. Na avaliação do poeta, o pintor pernambucano, com "suas luas lacrimejantes", era na verdade um mozarlesco

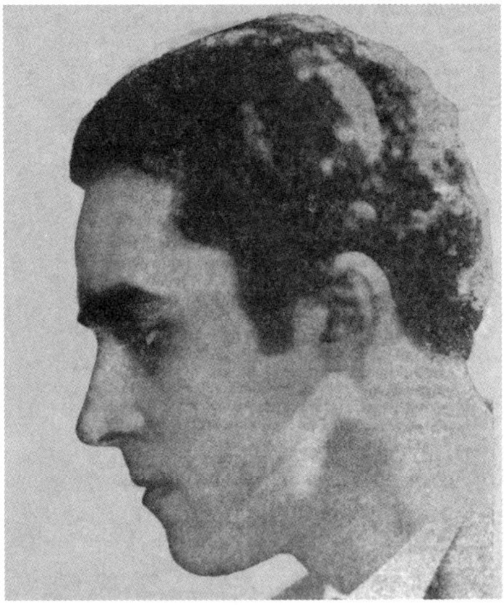

se revoltar com a classificação (pretende ser um dantas, embora dê em geral a impressão de kerniano), é afinal de contas um mozarlesco, como se depreende bem das suas luas lacrimejantes e da concepção da morte nos seus quadros". O oposto de um mozarlesco? O poeta e prosador argentino Ricardo Güiraldes, autor de *Don Segundo Sombra*, que na hora de morrer pediu, não um padre, mas uma dose de uísque, explicando às perplexas testemunhas de sua agonia que precisava armar-se de muita coragem naquele momento extremo: "¡Ahora hay que hablar con Dios!".

Mas por que mozarlescos? – indagou Bandeira quando Ovalle e Schmidt lhe expuseram a Nova Gnomonia. "O nome não pode derivar de Mozart, Wolfgang Amadeu, o grande", que "foi um dos tipos mais quintessenciados de dantas". Se mozarlesco fosse, protesta o poeta, o genial compositor estaria condenado à comprometedora companhia do conselheiro

Acácio – razão adicional, aliás, para que ninguém queira integrar essa categoria gnomônica.

O nome, soube-se logo, vem do "anjo" inspirador dos mozarlescos: o jornalista, professor de História e escritor cearense Francisco Mozart do Rego Monteiro (1896-1982), que fez carreira no Rio de Janeiro. Ninguém especialmente brilhante, é forçoso reconhecer. Escreveu uma dezena de livros, dos quais o mais conhecido ficou sendo *A vida amorosa de Pedro I* (1962), empapado de conservadorismo e dedicado a Assis Chateaubriand, seu patrão nos Diários Associados. Já nas primeiras linhas desse tarugo de 452 páginas, o autor espinafra o pai do personagem:

> No tocante a mulheres, d. Pedro I não foi apenas leviano: foi escandaloso. A sua aventura com a Marquesa de Santos [...] ofendeu publicamente, anos a fio, a compostura do Imperador, a dignidade da Imperatriz, o decoro da Corte e o prestígio do Império. É um episódio lamentável da vida desse monarca.

Mozart Monteiro não escondia sua admiração pelo ditador português António de Oliveira Salazar. Adorava Portugal, onde passou largas temporadas no final da vida, e nas duas vezes em que se casou foi com cidadãs lusitanas. Como jornalista, teve seu momento de notoriedade em 1929, quando Chateaubriand o enviou à União Soviética para escrever uma série de reportagens. Mas há quem diga que Mozart Monteiro fez mais sucesso num dia de exasperação cívica em que fechou sua coluna em *O Jornal*, intitulada "Observador Político", com este desabafo: "Se o Brasil continuar no rumo em que vai, deixarei de observá-lo".

Os onésimos, por fim, devem seu nome a um obscuro advogado do foro do Rio de Janeiro, Onésimo Coelho, que viria a ser o primeiro dos "anjos" da Nova Gnomonia a desaparecer, em junho de 1951. Ascendeu a tal condição, revela Bandeira, porque um dia, tendo se acercado "abruptamente de uma roda de dantas ligados pelas mais estreitas afinidades, e que debatiam com o mais puro entusiasmo a questão da salvação do país pelo preparo das elites no sentido neotomista, lançou um frio indescritível na roda, causando evidente mal-estar".

O causador desse frio ilustrava bem a teoria da gravitação dos anjos, sem a qual cairia por terra a Nova Gnomonia. Em dado momento do início da década de 1930, Onésimo Coelho ganhou notoriedade com um discurso em favor de Pedro Ernesto, interventor e depois prefeito do Distrito Federal, homem de esquerda que acabaria destituído e preso após o levante comunista de novembro de 1935. Pouco tempo depois de saudar Pedro Ernesto, no entanto, Onésimo mudou de orientação política – foi ao outro extremo, aderiu ao integralismo.

Augusto Frederico Schmidt voltava um dia de Paquetá, onde viviam parentes de sua mulher, quando, na barca, foi abordado por Onésimo, que retornava de um ato cívico do integralismo. "O senhor não é amigo do Jayme Ovalle?", indagou o advogado – e em seguida apresentou-se. "Era o anjo dos onésimos metido em camisa verde!", comentou Manuel Bandeira em carta a Gilberto Freyre.

Segundo Schmidt, Onésimo Coelho foi o último padroeiro da Nova Gnomonia a ser designado. Ao que parece, por indicação de amigos de Ovalle. O acontecimento – quem conta é Schmidt, numa crônica de 1962 – se deu num dos bares da Galeria Cruzeiro, na avenida Rio Branco, onde "Jayme Ovalle completou a gnomonia, reconhecendo e sagrando, comovido e exausto pela emoção, o anjo dos onésimos, que se chamava naturalmente Onésimo":

> Otávio de Faria, San Thiago Dantas e outros colocaram o saudoso Onésimo do lado da janela e ficaram bebendo chope, esperando que Ovalle, previamente combinado, passasse pela calçada e se desse conta da nova estrela da sua constelação. O encontro verificou-se e o profeta viu que o anjo se revelava, até mesmo pela maneira de saudar um desconhecido na rua.

Um onésimo, explicará Manuel Bandeira,

duvida, sorri, desaponta; diante dele ninguém tem coragem de chorar. O seu *sense of humour* sempre vigilante é o terror dos mozarlescos avisados. Não é que o faça por maldade: os onésimos não são maus. O drama íntimo dos onésimos é não sentirem entusiasmo por nada, não encontrarem nunca uma finalidade na vida. Não obstante, se as circunstâncias os colocam inesperadamente num posto de responsabilidade, podem atuar (não todos, é verdade) com o mais inflexível senso do dever.

Exemplos? O crítico sergipano João Ribeiro, o escritor paulista Antônio Carlos Couto de Barros e Gilberto Freyre – embora tenha havido, quanto a este último, alguma controvérsia: "Há quem ache o sociólogo Gilberto Freyre um onésimo, mas Ovalle afirma que ele é um onésimo convertido ao paraísmo", anotou Vinicius de Moraes, que também andou escrevendo sobre a Nova Gnomonia. Os onésimos, acreditava o poeta, "são as pessoas que têm o dom de esfriar ambientes, de modificar o metabolismo próprio das situações, de deixar as pessoas mal à vontade".

Osório Borba acredita que o time dos onésimos foi criado porque, definidos os outros quatro, "sentia-se que faltava alguma coisa".

Havia gente que não cabia bem em nenhuma das classes conhecidas. Uns homens que são e não são, que aparecem em todo lugar, com toda gente, que moram em Vila Isabel mas vivem no Leblon, que têm várias profissões, que fazem uma porção de coisas não se sabe quando, porque são andejos, notívagos, nômades da cidade.

"Havia material humano esparso", prossegue Osório Borba – e fornece um exemplo:

Havia o veterinário que num anúncio avisando às pessoas amigas a morte de um filho e a hora do enterro, acrescentara: "Outrossim, avisa que mudou o seu gabinete de prótese (?) para a rua Tal nº Tantos."

Outro onésimo prototípico, segundo Borba, seria um dos mais próximos amigos de Ovalle, o polivalente Evandro Pequeno de quem aqui já se falou,

> aquele fantástico Pequeno, grande ficcionista oral que nunca escreveu uma linha, criador da teoria política do bananismo e de um mundo de sátiras e epigramas geniais, tocando fagote, estudando várias línguas eslavas e a teoria da relatividade, funcionário de uma empresa telegráfica e diretor de uma cooperativa de classe.

Onésimos seriam em geral os humoristas, observa Manuel Bandeira, citando Sterne, Swift e Heine. Mas não alguns humoristas brasileiros, que na sua opinião integrariam o Exército do Pará: Luiz Peixoto, o caricaturista Raul Pederneiras e o jornalista capixaba José Madeira de Freitas – que, sob o pseudônimo de Mendes Fradique, brilhava então nas páginas da revista satírica *Dom Quixote* com a sua hilariante *História do Brasil pelo método confuso*. Quanto a Aparício

Dois exemplos de onésimos: Heine e Gilberto Freyre – este, segundo Vinicius, convertido ao paraísmo

Torelly, o Aporelly, criador do Barão de Itararé e editor do jornal satírico *A Manha*, futuro companheiro de Graciliano Ramos nos cárceres do Estado Novo, esse certamente era dantas.

Ou predominantemente dantas, já que raríssimos são os tipos absolutamente puros dentro da Nova Gnomonia. "Um dantas pode revelar traços de onésimo, de mozarlesco, de kerniano e até mesmo (mas isso raramente) de Exército do Pará", anotou Bandeira, ressalvando contudo que "um mozarlesco nunca se revela onésimo, salvo na capacidade de dar azar, o que é também atributo onésimo." Como saber, então, a que categoria pertence uma pessoa que misture características de mais de um grupo? "O que determina em última análise a classificação", sinaliza o poeta, "é a dominante."

Não tardou para que a Nova Gnomonia se tornasse assunto obsessivo nos bares e cafés literário-jornalísticos do Rio de Janeiro. "Na roda dos amigos do cronista é impossível conversar cinco minutos sem falar em 'parás', 'kernianos', 'mozarlescos' e 'onésimos'", constatou Bandeira quando a sua famosa apresentação da nova tipologia foi publicada no livro *Crônicas da província do Brasil*, de 1937. "A tecnologia gnomônica entrou para a linguagem habitual dos que a conheciam", escreveu no mesmo ano Osório Borba. "Estava a teoria consagrada pela gíria."

Borba registrou ainda que naquelas conversas "surgiram exegeses, colaborações, até ameaças de cisma". E, sobretudo, onde quer que o tema se instalasse, tentativas de classificar todo tipo de gente. Nem mesmo Jesus Cristo escapou, conta Osório Borba. Em qual das cinco categorias gnomônicas encaixar o Filho de Deus? Augusto Frederico Schmidt, em seu catolicismo, enjeitou a tarefa "para não cair em tentação". Autor da inconfidência, o próprio Borba, tomado de insuspeitada mineirice, ficou em cima do muro: "O maior dos dantas de todos os tempos é uma entidade difícil", reconheceu, uma vez que "participa das naturezas de várias categorias":

> Na linha geral de sua vida e da sua missão, é um grande dantas, não há dúvida. Mas quando usou o chicote agiu kernianamente. Foi meio onésimo nas suas respostas a Pilatos, e no que tem de sutil em certas de suas parábolas,

quando mandava reconhecer o poder de César e afirmava que o seu reino não era deste mundo, mas se proclamava Rei dos Judeus. E sua natureza divina, a encarnação, a transfiguração, pertencem ao domínio do onésimo.

A febre classificatória entreteve também a geração seguinte, como há de testemunhar, em 1955, um de seus integrantes, o teatrólogo Guilherme Figueiredo:

> Com ela nos divertíamos, indagando a Jayme Ovalle: "E fulano?". Ele afirmava: "É um mozarlesco". "E beltrano?" "É um kerniano." "E sicrano?" "É um dantas." Mas a grande chave da análise, capaz de honrar um Lombroso, um Kretschmer e um Klages, era a descoberta do "Exército do Pará", legião das gentes que afluem para o Rio na ânsia de vencer nas artes, nas letras, no jornalismo, na ciência, e que vencem mesmo à custa de perseverança, atitude vitoriosa, truques publicitários, audácia e mistificação de cultura. A teoria [...] foi absorvida e utilizada por quantos a leram, de 1928 a 1929 aos nossos dias. Foi aplicada a políticos, foi dita como desaforo ou elogio, sussurrada como zombaria, citada na tribuna parlamentar e nos suplementos literários.

Era previsível que numerosas contribuições viessem alargar as fronteiras da Nova Gnomonia. Em breve as cinco categorias de Ovalle e Schmidt passaram a abranger todo tipo de coisas, e não somente os seres humanos.

Traçando um perfil de Jayme Ovalle no semanário carioca *Flan*, em maio de 1953, Vinicius de Moraes não viu problema em tomar a poesia de Manuel Bandeira e o elemento água como bons exemplos de dantas, em companhia de Jesus Cristo. Ou em juntar a atriz Betty Grable, a matéria plástica, a Academia Brasileira de Letras, o anel de grau, o bolo de aniversário e o café-soçaite no ecumênico balaio do Exército do Pará. Kernianos seriam não apenas os atores James Cagney e Kirk Douglas como também o jazz e o uísque. O México é dantas; os Estados Unidos, Pará; a Espanha, kerniana; a Itália, mozarlesca – como mozarlescos são a lua, o poeta Casimiro de Abreu, o ator Aldo Fabrizzi, o lacrimogêneo livro *Coração*, de

A Nova Gnomonia, defendia Vinicius de Moraes, não se aplica só aos seres humanos. O bolo de aniversário é pará, assim como os Estados Unidos. O uísque e o jazz, tanto quanto o ator Kirk Douglas, são kernianos. A lua é mozarlesca. A água? É dantas, como o Cristo e o México

Edmundo de Amicis, e mais: a atração pelo lugar-comum, o suicídio em Paquetá, *O livro do bebê* e a serenata em Ouro Preto.

Um mozarlesco genuíno, explicou Ovalle a Vinicius, é o sujeito capaz de dizer coisas assim: “Se o trem não atrasar, por certo chegará na hora…”. Tende a ser excessivo, e, por excesso de mozarlismo, o romance *A cabana do pai Tomás*, da escritora americana Harriet Beecher Stowe (1811-96), e o ator português João Villaret (1913-61) devem ser considerados “mozarlescos lacrimejantes”. “Mas é aqui que – com licença do Mestre – entra o meu pequeno cisma”, interferiu Vinicius, divergindo de Bandeira:

> Para mim mozarlesco é isso tudo o que se falou, mas é também, num sentido maior, tudo o que é primordialmente coração e vísceras. A Vida é para mim a Grande Mozarlesca. Mulher também é, em princípio, mozarlesca.

Padres em geral, para Vinicius, são onésimos (embora os frades tendam mais para dantas), categoria em que se encaixam também Machado de Assis e os atores Basil Rathbone e Geer Garson.

"Há quatro coisas que me deixam onésimo", desabafou Manuel Bandeira numa crônica de 1943: "São os pedidos de prefácio, entrevista, conferência e pistolão para o Carlos Drummond de Andrade". O desabafo vinha a propósito do pedido que lhe fez Ari Kerner, exatamente, para que o apresentasse ao poeta mineiro, então chefe de gabinete do ministro da Educação e Saúde, Gustavo Capanema. Estava aflito o rapaz: tinha dado uns tapas em alguém, e como o estapeado vinha a ser o seu superior hierárquico, corria o risco de ser demitido. Só o poeta mineiro poderia salvar seu emprego. "Diga ao Drummond que eu sou o anjo kerniano...", sugeriu Ari. "O expediente era de pará autêntico e surtiu efeito", conta Bandeira. "O Drummond, que nos recebera de pé-atrás, ao ouvir a frase desabrochou num dos seus raros sorrisos."

A coisa mais onésima do mundo, revelou Ovalle numa entrevista a Vinicius, é "um árabe num elevador". A imagem vai aparecer, mais tarde, na boca de um dos personagens do romance *O encontro marcado*, de Fernando Sabino, para exemplificar uma "situação terrorista".

Tão embebido estava Vinicius de Gnomonia que ao chegar à Inglaterra, em setembro de 1938, como bolsista do Conselho Britânico em Oxford, assim se referiu à capital inglesa em carta a Manuel Bandeira:

> É tudo tão exatamente igual e medido e feito para facilitar a vida, que eu tenho a impressão de que aqui a surpresa nasceu morta. O que há de interessante é a cidade em si, no seu íntimo. É uma natureza dantas, perfeitamente dantas, habitada por um mundo querniano.

No fecho da mesma carta, presta homenagem ao criador da Nova Gnomonia: "Diz ao Ovalle que ele é uma jóia e que eu mando um abraço". Muitos anos mais tarde, em 1946, Vinicius ainda se expressava em jargão gnomônico. Depois de contar a Raul Bopp que tinha gravado um disco com poemas de Carlos Drummond de Andrade no Poetry Room de Harvard, confessou: "Cedi ao paraísmo de gravar um meu próprio".

Também Bandeira cultivava a Nova Gnomonia. Escrevendo certa vez a Vinicius sobre "hermetismos" e "ironias" de *Libertinagem* e de *Estrela da manhã*, que lhe parecem ser "caretas de velho", desabafa: "No fundo, eu queria era poder ser bem mozarlesco, bem poeta-menor".

Vista por Osório Borba como "uma simples brincadeira mental", a Nova Gnomonia entrou no século XXI sem que os neologismos que dão nome a suas cinco categorias tivessem sido admitidos nos dicionários da língua portuguesa – que, de resto, tampouco acolheram a palavra "gnomonia". Porém mereceu, nos anos 1970, um nutrido parágrafo da *História da inteligência brasileira*, de Wilson Martins. A brincadeira de mesa de café ganhou, na pena do crítico paulista, inesperada gravidade. "Na República das Letras", escreveu Martins ao se deter no livro de Osório Borba,

> malgrado as enganosas aparências que tendem a identificar o escritor com o homem em que se encarna, as classes sociais são diferentes das que conhecemos na vida real sob os nomes de "aristocracia", "burguesia" ou "proletariado". Quem o descobriu foi Jayme Ovalle, criador da Nova Gnomonia, celebrizada por Manuel Bandeira. [...] O leitor interessado, estudando o capítulo correspondente da Comédia literária, verificará que essa aparente brincadeira é, por singularidade, a sistemática mais aguda para povoar com figuras de consistência psicológica o mundo todo abstrato da República das Letras – onde personagens como Afrânio Peixoto (imortalizado no capítulo "As travessuras do Comendador") parecem-nos, na verdade, mais irreais do que a fantasia dos ficcionistas jamais poderia criar.

Ovalle não escondia seu gosto pelas classificações, que ia produzindo em meio ao bate-papo, sem jamais dar-se o trabalho de fixá-las no papel. Assim como a Nova Gnomonia, uma delas se salvou porque havia, nas imediações, quem a registrasse, na condição de datilógrafo de uma raríssima carta de Ovalle, endereçada a Manuel Bandeira: seu amigo Fernando Sabino, então com 23 anos de idade.

Nessa correspondência, datada de Nova York, onde ambos viviam naquele 1º de setembro de 1947, o compositor revela uma descoberta que fizera em companhia da sobrinha Isolda: "O importante", ditou Ovalle a Sabino, "não são as caras, mas as caras pelas caveiras que elas têm". E teorizou:

> Existem caveiras bonitas e caveiras feias. Por exemplo, a do Schmidt, a do Vianna Moog, a do meu irmão Edgar, a do Getúlio Vargas, etc., são caveiras feias. Caveiras bonitonas: a do Brigadeiro [Eduardo Gomes], a do Benedicto Valladares, a do Souza Costa etc. Caveiras tipos de beleza: a sua, a de Mário de Andrade, a do Carlos Drummond (esta acabará um dia exposta numa vitrine), a do Gustavo Corção, a do Capanema, a do Graciliano, a do Apolônio Sales, a de Miss América 1947. E finalmente a eterna caveira da Greta Garbo.

Animado com a descoberta, Ovalle enveredou gaiatamente pela designação dos que, entre seus amigos e conhecidos, seriam ou não homossexuais:

> São veados, por exemplo: Jorge de Lima, Schmidt, Carlos Lacerda, Brigadeiro, Octavio de Faria, Tristão de Athayde, (eu), etc. Alguns fingem que não são: você, Carlos Drummond, Murilo Mendes, Gustavo Corção. Outros fingem que são (coitados...) e não são: o Roque Laurenza, o panamenho, o Aluizio de Castro, o Oswald de Andrade, o Guilherme de Almeida, etc.

Era um assunto, aliás, com que Jayme Ovalle se comprazia em provocar o jovem amigo Fernando Sabino, nos seus intermináveis papos em Nova York. Certa vez, conversando numa esquina, ele se pôs a enumerar quem, entre os conhecidos dos dois, seria veado.

– Fulano? – indagava Fernando.

– Olha só o jeitinho dele... – fulminava Ovalle.

– Beltrano? – e assim por diante.

No final, Sabino quis saber:

– E nós, somos veados?

– E de esquina! – encerrou Ovalle.

(Fernando, que se divertia com a brincadeira, contará numa de suas crônicas da série "Aventuras do Cotidiano": numa lanchonete da 45th Street, em Nova York, aonde costumavam ir comer panquecas de madrugada, havia um garçom, "rapaz forte e sangüíneo", cara de poucos amigos, com quem Ovalle gostava de mexer. Sabino advertiu-o para a possibilidade de o moço, um dia, encrencar com ele. "Não briga não", respondeu Ovalle, "ele é afeminado." Fernando discordou: o garçom não tinha cara de afeminado – era forte, vermelho. Ao que Ovalle retrucou: é vermelho porque toma sol. O amigo voltou à carga: como toma sol, se, trabalhando à noite, provavelmente dorme de dia? "Você é mesmo muito menino, não entende nada...", sorriu Ovalle, condescendente. "Olhe aqui: afeminado, fique sabendo, é justamente aquele que toma sol de noite.")

Na mesma carta nova-iorquina a Manuel Bandeira, Ovalle enveredou por outra divisão, essa em anões e gigantes. Entre os primeiros, arrolou José Lins do Rego, Aurélio Buarque de Holanda e Pedro Nava – embora este último fosse um homem alto e corpulento, e os dois outros não pudessem ser chamados de baixinhos. "Alguns anões se fingem de gigantes", detectou Ovalle, sacando exemplos: Portinari, Villa-Lobos, Gilberto Freyre. "Se eu fosse enumerar todos eles", explicou, "não acabaria esta carta." Quanto aos "gigantes autênticos, existem poucos", prosseguiu – e escalou um time de gente com estatura no máximo mediana: Raimundo Magalhães Júnior, Álvaro Lins, Di Cavalcanti, Marques Rebelo, Luís Carlos Prestes e Dante Milano. De quebra, fez piada com Sabino:

> Neste ponto da carta, o datilógrafo protestou por não ter sido citado. Quer por força saber o que ele é. Então eu disse que ele era um kerniano: por ser impaciente e estar a todo momento querendo colaborar nesta carta.

No terreno da pura e simples traquinagem intelectual, a Nova Gnomonia teve alguns divertidos desdobramentos. Sob a garoa paulistana, muitos anos mais tarde, três respeitados mestres da Universidade de São Paulo – Sérgio Buarque de Holanda, Antonio Candido e o antropólogo e sociólogo Ruy Coelho – divertiam-se, conta Candido, "aplicando a Gnomonia de Jayme Ovalle, não a pessoas, mas a fatos, momentos, obras, períodos, estilos". O gótico, por exemplo, especulavam eles entre goles de uísque, será dantas ou onésimo? "Concluí que talvez esteja mais para onésimo, porque é frio", lembra num artigo de 2004 o grande crítico literário, acrescentando:

> O barroco é sem dúvida pará, porque se exibe demais, chama a atenção sobre si de modo indiscreto. O clássico deve ser mozarlesco, por ser equilibrado e contido. Criamos nessa noite o refluxo dos estilos sobre a personalidade, pois pode haver, por exemplo, pessoas que são pará flamboyant...

Outro que adotou a Nova Gnomonia foi Oswald de Andrade, sobretudo quando se tratava de distribuir suas habituais caneladas literárias. Já baqueado pela doença que o mataria ano e pouco mais tarde, mas com os carvões da irreverência ainda acesos, o morubixaba do movimento antropofágico, numa entrevista em *Correio Paulistano*, em junho de 1953, recorreu à classificação ovalliana para aplastrar o que chamou de "pára-quedistas literários" – e pinçou como exemplo um poeta e jornalista alagoano que, aos 29 anos, já se destacava nos arraiais literários do Rio de Janeiro. "Olhe o caso do Ledo Ivo, para não citar outros", ferroou Oswald:

> Esse rapaz é um caso típico de soldado do Exército do Pará, desses que chegam no Norte para impor-se, se abancando sem cerimônia, oferecendo talento ao quilo e ao retalho, para ser vendido no mercado de banca de redação.

José Lins do Rego também aproveitou a deixa ovalliana e, sem o veneno de Oswald, propôs a criação da subcategoria "pará de Minas", numa alusão trocadilhesca à cidade mineira assim batizada. A variante foi talhada sob medida para um único representante, o belo-horizontino Afonso Arinos de Melo Franco – o que, segundo o escritor José Nava, irmão do memorialista Pedro, teria provocado protestos entre os amigos de Afonso. "Os chefes da escola", contou ele num artigo de 1975, "refutaram com veemência: nada disso, quem é bom já nasce feito, logo não pode ser Pará", e "é o caso do Afonso, *born with a silver spoon in the mouth*..." – nascido em berço de ouro. Amigo do escritor e político, Manuel Bandeira já cuidara de estabelecer distinções num artigo de maio de 1956, no qual alfinetou o mineiro Juscelino Kubitschek, recém-empossado na Presidência da República: quem agora dava as cartas no país, escreveu o poeta, eram os "parás de Minas", nenhum deles, a seu ver, "do padrão Afonso Arinos"...

O mesmo Bandeira, no início dos anos 30, andou criando uma classificação das cidades brasileiras em gordas ou magras, como se mulheres fossem. No time das primeiras escalou São Luís do Maranhão, Belém do Pará, Rio de Janeiro e, "gordíssima", Salvador. Já São Paulo lhe pareceu, por alguma razão, "enxuta", e Recife, "em tudo magríssima". O poeta empacou na capital mineira, que tinha então pouco mais de trinta anos de existência: "Belo Horizonte veio me atrapalhar. É gorda ou magra? Difícil de resolver como problema de xadrez em cinco jogadas...". Ao cabo de "apertadas cogitações", Bandeira concluiu, mineiramente, que "Belo Horizonte não é magra nem gorda: Belo Horizonte é... *miss*". E passou a bola: "Os rapazes do Rio me entenderão".

O rechonchudo José Lins do Rego também propôs, na revista *Ariel* de setembro de 1933, uma divisão em gordos e magros, exclusiva para escritores, conforme critérios subjetivos que ignorariam a balança. Os espanhóis Vicente Blasco Ibáñez e Jacinto Benavente, por exemplo, nenhum dos dois obeso, seriam, para José Lins do Rego, "gordos" – categoria a que pertenceria também o nada enxundioso Goethe. Machado de Assis deveria ser considerado "enxuto" – tanto no físico como no texto, supõe-se.

Igualmente inspirado na Nova Gnomonia, nos anos 1930 Pedro Nava, então poeta bissexto e reumatologista reputado, animou-se a bolar sua própria tipologia, e desenvolveu – oralmente, na melhor tradição ovalliana – uma teoria que o mesmo Manuel Bandeira, sempre ele, se encarregou de registrar. "Os homens podem dividir-se em duas classes", disse o poeta no discurso com que saudou a entrada de Peregrino Júnior na Academia Brasileira de Letras, em julho de 1946, "os pescoços fortes e os pescoços fracos" – e indagou à perplexa platéia no Petit Trianon:

> Já examinastes numa viagem de ônibus o pescoço dos passageiros que vão à vossa frente? Ou ele é fino, pálido, de tendões salientes e cabelos ralos; ou robusto, sangüíneo ou mate, bem plantado e piloso. Transportai a observação para o domínio moral, e tereis ali, como no domínio físico, o pescoço forte e o pescoço fraco.

Há quem sustente, porém, que seria outro o verdadeiro autor dessa classificação. "A descoberta", escreveu Vinicius de Moraes em 1943, "é de Aníbal Machado, e foi aperfeiçoada e completada por Pedro Nava." E debulhou-a, no artigo "O pescoço de Rosalind", a propósito do filme *Adeus, meu amor* [*Take a Letter, Love*], estrelado pela atriz americana Rosalind Russell:

> Viajante lírico de ônibus, observou o grande contista sabarense que o espetáculo humano que se antepunha, quando sentado nos últimos bancos do seu Ipanema – Castelo, desfigurava-se freqüentemente com a intromissão miserável de alguma cabeça malsegura nos ombros por um "pescoço fraco". A sensação de miséria orgânica era irremediável. Tendões tristemente à mostra numa nuca de saboneteira; um prognatismo auricular violento, que fazia ressaltar inutilmente orelhas estúpidas; uma certa folga do pescoço dentro do colarinho, dando à infeliz cabeça uma paternice dinossáurica; tudo isso ajudou a trazer ao nervoso prosador de "A morte da porta-estandarte" a forma de um novo sistema de caracterização psicológica. Em breve o "pescoço fraco" era sensível não apenas fisicamente, mas também no plano moral. Sujeitos de pescoço forte podiam estar, eventualmente, de "pescoço fraco", por que razões sentimentais só Deus sabe.

Anos mais tarde, ao escrever *Beira-mar*, o quarto volume de suas memórias, Pedro Nava sugeriu que se incorporasse à Nova Gnomonia uma categoria suplementar, apadrinhada pelo poeta mineiro Emílio Moura, que a seu ver nada tinha de pará, mozarlesco, dantas, kerniano ou onésimo. Emílio, amigo e companheiro de geração de Nava e de Carlos Drummond de Andrade, seria o anjo dos Caetanos, que celebrou num poema:

Ser Caetano é como ser mineiro,
num átimo se nota:
algo no ar e nos olhos,
no modo de falar e de buscar nas coisas
o que as coisas subtraem a quem não sabe olhá-las
no âmago mais âmago [...]

Inspirado numa família de sua cidade natal, Dores do Indaiá, "Ser Caetano" foi dos últimos poemas escritos pelo autor de *Canto da hora amarga*. No dia 28 de setembro de 1971, Emílio estava em casa, relendo seus versos no *Suplemento Literário* do *Minas Gerais*. O filho Luís Antônio, que lhe fazia companhia, conta que o poeta achou graça, abriu um sorriso – e foi assim que, caetanamente, morreu.

José Nava, em artigo publicado no mesmo suplemento, viu nas cinco categorias da Nova Gnomonia uma superposição bastante aproximada com os cronópios, os famas e as esperanças que o argentino Julio Cortázar pôs em livro no início dos anos 60. Além disso, bandeirianamente, José Nava consolidou em letra de forma, no citado artigo de 1975, uma classificação que o escritor Francisco Martins de Almeida, outro do grupo mineiro de Drummond, desfiava no papo com amigos, e que distinguia os vários tipos de maridos traídos – entre eles, enumera José Nava, os dissimulados, os agradecidos, os obstinados e os predestinados, sem esquecer os distraídos sutis, "que fingem não saber".

Mineiro de outra geração, o poeta e cronista Paulo Mendes Campos também sentiu-se, nas pegadas do amigo Jayme Ovalle, estimulado a bolar uma tipologia. "Há em todos os seres um princípio bandeirante, um princípio funcionário, um princípio angustiado", teorizou Paulo num texto recolhido no livro *O anjo bêbado*, de 1969. Jesus Cristo, por exemplo, seria um bandeirante; os políticos, funcionários; e os poetas, angustiados. As três divisões imaginadas por Paulo Mendes Campos abarcariam também os bichos (a formiga é funcionária, o falcão, angustiado, e a baleia, bandeirante), as coisas (o álcool seria bandeirante, e o relógio, funcionário) – e até mesmo abstrações como a ambição, que é bandeirante, ou a inveja, que é angustiada. O amor? "É bandeirante", afirma o poeta, "mas acaba funcionário ou angustiado."

Contribuição à Nova Gnomonia propriamente dita, houve a de Sérgio Buarque de Holanda, ou de Rodrigo Melo Franco de Andrade, de que já se falou: a lei da gravitação dos anjos – todos eles, e não apenas os dantas, como imaginara Ovalle – para o Exército do Pará, num movimento capaz de explicar inesperadas fraquezas do ser humano. A teoria veio encorpar a "biblioteca" sobre o assunto. "Para mostrar a complexidade dos problemas ligados a esse ramo novo de pesquisas", escrevera Bandeira já na primeira crônica que dedicou ao tema, "basta citar algumas obras mais notáveis da sua rica bibliografia: *Categorias gnomônicas* (Pedro Dantas); *Do caráter kerniano de Judas* (Gilberto Freyre); *Um Charlus pode ser dantas?* (Jayme Ovalle)." Todas elas, claro, tão imaginárias quanto o artigo "Da queda que o Exército do Pará tem pelas diretorias de banco", que José Nava afirmava ter lido numa não menos fantasiosa *Gazeta do Jequitinhonha*, sob a assinatura de um inexistente Jubileu de Almeida.

O jovem Sérgio Buarque de Holanda, que usava monóculo e impressionava os basbaques ao anunciar um livro que poderia chamar-se *O automóvel adormecido no bosque*, teria escrito, no final dos anos 20, um texto pseudo-erudito em português arcaico, cravejado de citações em alemão e latim, acusando Ovalle de haver copiado a Nova Gnomonia de alfarrábios produzidos por padres no século XII.

Se escreveu, não se sabe se publicou, nem onde. O que se conhece é um artigo intitulado "Antigua & Nova Gnonomia" [*sic*], saído no *Boletim*

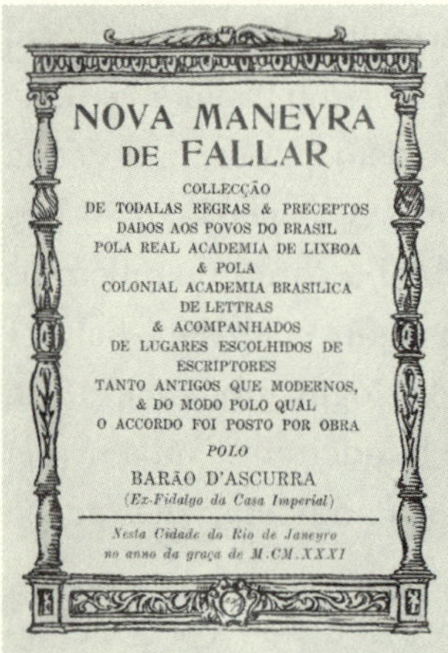

NOVA MANEYRA
DE FALLAR
COLLECÇÃO
DE TODALAS REGRAS & PRECEPTOS
DADOS AOS POVOS DO BRASIL
POLA REAL ACADEMIA DE LIXBOA
& POLA
COLONIAL ACADEMIA BRASILICA
DE LETTRAS
& ACOMPANHADOS
DE LUGARES ESCOLHIDOS DE
ESCRIPTORES
TANTO ANTIGOS QUE MODERNOS,
& DO MODO POLO QUAL
O ACCORDO FOI POSTO POR OBRA
POLO
BARÃO D'ASCURRA
(Ex-Fidalgo da Casa Imperial)

*Nesta Cidade do Rio de Janeyro
no anno da graça de M.CM.XXXI*

Em plena febre da Nova Gnomonia, um certo Barão d'Ascurra meteu sua retorcida colher e publicou um artigo sobre o tema, em português quinhentista. O Barão é autor, também, de *Nova Maneyra de Fallar*, gozação erudita em cima de uma reforma ortográfica

de Ariel, do Rio de Janeiro, em março de 1932. Teria Sérgio Buarque de Holanda usado, nesse episódio, o mesmo pseudônimo, "Barão D'Ascurra", de um dos mais assíduos colaboradores dessa publicação, o filólogo carioca Saul Borges Carneiro (1890-1945)? Se o fez, incorporou à perfeição do espírito dessa figura interessantíssima, um erudito que acabou não deixando, na cultura brasileira, marca à altura de seu grande saber.

Professor do Instituto de Surdos-Mudos, Saul Borges Carneiro foi também crítico literário no *Boletim de Ariel*. Colaborava ainda, com freqüência, em *A Manha*, o jornal do Barão de Itararé. Sempre como "Barão D'Ascurra" (pseudônimo inspirado na rua onde ele morava, a ladeira do Ascurra, no bairro carioca do Cosme Velho), era ali um dos autores da "Nova maneyra de fallar" – seção de *A Manha* da qual resultou, em 1931, um livrinho divertido, com o mesmo título, gozando a reforma ortográfica decretada naquele ano.

Assinado pelo Barão d'Ascurra – o fictício "ex-fidalgo da Casa Imperial" João Ventura Carrazedo de Mendonça e Silva (de quem se publica a "mais recente fotografia", feita 42 anos antes, em 9 de novembro de 1889, por ocasião do Baile da Ilha Fiscal) –, a esse pequeno volume não falta um caudaloso subtítulo:

> Collecção de todalas regras & preceptos dados aos povos do Brasil pola Real Academia de Lixboa & pola Colonial Academia Brasilica de Lettras & e acompanhados de lugares escolhidos de escriptores tanto antigos que modernos, & do modo polo qual o accordo foi posto por obra.

Nessas 87 páginas, da autoria de Saul Borges Carneiro seriam apenas os escritos em português antigo, sua especialidade.

Se não foi escrito por Sérgio Buarque de Holanda, é inteiramente seu, também, o citado artigo sobre a Nova Gnomonia, no *Boletim de Ariel*, que assim principia:

> Nam he a Gnomonia brinco de frivolos, & desoccupados, como soem decrarar lingoas peçonhentas, & escatimosas, que de tudo prasmam, & brasphemam, senam que he sciencia de cãas, & arte de sabedores, & gentes sages. Jaa aquelles antiguos povos de Judea, & Arabia, haviam da Gnomonia mui segura conhocença, & a praticavam com avondança antre si, do que copiosa noticia dam auctores antiguos, que muyta, & abalisada fée de nós outros devem de merecer.

A Gnomonia, prossegue o texto do Barão D'Ascurra, fora levada para terras de Espanha e Portugal pelo árabe Alcafif, que ensinou em Salamanca, onde, já em provecta idade, "em negra malenconia se finou", depois de haver flagrado a esposa, "a meyga e fermosa Cali Beb, em conversaçoens deshonestas com hum christam". Teve tempo, em todo caso, de consolidar os "preceptos, doctrinas, ditos, & usanças da antigua Gnomonia" nas páginas do *Tractado de Cabala, Artes Magicas, Sortilegios, Alchimia, Medicinas,*

Estrologia, & demais conhocenças da humanal, terreal, & celestial composiçam, tiradas em grande parte do Talmud de Babylonia, de autoria do rabi Isaac Ben Bazoque e publicado em Leiria no ano de 1499.

O naco mais saboroso do artigo do Barão D'Ascurra está no capítulo xxxv, que tem por título *De como se conhocem as perfeyçoens, partes, & manhas dos homens, & molheres, pola conjuncçam das pranetas na hora em que foram paridos, & como se hão de poer em consonancia com as cinco taboas da Gnomonia.* Os seres humanos, lê-se ali, se dividem em "sabbat", "seraphinica", "bombarda", "oxymelesca" ou "santomé" – em linguagem ovalle-schmidtiana, respectivamente Exército do Pará, dantas, kerniano, mozarlesco e onésimo.

Com base na conjunção planetária, teria Isaac Ben Bazoque predito que o futuro rei Dom Manuel, o Venturoso, seria Exército do Pará, ou sabbat, "& o foi". O grande Vasco da Gama, que se jactava de ser dantas, ou seraphinico, veio a saber, pelo sábio Abraham Zacuto, que na verdade pertencia ao Exército do Pará. O mesmo sucedeu à desditosa Inês de Castro, suposta seraphinica que o rabi Ben Bazoque confirmou como sendo sabbat.

No tempo de Luís de Camões, informa o Barão D'Ascurra, a Gnomonia já estava praticamente extirpada de Portugal, pois a Santa Inquisição a tinha na conta de prática de mouros e judeus. O cristão novo Gil Eannes Gouvea, que cometeu o desvario de dizer que o Papa Leão x poderia ser santomé, ou onésimo, "houve de comparecer em auto de fee, & hi foy chammuscado como todolos preceptos, qual gordo bacorinho".

Assim perseguida, mergulhou a Gnomonia em quatro séculos de esquecimento, até ser

> novamente alevantada, & reanimada, graças aa sabença, & aos cuydados daquelle magnifico pessychologo, mestre Joam Pechvogel, lente na Universidade de Heidelberg, em Allemanha, o qual hi fundou a "Confraria pera estudo, meditaçam, & dilataçam da Nova Gnomonia".

A diferença entre as duas doutrinas é que a antiga se baseia na astrologia e a segunda "na conhecença do humanal sprito, ou pessychologia, como soem dizer modernos".

A prosa retorcida do Barão d'Ascurra, não se sabe como, foi parar na mesa de Hildebrando Barcellos, o chefe de Jayme Ovalle na Alfândega. *Boletim de Ariel* na mão e ar de censura no rosto, ele convocou o subordinado para lhe passar um pito:

– *Seu* Jayme, acabo de ter notícia por esse artigo de que o senhor é um ladrão de idéias...

A lua de Londres

6

roubou meu noivo

A temporada em Londres, que viria a ser a fase mais produtiva para sua música e sua poesia, não entrava nos planos de Jayme Ovalle naquele começo de década de 30. Ele beirava então os quarenta anos de idade e estava convictamente instalado na ladeira de Santa Teresa, na boemia carioca e em seu trabalho de *douanier*. O que o precipitou nas margens do Tâmisa, segundo uma versão familiar relatada pelo sobrinho Murillo Hermes da Fonseca, foi um incidente em que se envolveu na Alfândega.

Ovalle, na época, era conferente de bagagens num armazém do porto do Rio de Janeiro. "Funcionário aduaneiro implicante e implacável", atestaria Augusto Frederico Schmidt num artigo suscitado pela morte do amigo, vinte anos depois. Merecedor dos dois adjetivos, viu-se Ovalle um dia às voltas com um arrogante coronel gaúcho, um certo Guimarães, que quatro décadas mais tarde morreria num acidente aéreo. Bonitão, com fama de Don Juan, o oficial do Exército era então diretor da Estrada de Ferro Central do Brasil, e nessa condição tinha viajado aos Estados Unidos. Levou consigo a amante, bela mulher de nome Vera.

Voltaram empencados de malas, ela principalmente – e, na alfândega, o coronel não quis que a bagagem do casal fosse aberta. Na velha tradição brasileira, e confiante nas estrelas que trazia nos ombros, Guimarães mandou seus auxiliares amaciarem aquele burocrata chato. O conferente Ovalle, porém, resistiu à pressão: liberar sem abrir? Só se o tirassem dali, declarou. As malas, cerca de uma dúzia, foram abertas e, previsivelmente, estavam em situação irregular. Aplicou-se a multa.

O coronel, possesso, decidiu retaliar. Escorado na sua condição não só de gaúcho como de amigo do presidente Getúlio Vargas, foi bater na porta de outro conterrâneo, Oswaldo Aranha, ministro da Fazenda, e pediu a cabeça de Ovalle. O ministro, conta Murillo Hermes da Fonseca, cuidou de se informar sobre aquele conferente turrão – e soube que se tratava de servidor correto, recentemente promovido, por merecimento, a segundo escriturário.

Guimarães não se conformou. Queria porque queria a demissão do fiscal encrenqueiro, e insistiu na exigência – até que o habilidoso Aranha tecesse uma solução conciliatória: o funcionário Jayme de Rojas Ovalle seria, sim, removido da Alfândega carioca, mas não para qualquer exílio burocrático: foi-lhe oferecido um posto na Delegacia do Tesouro, em Londres, onde, coincidentemente, naquele momento faltava alguém com o seu perfil. O coronel, dispensado de pagar a multa, se deu por satisfeito – e o conferente, mais ainda: viu cair em seu colo um dos postos mais cobiçados do serviço público federal.

Criada no tempo do Império, em 1867, com o nome Delegacia do Tesouro em Londres, a repartição ali funcionou até o início da Segunda Guerra, em 1939. Reaberta em Nova York, onde a partir de 1945 passou a se chamar Delegacia do Tesouro Brasileiro no Exterior, foi extinta em 1974. Pertencer a seus quadros não chegava a ser uma sinecura em estado puro, mas passava perto. Não faltava, é verdade, o que fazer naquela apetitosa ilha da burocracia nacional, incumbida, entre outras tarefas, de arrecadar a renda de todos os consulados brasileiros, pagar os vencimentos do corpo diplomático e consular, dos adidos militares e comissões diversas, além de atender os serviços da dívida externa e todos os pagamentos de compra de material no exterior. Mas não se morria de trabalhar; os vencimentos eram consideravelmente mais gordos que os pagos no Brasil e ainda por cima vinham em libras esterlinas, e mais, no bem-bom cosmopolita da capital do então frondoso Império Britânico.

A punição pedida pelo coronel Guimarães acabou sendo um prêmio para o zeloso conferente de bagagens da Alfândega do Rio de Janeiro.

"Sabe que o nosso Ovalle vai para Londres como 1º escriturário da Delegacia Fiscal?", anunciou Manuel Bandeira a Mário de Andrade em carta de 7 de agosto de 1933. "Bruta ajuda de custo e ordenado de embaixador!" Só lamentava o longo tempo que passaria longe do amigo: "Deus permita que eu não morra para ver o Ovalle *retour de Londres*!".

Bandeira deu a boa nova também a outro amigo comum, o contista António de Alcântara Machado, em São Paulo:

> A grande novidade por aqui é que o nosso Ovalle foi nomeado para a Delegacia Fiscal em Londres, para onde parte no próximo dia 27 no *Arlanza*. Anda numa grande agitação. Acorda às 3 da madrugada para rezar alto. Tem tocado muito violão. O Gilberto Freyre, que veio rever as provas do livro,* instalou-se na casinha da ladeira de Santa Teresa para dar umas tinturas de inglês a ele. Todos os dias tem uma roda para almoçar e jantar. Ele e o Gilberto só falam no tom de voz do Ascenso Ferreira. Pena v. não estar aqui para apreciar.

A nomeação saiu em 5 de agosto de 1933 e Ovalle se pôs imediatamente em preparativos para a viagem. Tratou, antes de mais nada, de tomar as aulas de inglês de que Manuel Bandeira deu notícia a Alcântara Machado. Era compactamente cru nesse idioma – no qual, adiantemos, ja-

---

* *Casa-grande & senzala* (1933).

mais chegará a se expressar a contento, mesmo depois de haver passado quatro anos em Londres e outros tantos em Nova York, e de uns bons oito anos de namoro, noivado e casamento com uma americana, a escritora Virginia Peckham, para não mencionar pelo menos duas nativas com quem, para o trabalho e o para o amor, quando não para ambos, se envolveu na Grã-Bretanha.

Gilberto Freyre soubera da novidade no Recife, pelo não menos pernambucano Cícero Dias, que lhe escreveu do Rio: "Ovalle me disse que vai para Londres ganhando dez contos de réis", anunciou o pintor. "É um bicho, e vai se demorar, tem mais esta."

Melhor professor de línguas não poderia haver, lembrará seis décadas depois o mesmo Cícero Dias: "Gilberto falava inglês correntemente, conhecia muito literatura inglesa, era talvez o único escritor brasileiro que já tinha lido o *Ulysses* de James Joyce".

Pouco afeito ao estudo, Ovalle penava, para enorme comiseração de Siá Rosa, a velha cozinheira da casa, que, vendo o patrão debruçado sobre cadernos escolares, comentou com Gilberto Freyre:

– Coitado do *seu* Jayme! Nessa idade, aprendendo a ler...

A boa senhora marcou presença na cozinha, em sentido literal, da literatura e das artes de seu tempo. Quando Ovalle partiu para Londres, foi "herdada" por Gilberto Amado, que a ela irá se referir em suas memórias como a "Rosa Preta", pois empregava outra Rosa, essa de pele clara. "Dos cuidados caseiros e exigências da mesa se encarregavam as minhas duas Rosas", escreve Amado em *Depois da política*:

> a Rosa Branca, a arrumadeira, portuguesa recém-chegada da terra, alvíssima, alta, magra, cabelos abertos no meio, braços compridos, pulseiras, argolas de metal, riso largo e fala corretíssima, difícil às vezes de entender, e a Rosa Negra, preta focinhuda e velha, dulcíssima de modos, legado de Jayme Ovalle. De uma paciência incrível, aprendida e aprofundada não só na convivência com o poeta como pela necessidade de suportar os sustos que lhe pregava o filho, molecão indisciplinado, turuna de morro, Rosa

> Negra, cozinheira incomparável, demorou comigo até a minha partida para o Chile nos fins de 1935. Levou um sumiço depois... Já não a encontrei à minha volta ao Brasil.

Também para o improvisado professor de inglês aquela foi uma experiência de aprendizado. Pôde conhecer Jayme Ovalle intimamente – e assim descobrir que na verdade nele conviviam quatro Ovalles, "nem sempre inteiramente harmonizados num só". Um deles, o servidor público, escreve Gilberto Freyre, "chegava a ser perfeito":

> Correto, pontual, honesto. Um inglês puritano no modo por que cumpria os deveres de funcionário da Fazenda. Daí ninguém podia adivinhar que dentro desse burocrata perfeito houvesse um boêmio. Nem que ao lado do boêmio houvesse um místico e ao lado do místico um poeta. Havia. Conheci Ovalle de perto. Morei com ele durante algum tempo na Ladeira da Glória. Sei que nenhum desses quatro Ovalles era falso. Todos eram verdadeiros. Todos eram autênticos. O milagre estava em se equilibrarem sem o boêmio ser de todo abafado pelo burocrata ou o poeta pelo místico. Místico, às vezes, desvairado. [...] Era assim Ovalle. Surpreendente. Contraditório. Místico, dramaticamente místico, um dia; e no dia seguinte, o burocrata de sempre: correto, pontual, objetivo. Inglês até no monóculo.

Fascinava Gilberto Freyre a naturalidade com que em Ovalle coexistiam misticismo e sensualidade. "Quem mais místico, dentre intelectuais brasileiros da época de Manuel Bandeira, do que Jayme Ovalle?", indagou ele no prefácio à primeira edição do livro em que Edson Nery da Fonseca reuniu poemas de Bandeira com motivos religiosos: "Ao mesmo tempo, quem mais sensual?" A experiência de coabitar com Ovalle proporcionaria a Gilberto ilustrações de tão delicada mescla, sob a forma de acontecimentos em que poesia e bizarria rimavam à perfeição. Dois deles, contados em outro texto do sociólogo pernambucano:

> Uma vez, eu dormia tranqüilamente na casa da Ladeira da Glória, quando fui acordado por Ovalle para olhar com ele a lua. Parecia-lhe estranha. Talvez anunciasse a segunda vinda de Cristo. Contado assim, o incidente pode parecer inteiramente banal. Boêmia de quem se excedera no uísque ou no conhaque. Mas não era boêmia: era explosão de misticismo. Misticismo intenso, dramático, trágico. Outra vez acordei com Ovalle chorando. Chorando alto. Fui ao seu quarto e encontrei-o a esbofetear-se. Parecia um louco. Chorava e gritava: "Apanha, judeu! Apanha, judeu!". Explicou-me que se sentia judeu e responsável pelas judiarias dos outros judeus com Cristo.

Mais de um amigo, em distintos tempos e lugares, testemunharia ou daria notícia do espetáculo de Ovalle a golpear o próprio rosto, em prantos, mortificado ao cabo de uma de suas refregas com o Altíssimo – pois com Ele não raro discutia, como já se disse, e de igual para igual, sem saber no início qual dos dois sairia vencedor. Às vezes, emburrado, virava o crucifixo, pondo o Interlocutor de castigo, com a cara para a parede. Na casa da ladeira de Santa Teresa, o palco dos entreveros entre o poeta e o Criador costumava ser o quartinho sem janelas onde, conta Manuel Bandeira, "o Místico acordava às vezes no meio da noite para esbofetear-se, clamando diante do crucifixo: – 'Apanha, judeu! apanha, judeu!'. E o pranto lhe corria abundante pelas faces maculadas".

Como tudo o mais no folclore ovalliano, porém, o relato de tais cenas tendia ao exagero – demasias da imaginação de que o próprio Gilberto Freyre parece não ter escapado. O escritor Josué Montello registra em seus diários um jantar de 1982 em que o sociólogo, ao reviver fatos presenciados na ladeira de Santa Teresa, carregou nas tintas, acabando por compor a imagem de um Ovalle masoquista: nesse seu relato, meio século depois, as mãos a estapear as faces se haviam convertido em "um chicote, com um ferro na ponta", com o qual o falecido amigo "flagelava-se com força, com vigor".

Em todas as narrativas, só não varia o refrão:

– Apanha, judeu! Apanha, judeu!

Desse mesmo capítulo, o da pura invencionice, provavelmente faz parte outra história, que Fernando Sabino, no perfil "Um gerador de poesia", atribui a Ovalle. Numa recepção em Paris, nos anos 30, ele teria sido apresentado como grande compositor brasileiro, o que bastou para que os presentes começassem a pedir que tocasse alguma coisa de sua lavra. Arrastado até o piano, Ovalle, relutantemente, limitou-se a batucar um dó-ré-mi com um dedo só. Alguém o chamou então ao dever, exigindo que tocasse de verdade.

– Cada um faz o sabe – teria retrucado Ovalle, se para isso o seu francês fosse suficiente. – Eu toco, mas só se você me der um beijo.

O outro era Charles Boyer, o famoso galã de cinema por cujos braços – e lábios – passaram, entre outras beldades, Loretta Young, Marlene Dietrich e Greta Garbo.

Ainda que distorcidas pela fantasia de quem as contava, havia nessas histórias um fundo de verdade – ao contrário de outros relatos que, de ponta a ponta imaginários, acabaram sendo atribuídos a Jayme Ovalle. Um deles, publicado num jornal carioca após o seu falecimento, afirmava que ele, pressentindo o fim, fizera as contas e concluíra: ia durar mais dois anos. Vendeu então tudo o que tinha, dividiu o dinheiro em 24 parcelas e se entregou a uma bem calculada boemia terminal. Para sua surpresa e até decepção, em vez de acabar-se, Ovalle se pôs a engordar, cada vez mais saudável. Conformado, suspendeu a esbórnia, voltou a trabalhar e, aos poucos, recuperou o patrimônio que havia torrado.

As lições do professor Gilberto Freyre não se limitaram ao *the book is on the table*. Com a experiência de quem já rodara um pedaço de mundo, ele prodigalizou também conselhos práticos ao aluno. Um deles: tratasse de viajar num barco britânico, e não em navio do Lóide Brasileiro, mais barato, como costumavam fazer funcionários brasileiros em missão no exterior, para assim embolsarem parte da ajuda de custo recebida do governo. Seria um jeito bom de ir praticando seu inglês na arrastada travessia do Atlântico. "Você já chega lá sabendo pedir um bife", argumentou Gilberto.

Ovalle comprou passagem não para o *Arlanza*, como anunciara Bandeira a Alcântara Machado, mas para o vapor britânico *Asturias*, da Blue Star Line, e, excitado, emocionado, viu aproximar-se o dia da viagem.

"A última manhã do místico na casinha da ladeira foi uma coisa tão comovente que eu não sei contar", registrou Manuel Bandeira numa crônica sentida, "O místico", sobre a partida do amigo:

> E eu gostaria de contar como o encontrei com a cara entregue ao barbeiro, as mãos a d. Nazaré, distinta manicura, formosa mulher de pele gorda e alva... Em torno todo um corpo de técnicos – o alfaiate que viera arrumar as malas, o professor de inglês (da Stanford University), o poeta-procurador, etc. A toda hora o telefone tilintava: eram os "chamados misteriosos" que vinham da Lapa, de Copacabana, da Ilha do Governador, todos com lágrimas, com soluços. E o místico foi-se embora.

O professor da Stanford University era, claro, Gilberto Freyre, e "poeta-procurador", ele próprio, Manuel Bandeira. Quanto aos "chamados misteriosos" ao telefone, nem Bandeira saberia identificar de quem partiram.

Ovalle teve embarque festivo e concorrido. Parentes, amigos e colegas, recordará Cícero Dias, foram acompanhá-lo à praça Mauá em grandes carros abertos. Alto funcionário da Alfândega, não foi difícil ao viajante conseguir autorização e todo mundo subiu a bordo para uma saideira no bar do *Asturias*.

Na hora da partida, baixou uma espessa e unânime tristeza. Ninguém, conta o pintor pernambucano, chorou mais do que o viajante. De volta à terra firme, Manuel Bandeira sentiu-se na obrigação de se desculpar com Cícero. Tempos antes, como já se disse, o artista havia pintado um painel na saleta da casa de Ovalle, aquele em "aniagem ordinária" de que fala Bandeira – e, às vésperas da viagem para Londres, tivera a idéia de salpicar algumas lágrimas na carantonha de uma lua dependurada sobre a paisagem do Rio de Janeiro. Era seu modo de expressar a tristeza que a saudade de Ovalle já causava nos amigos.

Quando, dias antes do embarque, viu o painel retocado, Manuel Bandeira protestou: imagine se haveria choro na praça Mauá! – e exigiu que o pintor enxugasse aquelas lágrimas. Assim foi feito. Mas agora, na despedida, Bandeira via todos, ele próprio inclusive, na maior choradeira... "E pensar que eu fiz você mudar o seu painel...", penitenciou-se com Cícero. Mais tarde, registrou em crônica a desolação geral:

> Os amigos do místico que fomos levá-lo a bordo do *Asturias* voltamos do cais com a sensação penosa de ter perdido por alguns anos aquele que melhor sabia comentar e interpretar para nós a vida da cidade carioca, porque a sentia de instinto melhor que ninguém. E sobretudo a vida da Lapa, reduto carioca tão diferente de tudo o mais.

Meses depois, Bandeira continuava inconsolável – a tal ponto que, em homenagem ao parceiro ausente, imaginou rebatizar um dos cenários cariocas de suas andanças noturnas com ele. "Quando atravessaremos juntos de novo a praça Jayme Ovalle?", perguntou o poeta em carta a Gilberto Freyre no final de março de 1934, explicando tratar-se do "antigo Largo da Lapa".

Também Augusto Frederico Schmidt pôs no papel a sua dor pela perda provisória do amigo. No jornal quinzenal *Literatura*, de que era um dos diretores, publicou em 20 de agosto o poema "Ovalle", jamais incluído em nenhum de seus livros e que principiava indagando:

> Esmeralda, onde estão teus noivos?
> Teus irmãos, teus primos, onde estão?
> Onde está teu velho Amor, teu namorado,
> Aquele de antigamente, que vagava nas ruas?
> Onde estão teus sonhos, Esmeralda?

A lua de Londres roubou meu noivo
A lua de Londres fugiu do céu.

Outro poema de Schmidt – "Segunda morte de Luciana", título trocado para "O Martírio das luzes da ladeira" quando entrou em livro – também lembrava Ovalle:

São as estrelas do céu para onde subirei com os anjos
e com o Santo da Ladeira que espantou o demônio dos meus ombros.

Como previra Gilberto Freyre, Jayme Ovalle já tinha autonomia lingüística para pedir um bife quando desembarcou em Londres. Seu maior problema, na chegada, era de outra ordem: como entender-se com as autoridades inglesas, que, perplexas, o viram baixar à terra em companhia de um macaco? Sim, porque ao desembarcar no civilizadíssimo umbigo do Reino Unido, aquele senhor de monóculo se fazia acompanhar de um irrequieto primata.

Há duas versões para o episódio. Uma delas dá conta de que Ovalle, a bordo do *Asturias*, arrematou o bichinho num leilão. A outra: numa escala da viagem, ainda no Brasil, um dos tripulantes do vapor inglês embarcou o animal, cujas momices imediatamente o converteram em objeto de atenções de todos. Em especial a de alguns passageiros argentinos, que passaram a chamá-lo de "brasileirinho". Isso teria bastado para que Ovalle, ferido em seus brios nacionalistas, e movido sabe Deus por quantas talagadas de uísque, decidisse adquirir o espevitado compatriota, que se chamava George. O primeiro e último animal que ele teria na vida – afora, talvez, certa pomba que pousará num parapeito e no seu coração na década seguinte, no Rio de Janeiro, episódio que a seu tempo será contado.

Na alfândega em Londres, previsivelmente, os colegas britânicos de Ovalle não permitiram que o *douanier* brasileiro desembarcasse tão simiesco passageiro – exigiram que o macaquinho cumprisse quarentena antes de pôr as patas em território de seu xará, Sua Majestade o rei George v.

Cumprida a formalidade, Ovalle foi buscá-lo e o meteu numa bela gaiola que mandara fazer, instalada a seguir em lugar de honra na sala de sua casa. Mimado, o brasileirinho não tardou a se esparramar em inconveniências. Era ver uma dama ou senhorita e, sem maior cerimônia, se entregar a animada masturbação. Escancarava as ventas e, se captasse sinais de que a visitante estava menstruada, tratava de anunciá-lo ao mundo com constrangedor estardalhaço.

Era melancólica, porém, a existência de George em Londres, uma vez que seu dono passava o dia fora, na Delegacia do Tesouro. De raro em raro o levava para passear – e numa dessas ocasiões o inusitado do espetáculo fez cair o queixo a uma jovem inglesa de quem Ovalle se tornara amigo. Décadas depois, ela ainda se lembraria daquele senhor grisalho e circunspecto, de terno preto, chapéu-coco (ou *downtown*, como também se dizia), monóculo e, às vezes, bengala, a conduzir pela corrente, em plena Londres, um buliçoso macaquinho.

A solidão de George não chegou a ser grandemente aliviada quando, no início de 1934, o sobrinho Murillo Hermes da Fonseca, então com dezenove anos, chegou à Inglaterra para viver um tempo sob as asas do tio. Naquela família de militares, sua mãe, Leolina, mulher do capitão Euclydes Hermes, aquele do episódio dos Dezoito do Forte, sonhava com um filho civil e diplomata – e eis que o irmão, recém-chegado a Londres, lhe soprou a idéia: por que não mandava o menino estudar engenharia na Inglaterra?

O rapaz, que sem muito entusiasmo estava cursando a Escola Militar, em Realengo, tomou o navio alegremente. Matriculado como interno numa universidade nas imediações de Londres (onde, bem mais taludo que os colegas, causaria sensação entre eles ao empunhar a navalha para barbear-se), só ia a Londres nos fins de semana. Não chegava a ser, portanto, uma companhia para o desterrado George.

No primeiro inverno que enfrentou em Londres, o macaquinho acabou contraindo uma pneumonia. Salvou-se, ao cabo de aparatoso tratamento, mas o veterinário recomendou ao dono que o doasse ao zoológico de Londres, onde teria melhores condições de vida. Tio e sobrinho foram levá-lo ao Zôo. "No dia seguinte", contará Vinicius de Moraes a seu biógrafo João Pecci, Ovalle "foi visitar o bichinho, na esperança de que o reconheceria, e o macaquinho a ele..." – e ficou desapontado ao ver que o antigo *roommate* "já estava enturmado". Mesmo cercado de semelhantes seus, no entanto, o desditoso George não tardaria a morrer.

Não fora o bichinho o único companheiro de Jayme Ovalle na travessia do Atlântico, a crer no que relata Alvaro Moreyra em *As amargas, não...* "No mar", escreve o cronista gaúcho, o viajante

> não conversava com ninguém: – Eu me sentia com espírito de peixe. – No vapor que o conduziu, pela Mancha, de Calais à Inglaterra, fez camaradagem com um padre irlandês. O padre morava em Londres, e quis que Ovalle fosse morar na casa dele. Ovalle foi. Quatro dias depois fugiu: – Vi que estava perdendo a fé...

O anedotário de Ovalle viajante não se esgota com o sacerdote irlandês e o macaquinho brasileiro. A Fernando Sabino ele contou a história de um sujeito que conheceu a bordo de um navio – quem sabe o mesmo *Asturias* que o levou à Inglaterra –, com o qual fez amizade e que, certo domingo *al Mare*, recusou convite seu para ir com ele à missa. Já maduro, esse homem carregava ainda a mágoa de um episódio vivido na infância, quando, no confessionário, revelou ter furtado vinho de missa na adega do colégio interno – e no mesmo dia viu seu pecado chegar ao conhecimento geral. Por anos carregou a ressentida certeza de que o confessor o havia traído, razão pela qual nunca mais quis saber de padres. Paciente, Ovalle o fez debulhar o episódio – até que o próprio pecador se desse conta de que, na verdade, fora dedado não pelo padre, mas pelo barbeiro do colégio, que lhe ensinara o jeito de chegar ao vinho guardado na adega. "Como é que na época não me ocorreu...", boquiabriu-se o homem – e, pela primeira vez em décadas, tangido por Ovalle, foi ouvir a santa missa.

Em 13 de setembro de 1933 Jayme Ovalle tomara posse na Delegacia do Tesouro, instalada na Lexington Street, em plena City, o distrito financeiro da capital inglesa. Como na Alfândega do Rio de Janeiro, ele foi ali um servidor aplicado, tanto que ao se desligar do posto, quase quatro anos mais tarde, o delegado Oscar Bormann, responsável pela repartição, julgou oportuno oficiar ao diretor-geral da Fazenda Nacional, na farpada prosa dos burocratas:

> Afirmo a V. Excia. que todo o pessoal da Delegacia vê com pesar o afastamento de tão distinto colega, que sempre prestou à repartição o melhor de seu esforço. Apreendeu com facilidade os serviços da repartição, pelos quais teve sempre dedicação invulgar. Daí o cabal desempenho que deu a todos os encargos que lhe conheceram.

Em meio à papelada que forrava a sua tediosa rotina, o "Segundo Escripturario da Alfandega do Rio de Janeiro, em comissão nesta Delegacia" Jayme de Rojas Ovalle certamente encontrou uma ilha de satisfação quando, em setembro de 1934, lhe coube ajudar a resolver o problema de um amigo – o pagamento de gratificação mensal a Raul Bopp, o poeta de *Cobra Norato*, então cônsul de terceira classe, encarregado do consulado brasileiro em Kobe, no Japão.

O dia-a-dia na repartição foi adoçado pelo convívio com o sergipano Mário Guaraná de Barros, titular da Delegacia do Tesouro, de quem se tornaria vitalício amigo e admirador. O afeto que ali nasceu entre os dois se estenderia para além da morte de Ovalle, duas décadas mais tarde, quando Guaraná passou a ser, para a viúva do compositor – que o chamava de "Paizinho" –, o mais sólido apoio e amparo no Rio de Janeiro. O amigo sergipano cuidaria, além disso, de trazer de volta para o português parte da poesia que o amigo fizera nascer em língua inglesa.

Instrumental para isso não lhe faltava, pois Guaraná de Barros era poeta – sem livro, mas poeta. Integrara, no início do século, um grupo de jovens simbolistas capitaneado por João do Rio e do qual faziam parte, entre outros, José do Patrocínio Filho e Joaquim de Salles, o futuro autor de *Se não me falha a memória*. Nele pontificava, não exatamente por feitos literários, o extravagante e folclórico Camerino Rocha, poeta de muito dinheiro, algum talento e pouco verso, morto ainda moço, de quem se dizia dispor de um criado inglês autêntico, filho deserdado de um não menos genuíno lorde, e que ao final das refeições tinha por hábito quebrar a porcelana de Sèvres em que acabara de comer.

"Alguns deles fizeram alguma coisa no campo da literatura; outros foram absorvidos por atividades mais remuneradoras", escreve Brito Broca ao falar desse grupo em *A vida literária no Brasil – 1900*. "Muitos não passaram de vocações frustras", acrescenta Vivaldo Coaracy. De forma geral, eram menos notórios pelo que escreviam do que sua iconoclastia – compraziam-se em hostilizar Olavo Bilac, à época a própria glória literária feita carne.

Guaraná de Barros, o amigo de Ovalle, foi, conta Brito Broca, um dos jovens escritores selecionados para escolher, pelo voto, os dez membros efetivos da uma Academia dos Novos, versão brasileira da francesa Goncourt, que, com algum espalhafato, se pretendeu criar em 1911 e que não foi para frente: acabou, antes de começar, num ridículo duelo entre José do Patrocínio Filho e o jornalista J. Ferreira de Vasconcelos – que, segundo o jornal *A Imprensa*, "trocaram tiros de pistolas, passando as balas a silvar sem tocar nenhum dos adversários".

Ex-seminarista do afamado colégio Caraça, de Minas Gerais, Guaraná falava latim como se fosse língua viva – e desse idioma se valeu, vida afora, para se comunicar com os padres nas igrejas onde entrasse, em qualquer canto do mundo. Ao desistir da carreira eclesiástica, tirou não só a batina como, avidamente, o atraso – casou-se três vezes e teve nove filhos.

Sua última esposa foi Nina – a jovem inglesa de quem já se falou, testemunha ocular dos passeios de Jayme Ovalle com o macaco George. Chamava-se, na verdade, Manina, por força de lamentável acidente onomástico. O avô, sueco, aprendeu o português e, tendo se encantado com a palavra "menina", quis que a neta assim se chamasse. Mas a mãe não conhecia a língua e, na hora de registrar a criança, trocou uma vogal – o que levaria a envergonhada portadora do nome a se refugiar nas duas sílabas de seu apelido.

Guaraná, que se casou com Nina já de volta ao Brasil, em 1935, teve com ela três filhos – dos quais uma afilhada de Ovalle, Lilita, a "Pupa". O poeta morreu sem publicar livro, em 1974, com noventa anos de idade – pelo menos assim supunha a viúva, a quem o marido jamais revelou a data de seu nascimento.

O Ovalle de Londres, de quem Nina se lembrará a tocar "Azulão" ao piano, era "um homem alegre, mas com pensamentos às vezes um pouco tristes". Quase duas décadas antes do nascimento da filha única, Mariana, ele costumava indagar, não sem angústia: "Será que eu vou ser pai?". Sentimental, levou para Nova York, em 1946, uma foto de Pupa aos dois anos de idade, e a pôs em cima do piano. "Estou olhando a toda hora para os dentinhos de minha afilhada", contou numa rara carta aos pais da menina. Para ela deixaria, ao morrer, alguns terrenos em Jacarepaguá.

Jayme Ovalle gostou instantaneamente de Londres, cidade da qual levaria boas lembranças, de mistura com *boutades* bem ovallianas. De volta ao Rio, divertia os amigos ao falar, por exemplo, do inexplicável zunzunzum que na capital inglesa lhe enchia os ouvidos o tempo todo. Até descobrir, dizia, que eram milhões de educados ingleses a cochichar discretamente.

Sua primeira residência na capital inglesa foi uma velha casa que em outros tempos havia sido uma estrebaria, nas imediações do Hyde Park. Não gostou do lugar onde, por inadvertência, fora amarrar seu burro, e não passou ali mais de dois, três meses: para quem queria ouvir e fazer música, havia barulho demais, muito além daquele perpétuo cochicho londrino.

O macaquinho George ainda lhe fazia companhia quando se instalou, em seguida, num apartamento térreo, de dois quartos, num prédio de quatro pavimentos, no número 16 da exclusivíssima Park Lane, naquele que era então considerado o bairro mais elegante de Londres. As vizinhanças fervilhavam de celebridades, razão pela qual tudo por ali, mesmo uma corrida de táxi, custava mais caro. Park Lane, haverá de se lembrar Murillo Hermes da Fonseca, era conhecida como "a rua dos artistas de cinema". O prédio de Ovalle seria arrasado dez anos mais tarde por uma bomba incendiária despachada da Alemanha nazista, e em seu lugar, pelo final do século, se ergueu um hotel.

A nova moradia tinha saleta de jantar e uma sala grande onde o inquilino instalou um piano alugado e a gaiola de George. Vinicius de Moraes – que lá não esteve, pois quando chegou à Inglaterra, em agosto de 1938, para estudar em Oxford, Ovalle já tinha voltado para o Brasil – exagerou no ascetismo que atribuía do compositor ao descrever, num perfil do amigo, "uma casa mobiliada apenas de uma cama, um harmônio, um violão (instrumentos com que compunha) e umas poucas garrafas de uísque", além de "um macaquinho comprado na travessia do Atlântico".

Augusto Frederico Schmidt, esse sim, visitou o apartamento e fez dele uma evocação mais literária no artigo "Ovalle em Londres", publicado poucos dias depois da morte do companheiro de juventude. "As janelas do teu quarto em Park Lane", escreveu,

> certas noites se abriam de repente e por elas entravam os espíritos vagabundos. Bebiam contigo, mexiam em teus armários, quebravam a tua louça, alguns puxavam-te os cabelos e faziam-te cócegas, outros afagavam teu rosto, onde a barba crescia difícil e dura.

Anos mais tarde, quando um passeio de automóvel o fez passar casualmente por Park Lane, Schmidt viu acender-se uma lembrança forte de Ovalle:

> Penso no estranho homem de Deus, que, abrindo de madrugada as janelas, deixava incautamente penetrarem anjos no seu quarto... "Mas anjos não necessitam que janelas ou portas se abram, penetram de qualquer maneira" – objetava-lhe eu. "São seres incorpóreos." "– Engano seu" – respondia-me Ovalle. – "Os anjos respeitam as coisas, principalmente os anjos londrinos. Uma janela fechada é um sinal vermelho. Consideram, porém, que janela aberta, principalmente no inverno, é uma espécie de chamado. E eu me esqueço sempre disso. Quando a fumaça dos cigarros está densa demais, abro as janelas e procuro abastecer-me de uma lufada de vento frio. Entram então os espíritos

> celestes. Alguns, depois de me rodearem, compõem, não sei como, máscaras humanas e as afivelam. E é uma luta. Fazem-me esses emissários de Deus uma série de perguntas, de indiscrições, de rodeios, antes de dizerem o que querem. Perguntam-me pelos meus sofrimentos de amor e, por mais que conheçam a condição miserável do homem, chego às vezes a desconfiar que me invejam...

Sem confirmar o trânsito de espíritos, o sobrinho Murillo admite que Ovalle passava às vezes noites em claro, vendo anjos ou conversando com as estrelas que o *fog* londrino escondia.

Ano e pouco depois de instalar em Park Lane, nova mudança, dessa vez para um apartamento maior, no terceiro andar de um prédio em Mayfair e, como o primeiro, próximo ao Hyde Park. Jayme Ovalle continuou a tomar na estação de Hyde Park Corner o metrô que, antes das oito horas da manhã, o levava para o trabalho. Almoçava no centro da cidade e por lá ficava até o final da tarde.

Nesse terceiro e último apartamento esteve, em janeiro de 1936, José Carlos de Gouvêa Isnard, o futuro bispo d. Clemente Isnard. Para o rapaz, que aos dezoito anos visitava Londres em companhia da irmã, Isabel, aquela foi uma noitada inesquecível, mesmo porque começou a nevar e, como nunca tivesse visto neve, foram todos para a janela do apartamento de Ovalle, apreciar com ele o espetáculo.

Em abril daquele ano, José Carlos ingressaria no Mosteiro de São Bento, no Rio de Janeiro. O escritor Antônio Carlos Villaça contava que o pai de José Carlos, o judeu francês Ernest Isnard, próspero comerciante, teria comentado, com bom humor, ao saber que o filho preferia a vida religiosa a um futuro no mundo dos negócios: "Meu consolo é que o patrimônio do mosteiro é bem maior do que o meu...". De fato, era. Ainda assim, contará d. Clemente, o velho Ernest deu substancial ajuda financeira ao mosteiro depois que seu garoto lá entrou.

Dispunha Ovalle, no espaçoso apartamento em Mayfair, de um conforto que possivelmente nunca mais voltou a ter. Não precisava preocupar-se com a comida, preparada por *miss* Bruel, arrumadeira que também cozinhava (salvo aos domingos, quando Murillo assumia o fogão). Era feiíssima e se comunicava num *cockney* arrastado. Quando, de manhã, o patrão lhe perguntava como estava o tempo, *miss* Bruel entoava: "*Beautiful dáy*!". E havia o luxo de um autêntico mordomo inglês, que se encarregava de rigorosamente tudo. De manhã, ia perguntar a Ovalle que roupa desejava vestir, para tirá-la do armário e deixá-la em condições. Passava a ferro não só os ternos e as gravatas como, para pasmo de Murillo, também os cadarços dos sapatos, que engraxava com esmero. Para arrematar a paparicação, ajudava o dono da casa a se vestir.

A mordomia era extensiva ao sobrinho, quando este lá pousava. Mesmo depois que deixou o internato e foi morar numa pensão em South Kensington, o tio o manteve sob sua proteção, fiel à promessa que fizera à irmã Leolina de cuidar dele. Pagava-lhe todas as despesas e lhe dava um dinheirinho para o fim de semana. Mas não dispensava a prestação de contas.

Quando Murillo se formou na universidade, Ovalle conseguiu estágio para ele numa companhia de seguros. Tão logo embolsou o primeiro salário, no começo do inverno, o rapaz gastou-o inteiro – eram dez libras, conta – na compra de um casaco de frio. O tio ficou furioso:

– Como você teve a ousadia de gastar dez libras sem a minha autorização?! – ralhou. – Você tinha que me entregar essas dez libras, que me pertenciam, e eu compraria o casaco, que poderia custar cinqüenta.

Para que se tenha uma idéia dos valores em questão: na Londres daquela época, o aluguel de um apartamento de dois quartos em Regent's Street custava 150 libras – por ano.

Também consigo mesmo Ovalle era extremamente criterioso no trato com o dinheiro. Aplicava o seu quase sempre em títulos da dívida brasileira em Londres – dizia ser aquela "a melhor aplicação a favor do Brasil". Mas não era apenas por patriotismo que vivia conferindo o saldo de suas aplicações. Queria ter controle sobre cada xelim que entrasse ou saísse de seus bolsos. Curiosamente, o sobrinho nunca o viu preencher um cheque – tinha uma letra tão ruim, de quem não gosta de ler, que a sua assinatura, diverte-se Murillo, talvez não fosse aceita...

Foi naquele apartamento de Mayfair que o artista Jayme Ovalle viveu a sua fase mais fecunda como compositor e como poeta, não sem um esforço, espantoso e comovente, para superar suas limitações num e noutro terreno.

De seu trabalho como músico na temporada londrina já se falou aqui – as maratonas, com a ajuda do jovem pianista Manoel Antônio Braune, para polir e transcrever composições novas e antigas em partituras em seguida enviadas a Manuel Bandeira para que fossem impressas na Casa Arthur Napoleão, no Rio de Janeiro.

Ao mesmo tempo, Ovalle cuidava também de sua obra poética. São dessa época os *Poemas ingleses*, cerca de quarenta, em geral bem curtos, alguns deles mais tarde publicados no Brasil em traduções de Manuel Bandeira e Abgar Renault, e também um poema longo – cerca de cinqüenta páginas datilografadas –, *The Foolish Bird*, que mais de meio século depois de sua morte continuava inédito. Audacioso, queria escrever em inglês, embora, como se disse, estivesse longe de dominar o idioma. Seja como for, deslanchou no terreno da criação literária, assim como no musical. O sobrinho Murillo acredita que o isolamento, inclusive o lingüístico, possa ter favorecido o surto criativo de Ovalle em Londres.

Como a escrevinhação do tio jamais se traduzisse em cartas, era por Murillo que os amigos, no Brasil, se inteiravam das novidades londrinas de Jayme Ovalle. "O místico não escreve carta", queixou-se Manuel Bandeira a Gilberto Freyre em março de 1934:

> De vez em quando passa um telegrama em que deve gastar os culhões, fazendo literatura a 7$500 a palavra. Por exemplo: "Londres infinito humano inconcebível" etc. Uma pessoa que veio de lá contou que ele fez amizade com um padre. Não se sabe se é inglês, brasileiro ou... hispano-americano.

Dois meses mais tarde, em todo caso, Bandeira teria o que anunciar a Gilberto:

> As notícias do Ovalle são sensacionais. Já fala inglês (erramos! O místico tem reservas desconhecidas!), só anda de chapéu coco e não compreende mais a vida fora de Londres! Tem cinco criados e está ditando um livro em inglês para um inglesa magra e feia que "tem um verdadeiro fanatismo por ele" – palavras do sobrinho em carta.

Em janeiro do ano seguinte, o poeta voltou a queixar-se a Gilberto da abstinência epistolar ovalliana, que então se tornara absoluta:

> O místico nunca mais deu notícia nem por telegrama. Mas pelo sobrinho manda espalhar uma porção de intrujices. A última novidade é que está escrevendo a vida de um santo: "São Sujo". Em inglês, naturalmente. Mas Tatí* mandou contar que ele não sabe uma palavra de inglês.

Duas semanas mais tarde, mais queixumes bandeirianos: "Que silêncio, do nosso místico! Escrevi duas cartas a ele, ou três, acho que três. Tudo sem resposta. Um desdém absoluto". Em maio, contudo, o poeta está em condições de repassar novidades londrinas a Gilberto Freyre:

> Tenho notícias frescas do místico. Indiretas, está claro. Ele não escreve nem à irmã. Sabe-se das cousas pelo sobrinho. A última novidade são poemas ingleses! Mando-lhe cópia e queria estar perto de você para gozar das suas gargalhadas espirradas. O sobrinho mandou isso com muito mistério, dizendo que foi tirado de um grosso caderno onde há para mais de cinqüenta poemas assim. Quando a Leolina (a irmã do O. casada com o Xiru**) me perguntou o que eu achava, eu respondi sem pestanejar: Acho que deve ser mistificação! Suponho que o nosso místico contou em língua de trapo alguns sonhos ("Sonhei que um passarinho" etc. etc.) e algum amigo inglês

---

* Beatriz Azevedo de Mello, que será a primeira mulher de Vinicius de Moraes, e que andava então por Londres.

** Euclydes Hermes da Fonseca.

> de bar ou a tal professora escanifrada reduziu a cousa a inglês. Isso me tem divertido a valer e traduzi três dos poemas com esse título Três Poemas ingleses de Jayme Ovalle, para uma revista chic.

Em agosto do mesmo ano:

> O místico continua sem escrever a ninguém, nem à irmã querida. Sabe-se que está vivo pelas cartas do sobrinho. Quando Tatí chegou, contou que ele tinha uma amante chinesa. Abandonou o projeto da "Vida de São Sujo" e está escrevendo (*supposed*) um livro complicado em que há uma discussão entre Cristo e o diabo. Já veio nova fornada de poemas, todos parecendo mais obra da tal inglesa velha. Por sinal que um deles bem bonito.

"A tal inglesa" talvez fosse mesmo "escanifrada", mas ainda não merecia o adjetivo "velha". Assim como recorrera a Manoel Antônio Braune no caso da música, para a criação poética Ovalle contratara os serviços de *miss* Mabel Parker, que o sobrinho Murillo Hermes da Fonseca descreve como uma dama "superinglesa" na faixa dos trinta, quarenta anos de idade e, como *miss* Bruel, nem um pouco atraente – tinha, ele conta, olhos desprovidos de pestanas e o cocuruto guarnecido de mechas descoloridas. Apesar de tão minuciosa feiúra, a mulher de Ovalle, Virginia, a ela irá se referir com suspicácia, muito depois, como tendo sido, para ele, "secretária ou *algo mais*...".

Miss Parker custou a entender por que o lusófono Ovalle não se contentava em dar forma portuguesa aos versos que as musas lhe ditavam. "É que em português ninguém vai ler", justificava ele, determinado a se fazer ouvir *around the world*. Ao amigo Alvaro Moreyra daria uma explicação diferente quando, de volta ao Rio, lhe mostrou os poemas escritos em Londres:

– São em inglês porque eu estava na Inglaterra. Se eu estivesse na China, seriam em chinês. Se eu estivesse em Portugal, seriam em português. No mar, seriam na língua do mar.

Em razão dessa e de outras bizarrias, Mabel Parker tinha o patrão, relata Murillo, na conta de um "extraterrestre". Ela sofreu barbaridade na peleja de transpor para o idioma de Shakespeare o que nem mesmo em sua própria língua Ovalle conseguia expressar satisfatoriamente. Mas a moça o adorava a ponto de, mais tarde, saudosa de seu doce verdugo, tomar um navio para visitá-lo no Rio de Janeiro, onde passou um mês no final dos anos 30. Segundo Murillo, também *miss* Parker poderia ser considerada um pouco extraterrestre, e não apenas pelas características físicas acima descritas: "Era muito esquisita", lembra-se o sobrinho, "assustadiça – se alguém abria a porta de repente, ela tinha um estremecimento".

O vocabulário anglo-saxão do poeta era de uma indigência aflitiva, e não haveria de melhorar grandemente. Quando morava em Nova York, nos anos 40, a sobrinha Doris Rojas de Carvalho o viu comunicar-se com balconistas e garçons à base de "duas palavras em inglês e duas em português". Era também assim que se entendia com suas namoradas britânicas e americanas. No início, pelo menos, não se empenhou em ensinar o português à futura mulher: com algum exagero, Virginia contava que, mesmo tendo convivido com Ovalle em Nova York durante mais de três anos, quando chegou ao Brasil para se casar com ele, em 1950, todo o seu vocabulário se resumia a uma dúzia de palavras, e não das mais úteis na comunicação diária: "Tu não te lembras da casinha pequenina/ onde o nosso amor nasceu...".

Com sua formação escolar deficiente, Ovalle não tinha paciência para a leitura, até mesmo porque, lembra Murillo, o monóculo encaixado na órbita direita "caía muito". Depoimentos diversos confirmam ter sido ele leitor de um livro só, a Bíblia. A Bíblia e os jornais, acrescentava Virginia. "Alguém lembrou que lia, cuidadosamente, o *Diário Oficial*", escreve Alceu Amoroso Lima no artigo "O Saci do asfalto". "Como Stendhal lia o Código Civil, como exercício de estilo, Ovalle lia o *Diário Oficial*, como código de serviço." Volta e meia, porém, derramava-se em elogios à poesia de William Blake, de quem alegadamente era leitor.

Bom ouvinte, em todo caso, Ovalle era, e naqueles anos londrinos costumava pedir a Murillo que lesse para ele. Adorava os poemas de Byron e o *Paraíso perdido* de Milton, cuja leitura acompanhava com o interesse aceso. Se não falava de inglês "mais que o estritamente necessário", conta o sobrinho, tinha extraordinária percepção para a sonoridade dos vocábulos, e com freqüência interrompia a leitura para indagar: "O que quer dizer esta palavra?". Ouvia a tradução e, não raro, ficava pensativo antes de voltar à carga: "Não, me vê um sinônimo". De repente, exultava: "É esta, é esta mesmo!". A palavra recém-garimpada chegava à pobre *miss* Parker, que a encaixava em determinado verso de algum poema em elaboração. Trabalho semelhante iria ocupar Virginia Peckham a partir de 1947, quando os dois se conheceram em Nova York.

Não tardou para que houvesse outra mulher além de Mabel Parker naquele apartamento de Mayfair, e com funções não exatamente literárias. Mal se instalou no novo pouso, Ovalle começou a arrastar asas para a *concierge* do prédio, uma loura alta e magra, de pele muito clara, alegre, charmosa sem ser bonita, de nome Elizabeth, filha de um coronel do exército irlandês. O poeta chamava-lhe "Guinguinha", apelido provavelmente derivado de "gringa" e adoçado com o característico diminutivo ovalliano. A moça, por seu turno, tratava-o de "Tasma", pois se encantara ao ouvi-lo dizer a palavra "fantasma".

"A primeira coisa que o Ovalle fez quando aprendeu inglês foi arranjar uma namorada", contou Mário Guaraná de Barros ao pintor Cícero Dias, numa conversa em Paris. Segundo Murillo Hermes da Fonseca, Ovalle se comunicava com Guinguinha "num inglês misturado", sapecando palavras em português que a obrigava a memorizar. Apesar disso, acrescenta o sobrinho, a moça "jamais chegou a falar português além de 'bom-dia', coisas assim". De alguma forma, porém, inclusive (ou sobretudo) as não-verbais, os dois se entenderiam, e em breve estavam Guinguinha e Tasma trocando arrulhos bilíngües.

Entabularam romance de algum fôlego: quando Ovalle voltou para o Brasil, em 1937, a moça não tardou a vir no seu encalço. Seguiram enroscados por uns bons anos. O *affair* só foi terminar nas alturas de 1946, quando Ovalle se mudou para Nova York.

Guinguinha fez boa camaradagem com o sobrinho do namorado, que a chamava de Beth. Convidou-o a visitar Dublin, onde sua família o hospedou num clube de que era sócia. Em outra ocasião, com Murillo ao volante de um fordinho, Ovalle e Guinguinha empreenderam acidentada viagem pelo continente europeu, em pleno inverno. O grupo, a certa altura, foi engrossado por um amigo de Ovalle, o diplomata brasileiro José Fabrino de Oliveira Bayão, então vice-cônsul em Zurique.

Murillo haverá de se lembrar dessa curiosa figura como um homem tão mulherengo que – dizia-se – para conquistar as moças não hesitou em levar às últimas conseqüências a proposta da célebre toada, trocando, na Bélgica, lições de rendeira por aulas de namoro. Mineiro de Miraí, Fabrino deixaria entre seus colegas no Itamaraty a reputação de um galante pé-de-valsa, notável tanto por sua capacidade de organizar festas como pela quantidade de sapatos e ternos que abarrotavam seu guarda-roupa, e pelo cuidado que tinha em mandar deixá-los regularmente ao sol para evitar o mofo. Um diplomata que serviu com ele fala de um homem dotado de "certa veia poética", à qual recorria não para escrever versos, mas para florear a prosa da papelada burocrática. Encarregado de instalar a embaixada do Brasil no recém-criado Estado de Israel (por indicação do jornalista Samuel Wainer, que era judeu, ao presidente Getúlio Vargas), no início dos anos 50, Fabrino causou espécie, na espartana Telaviv de então, com os jantares que promovia – sempre com dança e smoking, na época bem raros no país.

Não faltaram peripécias naquela viagem a que se incorporou o vice-cônsul Fabrino. Em marcha para a estação de esportes de inverno de Saint-Moritz, na Suíça, foi preciso tomar uma estradinha estreita à beira de um precipício e, como houvesse neve em toda parte, a luminosidade, a certa altura, cegou Murillo momentaneamente, impedindo-o de distinguir o caminho à frente. O fordinho rabeava, resvalava no paredão de gelo em que havia se convertido a lateral da estrada, ou, derrapando para o lado oposto, por pouco não se despenhava no abismo.

Pânico a bordo do fordinho, onde Ovalle não viu outra saída senão sacar o terço e puxar a reza. Murillo, mais objetivo, pediu a Guinguinha que fosse caminhando na frente do carro, para que seu mantô vermelho lhe servisse de sinalização. Foi o que lhes permitiu chegar vivos, muitas horas depois, a Saint-Moritz, onde passaram três semanas no Kulm Hotel, Murillo esquiando e os outros vadiando, antes de embicarem o fordinho rumo à Itália, a escala seguinte da viagem. Ali, lembra-se o sobrinho de Ovalle, o grupo pagou o preço da animosidade que então dividia ingleses e italianos, em disputa pela Etiópia: como o fordinho em que viajavam tinha matrícula britânica, mais de uma vez furaram-lhe os pneus.

O longo *séjour* europeu de Jayme Ovalle incluiu algumas travessias do canal da Mancha para visitar Paris, onde o amigo Di Cavalcanti ia esperá-lo na Gare du Nord. O pintor se divertia com as peças que pregava no avoado viajante. Um dia, ao recebê-lo na estação, surrupiou-lhe a maleta onde levava sua provisão de uísque. Já no hotel, dando pela falta da preciosa bagagem, Ovalle, desesperado, ligou para Di Cavalcanti: "Me roubarão uma valise com uns uísques, e você sabe, eu agora só bebo uísque, sou um inglês, francês só quer saber de vinho, como é que eu vou fazer?". Uma gargalhada gorda do outro lado encerrou o trote: "Estou com o seu uísque aqui, irmãozinho, venha tomá-lo comigo".

Em outra ocasião – contou o pintor em depoimento ao Museu da Imagem e do Som do Rio de Janeiro –, Ovalle foi a Paris com Manoel Antônio Braune, o jovem pianista carioca que contratara para transcrever em partitura as suas músicas. Segundo Di, a essa altura o compositor tinha um carro e o trouxe de Londres. Ao volante, Braune – que, habituado a dirigir na Inglaterra, pegou impávido a contramão, tão logo entrou na capital francesa. Resultado: polícia, multa. O bastante para que Ovalle dispensasse o motorista. Todo dia, passava para ver se o carro continuava onde tinha sido deixado.

– Em francês eu não tenho confiança – resmungava.

Andava lá, nessa época, a cantora Elsie Houston, em quem, segundo Di Cavalcanti, Ovalle se dependurou. "O negócio dele era o seguinte", contava o pintor: "beber bastante, comer muito pouco" – e, na hora de ir para o quarto, arrastar com ele a amiga, com objetivos estritamente musicais. "Ele mandava a Elsie Houston cantar", lembrava o pintor. Com tal freqüência que a moça acabou dando um basta:

– Ovalle, assim não pode ser. Você veio para Paris e não está vendo Paris, não está vendo nada. Me traz para o seu quarto, esse quarto horroroso, fechado, parece o Ceará!, e eu tenho que cantar as coisas suas. Então, eu preciso de um cachê!

Numa daquelas viagens, Ovalle foi procurado no hotel por um rapaz que não conhecia, e custou a se dar conta de que era um michê. Vinha em missão profissional e trazia um cartão: "*Avec les compliments de* Di Cavalcanti". O poeta achou graça e o despachou de volta, não sem antes lhe dar um dinheirinho por serviços que não chegaram a ser prestados.

O pintor brasileiro, homem bem relacionado na noite parisiense, certa vez rebocou Ovalle até um bordel. Na hora de pagar, o compositor percebeu que só tinha libras esterlinas. Discretamente, foi pedir uns francos a Di e acertou a conta. A mulher agradeceu – e piscou um olho, maliciosa:

– ... *aussi à* M. Di Cavalcanti...

Em outra ocasião, numa daquelas madrugadas parisienses, foi o pintor que lhe pediu uns francos emprestados. Ovalle, conta Paulo Mendes Campos na crônica "Di Cavalcanti, painel do Brasil", desandou a chorar:

– Não faça isso, Di, pelo amor de sua mãezinha, não se aproveite da beleza da aurora pra pedir dinheiro. Não seja nunca um gigolô da aurora!

Reeditando em Paris sua estouvada mocidade carioca, o pintor e o poeta multiplicavam-se em aventuras galantes, das quais ficou registro nos versos do poema "As noivas de Jayme Ovalle", em que Augusto Frederico Schmidt evoca, entre muitas outras,

essa noiva de mistério
Noiva de uma noite só,
cuja imagem indefinida,
em Paris se sepultou.
Noiva que Di Cavalcanti,
por acaso, lhe ofertou!
Noiva que é Anjo Perdido
e que numa madrugada

fugiu com os cabelos soltos
e os pés descalços na neve.

Boêmio em Paris, em Londres Ovalle pouco saía de casa. Raras vezes acompanhava o sobrinho Murillo em suas caminhadas pelo Hyde Park. Não há notícia de que tenha movido uma palha para se enfronhar nos meios musicais, literários ou mundanos boêmios da capital inglesa. Mal se relacionou com alguns nativos. Talvez por isso tenha posto uma ponta de remorso no brevíssimo contato que teve com o pintor Salvador Dalí em Nova York, na década de 40, num primeiro, único, fortuito e até surrealista encontro que tiveram, ao lado do Rockefeller Center, debaixo de neve e dos olhos de Fernando Sabino, que narrou o episódio. "Deixei de conhecer Chesterton poucos dias antes de sua morte!" – foi tudo o que soube dizer Ovalle, a propósito de coisa alguma, ante os bigodes nevados de Dalí. Com uma década de atraso, arrependia-se de não ter, em Londres, se aproximado do escritor inglês que tanto admirava, falecido em junho de 1936.

– Está incluído na conta – explicou, e enxugou as três.

Ovalle tornou-se também grande consumidor de queijo *camembert*, que, para horror do sobrinho, deixava amadurecer, intocado, "até quase andar". Mas o que de forma alguma podia faltar era seu uísque – mesmo quando não fosse pelo prazer de degustá-lo.

Quando Ovalle teve uma bursite, o médico prescreveu, entre outros cuidados, uma desintoxicação. Ao saber que teria de tomar injeções, o paciente quase desistiu do tratamento. No hospital, ao desfazer a maleta do tio, o rapaz deu com uma garrafa escondida entre as roupas.

– E você acha – justificou Jayme Ovalle – que eu vou tomar injeção sem beber uísque?

Um poeta

inglês no Rio

7

O Jayme Ovalle que Londres devolveu ao Rio de Janeiro em maio de 1937 já não era apenas o seresteiro que partira quatro anos antes, com muitas canções na cabeça e bem poucas fixadas em partitura. Já não era só o compositor disciplinado que na capital inglesa consolidou e praticamente arrematou a sua pequena obra musical. Foi também como poeta consumado, nada menos do que isso, que os amigos o receberam de volta, a poucos meses de completar 43 anos de idade.

Ali estava não só um poeta como um poeta inglês, trombeteou Augusto Frederico Schmidt em nota no *Diário Carioca* – embora três décadas mais tarde, escrevendo sobre Ovalle morto, fosse admitir: “Do poeta não posso dizer nada, sua obra é um mistério”. Naquele maio de 1937, porém, na euforia do companheiro recuperado para o seu convívio, Schmidt parecia tão seguro do valor dele como escritor que dias depois, ainda no *Diário Carioca*, insistiu no assunto, alegando a incredulidade com que fora recebida a "pequena notícia sobre esse poeta inglês". Reação compreensível, explicou ele:

> A substância poética está em todos os homens; em maior ou menor quantidade mas está sempre, nas almas. A língua, o instrumento, é que é somente dos poucos escolhidos. Acontecer a um homem, porém, o que aconteceu com Jayme Ovalle é então extremamente complexo. O poeta não o era antes da sua permanência na Inglaterra. É verdade que nós, seus amigos, sentíamos a poesia na sua alma. Sentíamos, nas suas frases rápidas, nos seus gestos, o eco remoto do seu mar poético; o barulho das suas ondas, os rugidos e silêncios dos seus crepúsculos marítimos. Mas tudo estava distante, longínquo e perdido. A vida na Inglaterra, o encontro com a língua em que Shakespeare descobriu palavras para dar formas e olhos aos sentimentos humanos, esse encontro operou o milagre de florir no canto ovalliano. A língua inglesa conduziu de repente o mundo interior e tão palpitante de lirismo do poeta, conduziu esse mundo do seu estado caótico e substancial – para a realidade, as linhas, a luz deste mundo novo, objetivo.

Não só Schmidt impressionou-se com a bagagem literária do recém-chegado Jayme Ovalle. "Alguns dos nossos escritores e poetas", anunciou ele, "já têm verificado o alto valor dos livros que esse poeta inglês do Brasil nos trouxe de mistura com as suas malas de viagem" – e, para comprovar a qualidade da mercadoria, apresentou no pé do mesmo artigo quatro poemas de Ovalle ("Aquele cisne adormecido", "Magdalena", "Noite de lua cheia" e "Agora eu canto") postos em português por Abgar Renault, já então estabelecido como grande conhecedor da língua inglesa. Nenhum desses textos, porém, está no livro *Poesia – Tradução e versão*, no qual o poeta mineiro consolidou, em 1994, o seu trabalho com versos alheios.

O entusiasmo de Augusto Frederico Schmidt ajudou a criar um mito que, como o hiperbólico arauto, não cessaria de engordar. Em pouco tempo havia quem falasse já não de malas, mas de "baús" recheados de tesouros poéticos. Anos mais tarde, quando Ovalle foi viver em Nova York, houve quem dissesse ter visto misteriosa produção literária entesourada sob sua cama, no Century Hotel.

Era bem magro, no entanto, o conteúdo dos quiméricos baús ovallianos. Apenas dois livros, datilografados em Londres pela secretária Mabel Parker: *Poemas ingleses* e *The Foolish Bird*. E um terceiro, que por muitos anos ocupou a imaginação do autor e dos amigos próximos, e do qual Manuel Bandeira dera notícia a Gilberto Freyre em janeiro e agosto de 1935, simplesmente não existia. *História de São Sujo* "é o título de uma obra que Jayme Ovalle imaginou mas não escreveu, nem poderia jamais escrever", esclareceu o poeta Dante Milano após a morte do companheiro – e lamentou: com o artista paraense,

> desapareceu da terra um mundo de poesia que nunca foi escrita. Quando ele tentava escrever, as palavras lhe fugiam, as imaginações sumiam; quando largava a pena, as idéias e imagens o assaltavam, em turbilhões.

Nada de tão extraordinário nisso, prosseguiu Milano, uma vez que "no mundo há muita dessa poesia só imaginada, nunca escrita":

> Escrever é outra arte, muito parecida com a paciência do calígrafo, a habilidade veloz do datilógrafo, diferente do vôo da imaginação que se desenvolve no espaço sem dar tempo de ser grafado. As palavras mentem, falseiam, modificam tudo o que a imaginação cria. Quando Ovalle me disse que ia escrever a história de São Sujo, percebi que ele já a havia escrito, toda, numa noite, a noite em que ela a imaginou, mas jamais a escreveria nos dias seguintes. Só o título já vale toda a história, para quem conheceu Ovalle. Relatá-la aos pedaços, folha a folha, com minúcias, seria desfigurar a visão total, que se realizou num momento único. Quem não acredita na inspiração, não conheceu Jayme Ovalle. Do violão tirava apenas acordes, eflúvios; tocava harmônio inspiradamente, com as mãos no teclado e os olhos no infinito.

Aí está, segundo Dante Milano, a chave para entender o artista irrealizado que acabara de morrer:

> Tudo o que pretendia fazer era prodigioso, mas não se dava ao trabalho de realizar. Não podia, não havia tempo. Cada dia para ele era um novo dia diferente, cada noite era outra noite; um momento para ele era uma existência total. Do pouco que resta de sua passagem pela terra, há um livro em inglês, ditado em transe a uma amiga e secretária, e algumas músicas fugitivas e encantadas. E basta. Nem era preciso tanto. De tal homem bastava a presença.

O livro de que fala Dante Milano é *The Foolish Bird*, do qual Manuel Bandeira conservou uma cópia em seus arquivos. Nunca tirou-a de lá: ao contrário do que fizera com a obra musical do amigo, não há notícia de que o poeta pernambucano tenha se empenhado em publicar esse poema – empreitada que, pode-se apostar, não lhe teria sido difícil, influente que era nos meios editoriais.

Manuel Bandeira, além disso, haveria de morrer sem explicar por que não garimpou versos nos *Poemas ingleses* ou em *The Foolish Bird* para incluir Jayme Ovalle em sua *Antologia de poetas brasileiros bissextos contemporâneos*, na qual em 1946 reuniu vates ocasionais, alguns deles até improváveis, como os pintores Di Cavalcanti e Ismael Nery, o prosador Euclydes da Cunha, a romancista Rachel de Queiroz, o historiador Sérgio Buarque de Holanda, o sociólogo Gilberto Freyre e o cronista Rubem Braga.

Bissexto, explicou Bandeira no prefácio à antologia, "é todo poeta que só entra em estado de graça de raro em raro". Teria ele deixado Ovalle de fora por considerá-lo poeta contumaz? Ou teria julgado não haver espaço para um "poeta inglês" numa coletânea de autores brasileiros? Seja como for, Bandeira não o incluiu sequer, já falecido, na edição seguinte da antologia de bissextos, de 1964, na qual alguns nomes foram acrescentados e outros eliminados (entre estes, Joaquim Cardozo e Paulo Mendes Campos, àquela altura já com livros na praça). E dele como poeta, pouco se ocupou no pequeno e emocionado ensaio em três capítulos, "Ovalle", publicado logo em seguida à morte do amigo. Limitou-se então a observar que "Ovalle poeta foi bem diverso de Ovalle músico", e explicou:

> Eram duas almas distintas na mesma pessoa. A música de Ovalle foi a sublimação do sentimento e das formas populares absorvidas por ele na sua infância e na sua verde mocidade. Não assim a sua poesia, cujas raízes estavam na Bíblia, salvo a da lírica amorosa, de natureza extremamente sofisticada.

Sem fornecer amostras dessa lírica amorosa, Manuel Bandeira ateve-se ali à poesia religiosa de Ovalle, e aí, sim, pinçou versos, inspirados na pureza da Virgem Maria, e os trouxe para o português:

> Era uma virgem
> A mais pura de quantas mais puras
> Viviam na santa Jerusalém.
> Uma noite depois de fazer as suas orações
> Deitou-se adormeceu e na manhã seguinte
> Acordou triste e doente de vergonha:
> Sonhara este sonho
> Um pássaro veio voando do céu
> Veio voando voando
> Pousou em sua cama
> E dormiu assim a noite toda.

Escrever em inglês, disse o tradutor, fora "mais uma das singularidades de Ovalle", recurso indispensável para que ele pudesse destilar seus versos:

> Só no inglês é que a sua poesia pôde encontrar expressão adequada. Como chegou ele a exprimir-se num idioma que mal conhecia? Teve, sim, quem o ajudasse, mas ao seu idioma soube transmitir precisamente o que queria dizer. As vivências de todos esses poemas em inglês são sabidamente ovallianas, o acento também.

Talvez por considerar “muito imperfeita” a sua tradução de “Era uma virgem...”, Manuel Bandeira não a incluiu em seus *Poemas traduzidos*, que juntou pela primeira vez em livro ao organizar, em 1958, os dois encorpados volumes de *Poesia completa e prosa*. Selecionou, porém, três outros poemas de Ovalle:

I

Deus contempla em silêncio
As folhas que caem das árvores
E as folhas que permanecem nos galhos:
E vê que elas fazem como deve ser...
Enquanto isso, os anjos se ocupam
De outros detalhes (menos difíceis)
Do mundo de Deus.

II

Ser um santto
É como ser louco:
Quem sabe o que ele sente
Quando vê, de sua cama,
Imagens da sua infância
Relumearem nas paredes?
Mas tudo se acomoda
Porque ele reza, reza, reza
A oração que o Senhor ensinou;
Não reza por si,
Reza pelos mortos que Deus esqueceu
No Inferno, no Purgatório e no Paraíso.

III

Se eu morresse nesse momento
Mal o perceberia.

Seria levado nos ares
mais alto do que as estrelas.

E o Senhor, à porta do céu,
Esperar-me-ia com sua Mãe,

E seus anjos e seus discípulos.
E eu,

Como fazem, ao nascer, todas as crianças,
Haveria de chorar.

Jayme Ovalle não chegou a ver-se impresso, em papel-bíblia, nas obras completas do amigo, a poucas páginas de distância de Baudelaire, Goethe, Heine, Rilke, García Lorca, e nem mesmo em papel jornal, na *Tribuna das Letras*, que em setembro de 1955, oito dias depois da morte do autor, estampou aqueles três poemas traduzidos por Bandeira. Muito menos pôde Ovalle ver publicados os dois livros que trouxera de Londres. Um deles, *The Foolish Bird*, acabaria em outras mãos, como em outro capítulo se verá, para então, de forma inusitada, finalmente levantar vôo.

Os anos que se seguiram à volta de Londres foram para Jayme Ovalle um tempo de relativa calmaria. Recém-chegado, ele viveu um breve mas intenso caso de amor com uma alagoana de Penedo, Zuleica Cravo – futura mãe do musicólogo Ricardo Cravo Albin. Numa das temporadas que passava com os pais no Rio de Janeiro, conta Ricardo, em 1937, ela conheceu e se apaixonou por Ovalle, em quem viu "um encontro da delicadeza e da inteligência". Encantado, ele teria se derramado em poemas de amor – versos que Zuleica acabou rasgando, junto com cartas do amado, pois, embora a moça já andasse pelos 33 anos de idade, a mãe não admitiu o namoro: d. Isaura decretou que sua "princesinha do Nordeste" – baixinha (1,56 metro), olhos esverdeados, cabelos alourados, pele muito branca, testa larga, nariz levemente aquilino – não poderia se casar com um boêmio e, pior do que boêmio, compositor.

Em vista do amor contrariado, Zuleica resolveu dar o troco, contrariando os pais: sem lhes pedir consentimento, casou-se com um imigrante austríaco, o comerciante Max Albin, que chegara ao Brasil em 1932. Nunca mais viu Jayme Ovalle. Só contou a história ao filho depois que o marido morreu, em 1953, aos 42 anos. Ricardo, que tinha doze, desde então se interessou pela figura do compositor. Em meados da década de 50, pouco antes ou depois da morte de Ovalle, encontrou Manuel Bandeira no bonde – o escritor a caminho de suas aulas na Faculdade de Filosofia, e o garoto, do Colégio Pedro II –, abordou-o e lhe contou de sua paixão por Monteiro Lobato. Num segundo encontro, falou de Ovalle – e viu iluminar-se o rosto do poeta.

Foi também por essa época que Jayme Ovalle sofreu recatado porém nítido assédio amoroso de Ruth de Leoni, viúva, fazia mais de dez anos, de seu amigo Raul de Leoni, o poeta de *Luz mediterrânea*. Próximo de ambos e sobrinho de Ruth, o futuro d. Clemente, então seminarista José Carlos de Gouvêa Isnard, acompanhou os discretos e infrutíferos movimentos da tia – quarentona alta e, embora sem traços delicados, bonita – na tentativa de ganhar o coração de Ovalle. A moça estava, agora, em situação oposta à que vivera alguns anos antes, quando Augusto Frederico Schmidt se apaixonou por ela sem nada conseguir. Ruth de Leoni, que enviuvara antes do trinta, morrerá já próxima dos noventa sem ter voltado a se casar. Num texto de jornal a propósito do 25º aniversário da morte de Raul de Leoni, Carlos Drummond de Andrade, sob pseudônimo, assim a descreveu em novembro de 1951: "Uma senhora alta, de bela cabeleira branca, esse branco que confere aos rostos femininos uma majestade simples".

Para ver o compositor, a mulher enamorada tornou mais freqüentes suas visitas à Livraria Católica, de que ele era *habitué*. Língua ferina, o crítico Agripino Grieco dizia que em suas passagens por lá ela se comportava como a Ruth da Bíblia, recolhendo "as espigas de Booz" – no caso, livros encalhados, que ninguém queria...

A calmaria que Ovalle viveu na volta de Londres fazia contraponto com seu vaivém de inquilino no Rio de Janeiro. Uma consulta a catálogos telefônicos da época indica que só em Copacabana ele teve dois endereços consecutivos a partir de 1937 – um apartamento no quarto andar do edifício Líbano, na rua Djalma Ulrich, 197 (numeração alterada para 201 no ano seguinte) e uma casa, mais tarde demolida, na Bolívar, 8. Desta última, possivelmente, é que ele terá se mudado para um apartamento na Glória, onde, segundo o sobrinho Murillo Hermes da Fonseca, viveu por algum tempo com Guinguinha, a namorada irlandesa.

Tantas décadas depois, pouco se sabe dessa coabitação, a não ser que a família de Ovalle jamais viu com simpatia o enrosco amoroso de Yoyô – como até o final da vida o tratava a parentada – com aquela estrangeira branquela. Nada de tão pessoal contra a moça, quem sabe: com a autoridade de quem entrou e saiu do clã sem ressentimento aparente, Elizabeth Hughes – que por alguns anos foi casada com Caio Marcos Ovalle Lemos, sobrinho do compositor – admitia que a família não era especialmente receptiva aos que nela ingressavam. Ainda de acordo com Elizabeth, as exceções a essa rejeição liminar não teriam ido muito além do filho do presidente Hermes da Fonseca, Euclydes Hermes, marido de Leolina, e do general José Alípio Costallat e do empresário Eugênio Richard, os dois maridos de Orminda Ovalle, a beldade que nos anos 20 por pouco não foi eleita a mulher mais bonita do país.

Virginia Peckham, que não chegou a conhecer Guinguinha, contava que Ovalle proibiu a namorada de entrar em contato com qualquer pessoa de sua família, em especial Leolina – para poupar Guinguinha de cenas desagradáveis, especulava a viúva do compositor, ou porque a irmã predileta já tivesse tuberculose, a doença contagiosa, então altamente letal, que a iria matar no começo da década de 40. Segundo Virginia – que a seu tempo viria a comprovar por si mesma a observação de Elizabeth Hughes sobre o clã –, o namoro com Guinguinha teria terminado quando Ovalle soube que a companheira fora bater, justamente, na porta de Leolina. O que se pode afirmar é que a relação cambaleava em março de 1939, quando Manuel Bandeira escreveu a Gilberto Freyre: "O místico telefonando sempre de manhã cedo. Não se desembaraçou ainda de Guinguinha..." E não se desembaraçaria tão cedo, há quem diga.

Acasalado e quarentão, Jayme Ovalle já quase nada tinha do boêmio que, em outros tempos, impávido, atravessava madrugadas antes de pegar, fagueiro, o expediente na Alfândega. "O místico anda arredio", informa Manuel Bandeira a Gilberto Freyre em agosto de 1938. "Está muito envelhecido." É mais provável encontrá-lo agora em reuniões caseiras do que nos botequins de outrora, ainda que se possa vê-lo às vezes a beber em companhia de Mário de Andrade – instalado no Rio de Janeiro naquele ano de 1938 – na Taberna da Glória, onde o autor de *Macunaíma* tem sempre em torno de si um grupo de jovens escritores e jornalistas: Murilo Miranda, Moacir Werneck de Castro, Lúcio Rangel, Carlos Lacerda.

Se já não tem o antigo pique boêmio, Ovalle continua um conversador de primeira, a disparar *boutades* que não só fazem a delícia dos interlocutores como instantaneamente se propagam, alimentando ainda mais a legenda do autor. Fulano é um chato? Ovalle não diria assim – para ele, "fulano faz muito calor". Um desses aquecedores ambulantes o aluga com alguma história interminável? Sabe como livrar-se dele: "Isso dá um conto!", exclama, interrompendo o relato – e o idiota, assim incentivado, vai correndo escrever. Aquele amigo grandalhão que o aborreceu "é o maior anão do mundo". Londres? Igual a Paquetá, só que com névoa.

Com as mulheres, Ovalle é sempre galante, mas de uma galanteria a um tempo bizarra e antiquada, mais engraçada do que funcional. Numa reunião em casa de Francisco Mignone, derramou-se para cima da mulher do compositor, a pianista Liddy Chiafarelli – "declarou que gostava tanto dela que gostaria de ter sido pai dela", contou Mignone a Mário de Andrade. Nessa noitada, aliás, em que empunhou o violão e "canhotizou a valer", o autor de "Azulão" viveu um dos raros episódios de beligerância em sua vida – não por iniciativa sua, seja dito, mas do pianista, compositor e professor Antônio de Sá Pereira, seu amigo. "O Jayme Ovalle e o nosso '*pikierte Leberwurst*' brigaram feio mesmo", disse Mignone a Mário, sem contudo revelar o motivo do rififi. Por sua carta, fica-se sabendo apenas que o citado "*pikierte Leberwurst*" – em alemão, algo como "emburradinho" – chegou disposto a brigar com outros convivas e, por alguma razão, sobrou para Jayme Ovalle. Não houve pugilato, mas o exaltado Sá Pereira se retirou antes da hora, deixando de assinar uma carta que o grupo escreveu para Mário de Andrade.

A velhos camaradas como Mário e Mignone, Ovalle, naqueles anos pós-Londres, somou novas amizades, algumas das quais o acompanhariam até o final da vida.

Apenas três dias depois de pôr novamente os pés no Rio de Janeiro, em maio de 1937, foi apresentado a um jovem poeta de quem se tornaria objeto de vitalícia adoração.

Aos 24 anos de idade, Vinicius de Moraes era autor de dois livros publicados, *O caminho para a distância* e *Forma e exegese*, este ganhador, em 1935, do prestigioso Prêmio Felippe d'Oliveira. O primeiro saíra em 1933 pela Schmidt Editora, de Augusto Frederico Schmidt – e foi no apartamento do poeta e editor, no último andar de um edifício na rua Barão de Ipanema, 8, em Copacabana, que Vinicius conheceu Jayme Ovalle, de quem tanto ouvira falar por amigos em comum, em especial Manuel Bandeira.

"Foi em minha vida um encontro de que não me esqueço", contará Vinicius ao escrever sobre "o poeta louco" três anos mais tarde. "Tinha uma curiosidade enorme em vê-lo. Soube que andava fechado, não querendo receber ninguém, sofrendo as agruras da dor-sem-nome, roído de saudade da Inglaterra." Da Inglaterra e da namorada Guinguinha, causa provável da tal "dor-sem-nome" que Ovalle então enfrentava.

Vinicius, que encasquetara vê-lo a qualquer custo, combinou "uma tramóia" com Schmidt e mandou-se para a Barão de Ipanema, "com ar de quem não quer".

Encontrei o poeta no meio da sua garrafa de uísque, rodeado pelo grupo familiar atento e respeitoso. Seu monóculo me recebeu mal, enquanto seu olho de águia me considerava com ar pouco amigável. Calei-me e fiquei quietinho, espiando passear o gênio.

Passado um tempo Ovalle sentou. Todos se voltaram para ele. Alguma coisa ia suceder. Mas ele limitou-se a falar fanhosamente para Schmidt:

– Põe um Bachzinho aí na vitrola pra mim, põe?

Só então se virou para o meu lado. Ficou me olhando um pouco, eu gelado, mas firme, sorrindo um riso covarde. Ao fim de um tempo sorriu também.

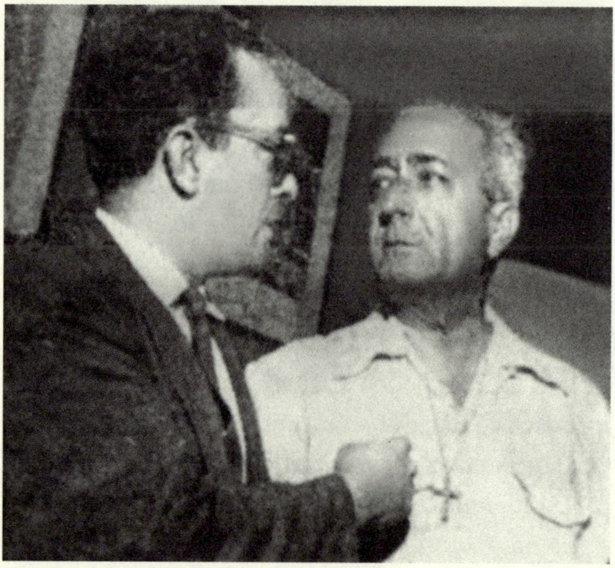

Vinicius e Ovalle – aqui, no apartamento do compositor, em maio de 1953 – caíram na farra no dia mesmo em que se conheceram, em 1937. Vinicius dizia que Ovalle continuou a visitá-lo depois de morto, e do Céu lhe trazia notícias de Santa Terezinha, que andava "muito anêmica"

– Ele é muito bonzinho, disse, apontando-me com o dedo. Ele é tão bonzinho que um dia... que um dia ele é capaz de sair correndo assim, compreende, sair correndo assim, e aí...

Mas não cheguei a saber o que ia acontecer comigo no fim da corrida.

Schmidt, que tinha saído da sala, voltou nesse momento, brandindo um dos originais que Ovalle trouxera de Londres, e lhe pediu que lesse alguns poemas. O autor, conta Vinicius, "relutou um pouco, mas acabou lendo quase tudo".

> Eu fiquei ouvindo sem compreender muita coisa mas compreendendo muita coisa do homem que ouvia. Ovalle chorou, ajoelhou-se, às vezes se curvava até o chão para em seguida saltar como um calunga doido, falava música, fazia gestos tão patéticos que parecia querer se agarrar no xale invisível de Nossa Senhora. Juro que fiquei fisicamente cansado da emoção.

Quando Vinicius se despediu, Ovalle quis ir com ele – e o que se seguiu veio a constituir, para o jovem poeta, uma experiência inesquecível. "Fomos juntos por Copacabana afora", escreverá. "Depois entramos num táxi para a cidade." Estava para começar uma grande farra do corpo e do espírito.

> Na cidade pusemo-nos a beber – e bebemos tanto que nem as estrelas do céu ou os peixinhos do mar fariam conta do que bebemos. A madrugada nos encontrou na Lapa, comendo um filé à moda com vinho verde. A expressão do poeta sossegara muito, e ele agora me contava sobre as coisas do mistério, num tom simples e persuasivo. Ouvi da sua boca a explicação da integral da famosa Gnomonia. Ouvi-o falar de Bach e Beethoven. Ouvi-o exaltar as mulheres da vida. Mais tarde, às sete horas da manhã, assisti ao seu encontro com Manuel Bandeira, encontro emocionante, depois de quatro anos de ausência, e uma pequena rusga.

Da casa de Manuel Bandeira, na Lapa, rua Morais e Vale, Vinicius de Moraes seguiu para a Censura Cinematográfica, onde desde o ano anterior trabalhava como representante do Ministério da Educação. Estava em estado de graça: "Dormi durante a projeção um sono de duas horas", confessará, "e liberei todas as fitas".

Não seria fogo de palha o encantamento de Vinicius com Jayme Ovalle – que, por seu turno, adorou o jovem colega: "Senti-lhe o cheiro de poeta", declarou depois. "O menino compreendia que a lua era uma vaca." Não se furtava a opinar sobre os versos do "menino", e quando ele lhe mostrou os que haveriam de constituir em 1946 o livro *Poemas, sonetos e baladas*, escritos quase todos na Inglaterra, detectou com entusiasmo "um lirismo desbragado", expressão que o poeta jamais esquecerá.

Treze anos depois do primeiro encontro, em maio de 1953, quando entrevistou Ovalle para o tablóide carioca *Flan*, Vinicius fez questão de declarar, à guisa de legenda para uma foto que os mostra lado a lado: "Ao ver do autor destas linhas, o homem mais próximo da genialidade que ele jamais conheceu, talvez mais ainda que Orson Welles ou Pablo Neruda". Meses depois, em 21 de novembro, dia em que Vinicius embarcaria no transatlântico *Augustus* para três anos de Paris, como segundo secretário na embaixada do Brasil, o cronista Antônio Maria registrou em sua coluna no jornal *Última Hora*: "A pessoa homem de quem ele mais gosta e a quem mais admira (sente-se) é Jayme Ovalle". Em 1962, numa balada em louvor dos 65 anos de Di Cavalcanti, Vinicius lamentará que o amigo já não estivesse entre eles:

> Que bom seria, Emiliano,
> se Ovalle estivesse aqui!

Nos dezoito anos que vão do encontro inaugural, em maio de 1937, à morte de Ovalle, em setembro de 1955, não foi muito o tempo que os dois poetas passaram juntos. De meados de 1938 a fins de 1939, Vinicius viveu na Inglaterra, como bolsista em Oxford. Partiu outra vez em 1946, dessa vez para Los Angeles, já como diplomata, e lá permaneceu até 1950. E servia em Paris desde 1953 quando, em 1955, o amigo se foi. O convívio, no entanto, o marcou forte e indelevelmente. A poucos anos da morte, que viria em julho de 1980, Vinicius, em depoimento a seu biógrafo João Pecci, abriu com Jayme Ovalle a enumeração dos "caras que amo até hoje, sem parar". (Os outros três: Antônio Maria, Ciro Monteiro e Pixinguinha.) E contou:

> Ovalle está aqui, toda vez que jogo cinzas nesses bichinhos do cinzeiro. Ele deixava a cinza crescer, e salpicava tudo de cinza de cigarro. Dos homens que conheci, talvez um dos mais interessantes. Porque ele não funcionava com a inteligência, falava sempre uma linguagem tão poética! Era uma figura maravilhosa! Tudo o que saía dele era poesia, mesmo tendo um dos cargos mais comuns e corriqueiros, era despachante da alfândega, nada de poético.

Mais triste ainda ficara quando, em outro hemisfério, a má nova lhe chegou: "Desde que, uma tarde, na Embaixada do Brasil em Paris, soube por carta a notícia da morte de Jayme Ovalle, não houve dia em que seu fantasma não me viesse docemente visitar", escreveu Vinicius numa crônica, "O morto", a ele dedicada. E comparou seu comportamento sobrenatural ao de outros amigos, igualmente poetas, igualmente falecidos:

> Ovalle é [...] muito mais cuidadoso em suas aparições que Mário de Andrade ou Gabriela Mistral, que se manifestam às vezes em lugares escuros e sem aviso prévio. Coisa que, até eu me compenetrar de que se trata desses queridos amigos, sempre dá para arrepiar os cabelos. Ovalle, não. Ovalle surge à pura luz do dia, como ainda agora, transparentemente debruçado ao peitoril da janela. Já devia estar ali há algum tempo porque, como em várias outras ocasiões, sua presença me foi revelada por uma leve sensação de frio no rosto e uma crepitação suave dos pêlos do braço. Aí eu olhei para a janela e o vi, e ele se voltou para me olhar também, e sorriu e me apontou o céu azul. Parecia-me estar muito eufórico, por certo devido à beleza do dia que brilhava nas folhas verdes, no branco das casas e nas grandes pedras cinza-azul além do horizonte.

Menos mal, consolava-se, que não o tivesse visto morrer, porque assim podia imaginar livremente:

> Mesmo quando não vem me ver, penso nele como um morto diferente. Vejo-o no seu caixão, com o terno escuro esvaziado da contingência da carne, as órbitas negras mirando severamente em torno, o toco de cigarro entre o mínimo e o anular com um centímetro de cinza prestes a cair. Depois vejo-o erguer-se, sair livremente de braço dado comigo como em Nova York, como aqui no Rio em tantos lugares.

Lembrou-se então Vinicius de uma noite em especial,

> em que saímos por Copacabana, à base do mais completo lirismo, e fomos depois tomar batida de limão no Alcazar, ele transfigurado de emoção, dizendo a todo instante que tinha a impressão de que ia morrer de tanta beleza nova, nós ambos analisando as coisas do natural e do sobrenatural com uma lucidez poética tão grande que acabou por nos assustar.

A certa altura, Vinicius foi lá dentro e, ao voltar, o amigo lhe comunicou uma novidade:

> Ovalle me disse que durante a minha ausência o Anjo Gabriel tinha chegado, mas se recusara terminantemente a tomar batida. Que não quisera tomar nem mesmo um uisquinho, de que gostava muito, porque não andava bem do fígado, com as preocupações que lhe estavam dando não só a situação internacional, como, e principalmente, o casamento de MP, que classificava de uma completa loucura. – Para ele não beber uísque – ponderou Ovalle – é porque a coisa não deve mesmo andar nada boa... E depois de várias observações muito gozadas sobre a visita e as notícias que o arcanjo lhe havia dado do pessoal do céu ("Santa Teresinha, parece, anda muito anêmica..."), Ovalle ajuntou: – Ele não quis esperar por você não, neguinho. Saiu por aí feito uma bala naquela motocicleta nova

dele. Mas me pediu que eu dissesse que ele está muito contente com você desde que você ficou mais gordo. Depois ficou olhando muito tempo para fora. – Engraçado... – disse afinal. – Eu não pensava que o Anjo Gabriel tivesse olhos azuis.

A saudade de noitadas assim memoráveis levou Vinicius de Moraes a narrar, à sua maneira, "a última viagem de Jayme Ovalle", título deste poema:

Ovalle não queria a Morte
Mas era dele tão querida
Que o amor da Morte foi mais forte
Que o amor de Ovalle à vida.

E foi assim que a Morte, um dia
Levou-o em bela carruagem
A viajar – ah, que alegria!
Ovalle sempre adora viagem!

Foram por montes e por vales
E tanto a Morte se aprazia
Que fosse o mundo só de Ovalles
E nunca mais ninguém morria.

A cada vez que a Morte, a sério
Com cicerônica prestança
Mostrava a Ovalle um cemitério
Ele apontava uma criança.

A Morte, em Londres e Paris
Levou-o à forca e à guilhotina
Porém em Roma, Ovalle quis
Tomar a sua cangebrina.

Mostrou-lhe a Morte as catacumbas
E suas ósseas prateleiras
Mas riu-se muito, tais zabumbas
Fazia Ovalle nas caveiras.

Mais tarde, Ovalle satisfeito
Declara à Morte, ambos de porre:
– Quero enterrar-me, que é um direito
Inalienável de quem morre!

Custou-lhe esforço sobre-humano
Chegar à última morada
De vez que a Morte, a todo pano
Queria dar uma esticada.

Diz o guardião do campo-santo
Que, noite alta, ainda se ouvia
A voz da Morte, um tanto ou quanto
Que ria, ria, ria, ria...

Outro grande amigo que Ovalle fez ao voltar de Londres foi Renzo Massarani, em quem, como a Vinicius de Morais, causaria fortíssima impressão. O maestro, compositor, professor e crítico italiano gostava de contar que, antes do homem Ovalle, descobriu o músico. Massarani, que era judeu, tinha se refugiado no Rio, onde chegou em 1939, uma semana antes de estourar a Segunda Guerra. Logo nos primeiros dias, viu sobre o balcão da Casa Mozart, no Centro da cidade, "um Jayme com capa azul-claro de mau gosto" – uma partitura de "Azulão", obra que, creditará num artigo em 1955, "de golpe nos disse o valor do seu autor e nos conciliou com o Brasil musical do qual naqueles dias desconfiávamos".

Renzo Massarani – que na Itália tinha sido, nos anos 20, diretor do Piccoli di Podrecca, como também era conhecido o aclamado Teatro dei

Piccoli, de marionetes – estava, de fato, muito mal impressionado com o panorama musical que encontrou no Brasil. "Uma cantora", contou ele em seu plural majestático,

> tinha nos aconselhado a assistir à estréia de uma ópera que para ela era o fruto admirável do mais genial dos jovens brasileiros: fomos, ouvimos e saímos do Municipal aniquilados, horrorizados. Antes, tínhamos ouvido músicas de Villa, conhecíamos os nomes de outros compositores, mas o primeiro contato aqui mesmo, no Rio, dava para desesperar.

A honra musical nacional seria salva, a seus olhos e ouvidos, por aquela partitura de "Azulão", que imediatamente comprou e, encantado, foi debulhar "no quarto sem janela" de uma pensão no Flamengo onde por algum tempo viveu com a mulher, Elda, e os cinco filhos. Para ele, a composição de Ovalle, além de "um consolo", foi "a primeira realidade prometedora" da música brasileira.

Só bem mais tarde, por volta de 1942, 43, Massarani – que foi crítico de música erudita de *A Manhã* e, depois, do *Jornal do Brasil*, além de representante da Walt Disney Productions no Rio – veio a conhecer o autor, homem de "poucas palavras, meio desconcertantes, meio desconfiadas".

"Como é que um belo dia ficamos tão amigos?", indagava-se o mestre italiano. Apesar de "um 'frio' início que parecia invencível", Ovalle logo se tornou não só seu íntimo camarada como freqüentador da família, a essa altura instalada com mais conforto numa casa no bairro de Laranjeiras.

> Ele começou a aparecer de noite lá em casa, e vimos que sua frieza era apenas uma espécie de timidez, uma timidez casta e doce como de criança; ficou amigo de toda a família, e não havia meios de tirar-lhe o hábito de trazer – todas as vezes – um presente para o Giulio, que então era um menino.

O garoto em questão, caçula dos Massarani, que chegara ao Brasil com poucos meses de nascido, tinha então apenas três, quatro anos de idade, mas se lembrará bem daquele amigo do pai – mais nitidamente, talvez, que de outros *habitués* da casa, como Manuel Bandeira, o compositor Camargo Guarnieri e os musicólogos Andrade Muricy e Helza Cameu, porque estava sempre muito bem-vestido, tinha num olho a esquisitice de um monóculo e, sobretudo, porque nunca deixava de lhe dar moedinhas. Bebia muito, recorda-se Giulio, e o dono da casa, que não tinha o hábito, não deixava faltar uma garrafa de *bourbon* Four Roses para receber o visitante. "Tinha que ter", conta o filho de Renzo Massarani, que aos catorze anos, em 1951, envergaria um terno para a cerimônia de casamento de Jayme Ovalle no Mosteiro de São Bento. O adolescente, que viria a ser professor de engenharia química, tinha como parceiro de futebol de botão, por essa época, um aluno de seu pai: o futuro pianista Arthur Moreira Lima.

O velho Massarani, que permaneceria no Brasil até a morte, em 1975, aos 77 anos de idade, disse certa vez que não lhe foi fácil descobrir Ovalle, mas que "atrás daquela frieza, atrás do mundano monóculo, havia uma sensibilidade extraordinária". E detalhou:

> Duas palavras definiam uma música, um autor, um gênero, e se vez ou outra não concordávamos, se vez ou outra as suas pareciam "poses", logo reparamos que tudo em Jayme era verdadeiro, definitivo. Outra grande lição às nossas presunções de *homo sapiens*.

Para retribuir as visitas noturnas do compositor, Renzo Massarani acostumou-se a passar de manhã, "sempre mais freqüentemente", pelo Palace Hotel, na avenida Rio Branco, onde Ovalle, já desembaraçado de Guinguinha, viveu até partir para Nova York, em 1946. Encontrava-o "de rádio aberto, ouvindo a hora de música nacional da Rádio Jornal do Brasil à espera de 'Azulão' e da 'Modinha'". O amigo, descreveu Massarani,

> se agitava no quarto, lavando-se, conversando com o barbeiro e com o garçom que trazia café com leite, liquidando em estilo epigráfico os mais

diferentes assuntos musicais e políticos (sua política só tinha um nome: o nome do brigadeiro.*

Costumava aparecer ali um outro visitante, esse do sexo feminino, a quem Massarani se referia em tom de fingido ciúme. “Uma pomba nos dividiu”, queixou-se ele por escrito,

> uma pomba que toda manhã subia da avenida, parava no peitoral da janela, entrava no quarto de Jayme e lhe dizia não sabemos o quê, mas evidentemente algo de muito importante. Entrávamos, e a pomba saía; Jayme nunca se queixou, mas não era difícil compreender; nossas visitas matutinas ficaram suspensas, para deixar em paz os colóquios com a pomba.

Os amigos mais próximos se divertiram, mas não se surpreenderam com os amores ornitológicos de Jayme Ovalle – nada estranháveis, na verdade, da parte de quem, na juventude, se apaixonara por um inanimado manequim de loja. O boneco – confirmou numa entrevista Dante Milano, que se inspirou na história para escrever um conto, “O manequim” – ficava numa vitrine da rua Gonçalves Dias, no Centro do Rio, e Ovalle “passava todas as tardes para vê-lo, depois de sair do trabalho”. Aquele era “um amor sem objeto, e era um amor verdadeiríssimo”, atestou Milano, para, sibilino, completar: “Ele certamente gostou mais desse manequim do que da mulher com quem se casou”.

Assim como o espetáculo das autobofetadas aos gritos de “apanha, judeu!”, o mútuo arrastar de asas entre a pomba e o poeta acabou se convertendo num dos capítulos mais repisados do folclore ovalliano. Várias vezes foi recontado como se fosse história de primeira mão. O produtor musical Aloysio de Oliveira, por exemplo, em seu livro de memórias, *De banda pra Lua*, faz a ação migrar para o Century Hotel, a residência nova-iorquina de Ovalle de 1946 a 1950, e onde ele próprio volta e meia se hospedava.

---

* Eduardo Gomes.

Segundo o antigo vocalista do grupo Bando da Lua e ex-namorado de Carmen Miranda, o compositor paraense "tomava religiosamente uma garrafa de uísque por dia, sempre depois das horas de trabalho". Era rotineira, acrescenta, "sua chegada ao hotel no fim da tarde carregando sua garrafa dentro de um saco"; subia para o quarto, "de onde raramente saía, e se saísse, era em direção ao bar mais próximo". Numa dessas escapadas, conta Aloysio de Oliveira, foram os dois tomar um drinque, e à beira do copo Ovalle lhe fez confidências:

> Ele já havia consumido grande parte de sua garrafa, estava bastante mal-humorado, e contou-me o seu aborrecimento. Todas as manhãs uma pombinha pousava no parapeito de sua janela, onde ele colocava alpiste e outras iguarias, num ritual que se repetia já há algum tempo. Nessa manhã a pombinha havia trazido o seu pombinho para repartir com ele a refeição. Jayme Ovalle não pôde conter sua indignação e me disse com certa raiva e num tom ciumento: "E além disso não estou mais em idade de sustentar nenhum marmanjo".

Independentemente da versão que se conte da história, e dos sentimentos que um ser humano, mesmo um poeta, possa suscitar numa ave, o certo é que Ovalle tinha pelas pombas uma especial ternura, da qual não fazia segredo. Não por acaso, foi nele que Carlos Drummond de Andrade pensou ao ler este verso de Victor Hugo em *Les Rayons et les ombres*: "Une colombe et moi longtemps nous nous aimâmes". O poeta itabirano anotou em seu diário, com data de 28 de fevereiro de 1953: "Fez-me lembrar antiga conversa com Jayme Ovalle, o compositor de 'Azulão'. Ele confessava que as pombas lhe despertavam profunda atração".

Nada platônico, Ovalle mobilizou seu arsenal de sedução na corte à alada visitante que, todos os dias, ao longo de meses, freqüentou pontualmente sua janela no Palace Hotel. Sob os olhos do enlevado morador, ela bicava os grãos de milho que ele nunca se esquecia de espalhar no peitoril. "Seriam, essa constância e fieldade, inspiradas pelo estômago ou pelo coração?", indagou, divertido, Renzo Massarani numa reportagem sobre o amigo, e deixou no ar meia informação: "A tal respeito, nossas opiniões, a de Jayme e a minha, divergiam".

Certa manhã de fevereiro de 1946, Massarani passou no Palace Hotel e encontrou de pernas para o ar o quarto de Ovalle. O hóspede estava desfazendo acampamento: ia embarcar, no mesmo dia, para Nova York, onde, outra vez funcionário da Delegacia do Tesouro, viveria quatro anos. A notícia tinha corrido. "Jayme Ovalle, que já uma vez trocou o Rio por Londres, irá dentro de poucos dias para a cidade-tumulto", informara uma reportagem no jornal *O Globo*, acrescentando que um dos planos do compositor para a longa permanência nos Estados Unidos seria tentar "conquistar os norte-americanos com o seu espírito afabilíssimo e a sua música nativa, original e estranha".

Como na casinha da ladeira de Santa Teresa às vésperas da partida para a Inglaterra, em 1933, Ovalle se

Às vésperas de partir para Nova York, em fevereiro de 1946, Ovalle conversa com um repórter de *O Globo* em seu quarto de hotel, onde costumava receber um de seus amores: uma pomba

movia, atarantado, entre uma barafunda de caixas e de malas em seu quarto no Palace. Boas razões, notou Renzo Massarani ao deparar com tanta desordem, tivera a pomba para não dar as caras naquela derradeira manhã.

"Jayme está cuidadosamente separando e guardando em dois caixotes um montão de papéis velhos, folheando-os lentamente à medida que os arruma", descreveu Massarani numa reportagem para o *Jornal do Brasil*. "É preciso muita acrobacia: malas, maletas, embrulhos de música, garrafas vazias, livros, pijamas, sapatos, ternos de roupa e o violão atravancam a peça, constituindo uma barreira quase intransponível."

Alguns de seus pertences Ovalle decidira deixar no Rio, sob a guarda de amigos e parentes – e entre eles havia um retrato a óleo de Manuel Bandeira por Cândido Portinari, que se tornaria objeto de atritos.

Durante anos, esse quadro esteve pendurado em casa do poeta pernambucano, que um dia, cansado de ver a si mesmo na parede, pediu a Ovalle que o levasse por uns tempos. Na iminência da partida para Nova York, o compositor confiou o retrato à irmã Leolina – em cuja casa a obra teria ficado se a depositária não tivesse, a certa altura, se tomado de raiva do retratado.

O motivo foi um poema de Bandeira, "Tragédia brasileira", em que se narra um drama passional envolvendo uma prostituta, Maria Elvira, e Misael, funcionário público. Na primeira versão publicada, Misael se chamava Leolino – o bastante para a irmã de Ovalle sentir-se ofendida e não querer mais abrigar o retrato do poeta, passado então às mãos de Augusto Frederico Schmidt. Mas não ficou aí a novela: em 1947, numa reunião de amigos, Bandeira e Schmidt se desentenderam por quase nada, e o dono exigiu a devolução do quadro. Muita farpa seria trocada antes que isso finalmente acontecesse. "Assim brigam dois poetas, duas crianças, que amanhã ou depois farão as pazes", comentou em seu diário Carlos Drummond de Andrade, testemunha do tendepá.

Mas por enquanto lá estava Ovalle no caos de quarto de hotel, horas antes de pegar o navio – um espartano cargueiro que, segundo versão fantasiosa espalhada por José Lins do Rego, o amigo pão-duro teria escolhido por ter a passagem mais barata, sem saber que a economia de dinheiro lhe iria custar, a caminho de Nova York, uma longa, absurda volta em sentido oposto, para uma escala em Angola. Deliciado, o crítico Antônio Bento apanhou a história e a detalhou em sua coluna, "As Artes", no jornal *O Globo*:

> Como as passagens por via aérea custam uma soma elevada, o compositor brasileiro, que é funcionário do Ministério da Fazenda, decidiu viajar num navio cargueiro, desses que só arribam aqui esporadicamente. Embora o barco fosse pequeno, a passagem custava um preço acessível. Por isso, o autor de "Azulão" decidiu embarcar no cargueiro. Fez as despedidas e partiu, deixando o Rio nas vésperas do carnaval. Só dia seguinte, à hora do almoço, distante muitas milhas da Guanabara, foi que o comandante do navio confessou a Jayme Ovalle que não estava navegando para os Estados Unidos. – Para onde vamos então? – perguntou Ovalle ao comandante. – Para Luanda. – Foi alguma carta de prego* recebida no Rio? – indagou aflito o maestro. – Não, apenas esqueci de dizer uma coisa. Tenho de ir à África a fim de pegar um bom carregamento. E foi assim que Jayme Ovalle, que é uma das pessoas mais encantadoras do Brasil, teve de fazer uma viagem inesperada a Luanda, onde nasceu Ogum, filho de Aganju e Iemanjá, que por sua vez são filhos de Obatalá e Odun, nascidos do sopro divino de Olorum, que é a própria Luz. Ovalle não só é íntimo de Ogum como conhece todos os irmãos desse poderoso orixá. Essas divindades, que compõem a Suprema Corte de Olorum, são Oxalá, Xangô, Oxóssi, Nanamburucu, Ibegi e o perigosíssimo Omulu, que é uma babalaô mais temível que Casanova e o marquês de Sade juntos. Jayme Ovalle, segundo afirmou a José Lins do Rego o poeta Augusto Frederico Schmidt, atribuía o fato de ter conseguido arranjar uma viagem para Nova York, por uma tarifa tão baixa, aos poderes de Ogum. É claro que também essa excursão inesperada a Luanda só podia ser explicada, aos olhos do compositor brasileiro, pela influência todo-poderosa do grande filho de

---

* Carta fechada na qual se determina o que o comandante de um navio deve fazer e que ele só deve abrir quando fora da barra.

> Iemanjá, a qual, como ninguém ignora, domina as ondas do imenso Atlântico, enquanto o velho Netuno é apenas rei do Mediterrâneo.

Àquela altura, imaginou Antônio Bento, o viajante estaria em Luanda,

> com a armadura e a lança de São Jorge, todo enfeitado de fitas encarnadas, amarelas e azuis, que são as cores da preferência do santo. E estará certamente colhendo temas de feitiçaria, para enriquecer a sua música ou simplesmente para compará-los aos do Rio, tão conhecidos pelo autor de "Xangô", que é uma das mais belas melodias que um Pai de Santo pode entoar, no ato de descer nos terreiros de macumba ou candomblé.

Indagava o colunista de *O Globo*:

> Quando chegará o nosso Ovalle a Nova York? Só quem pode saber é Ogum, que, embora seja santo de boa índole, segundo atestam os tratadistas e exegetas da Corte de Olorum, não há dúvida que pregou uma boa peça ao compositor brasileiro.

No ritmo lentíssimo em que Ovalle organizava sua papelada, naquela manhã da partida, Renzo Massarani detectou "o vagar de alguém que não tem coragem de despedir-se do passado", embora já tivesse nos seus calcanhares dois impacientes carregadores. Aos berros, narra Massarani,

> afirmam que está mais do que na hora, que precisam levar tudo sem perda de um minuto, que não são escravos de ninguém e que o tempo da escravatura já passou no Brasil. Jayme, como de costume, deixa que gritem e nem ao menos se digna revidar-lhes um par de palavrões, que bem mereceriam. Jayme é um bom – e tímido como uma criança. Jamais, por exemplo, alguém o viu aplicar uns sopapos no barbeiro do hotel, que diariamente o escanhoava e que, apesar de tantas propinas, o tratava de um modo extremamente grosseiro.

Em meio ao alarido dos carregadores e do velho rádio de Ovalle, que para surpresa do dono naquela manhã fazia a gentileza de funcionar, o condoído Massarani estranhava que ninguém da família tivesse ido ao Palace para ajudar no bota-fora.

– Minhas irmãs queriam, mas eu não deixei – respondeu Ovalle.

– É para hoje o embarque? – quis saber o italiano, pois mais de uma vez, nas últimas semanas, a viagem fora anunciada e adiada.

– Para hoje mesmo – confirmou Ovalle, e, vendo no rosto do amigo uma expressão de tristeza, procurou consolá-lo: – Ficarei apenas quatro anos...

– Apenas? – devolveu Massarani.

– Mas depois eu volto – tranqüilizou Jayme Ovalle, e seguiu remexendo pachorrentamente em seus papéis, como se tivesse todo o tempo do mundo.

Dessa vez não houve, como em 1933, chororô geral na despedida. Nem por isso foi menor o desconsolo dos amigos, que Manuel Bandeira expressaria, poucos dias antes do embarque, nos versos de "Esparsa triste":

Jayme Ovalle, poeta, homem triste,
faz treze anos que tu partiste
para Londres imensa e triste.
Ias triste: voltaste mais triste.

Ora partes de novo. Existe
um motivo a que não resiste
tua tristeza, poeta, homem triste?
Queira Deus não voltes mais triste...

The

8 Old Man

Os quatro anos de Jayme Ovalle em Nova York transcorreram, de ponta a ponta, numa só região de Manhattan, com raras incursões para além de Midtown, o pequeno retalho urbano onde ele morava, trabalhava e convivia com os amigos. Viagens pelos Estados Unidos foram bem poucas – entre elas, um pulo em Washington, para uma recepção em homenagem ao velho camarada Villa-Lobos na embaixada do Brasil. Ovalle não tinha espírito de aventura, resumirá Virginia Peckham – a namorada e futura mulher que, aliás, ele veio a capturar na teia daqueles poucos quarteirões no miolo da ilha de Manhattan.

Ovalle teve o tempo todo um único endereço, o Century Hotel, que existiu na 46th Street, quase na esquina com a 6th Avenue, movimentado pouso da brasileirada em Nova York, a começar pelas tripulações da Panair, num ruidoso entra-e-sai que levaria Virginia a concluir: "Brasileiro não sabe viver sozinho". Grande coisa não devia ser o Century, pelo menos na opinião de um amigo de Ovalle, Luiz Camillo de Oliveira Netto: tendo passado lá quatro dias em 1947, o historiador, político e empresário mineiro saiu certo de haver conhecido "o pior hotel do mundo".

Talvez não chegasse a tanto, o velho Century, mas é bem possível que se distinguisse de estabelecimentos similares pela variada fauna que eventualmente acolhia: entre a tropical gente gregária com que Virginia Peckham cruzou no Century, havia uma dançarina cuja indumentária, no palco, consistia apenas numa cobra enrolada no corpo (o nome se perdeu, mas o figurino permite pensar em Dora Vivacqua, a Luz Del Fuego). Certa ocasião, precisando ausentar-se da cidade por uns dias, ela confiou a Ovalle a guarda da performática serpente, acondicionada num daqueles enormes malões de viagem que, abertos e de pé, servem de armário.

Em temporadas mais breves do que a de Ovalle, e para mencionar apenas alguns entre muitos outros escritores e artistas brasileiros, no Century se hospedaram Vinicius de Moraes (a caminho de seu primeiro posto de diplomata, como vice-cônsul em Los Angeles), Fernando Sabino, o produtor musical Aloysio de Oliveira e as pintoras Djanira e Noêmia. Desta última ficou entre os amigos a lembrança da noite em que, alarmada, ligou para Ovalle: "Meu quarto está cheio de homens!". Havia um incêndio no apartamento vizinho ao seu, e os bombeiros, para chegar lá, precisaram entrar pelos domínios da ex-mulher do pintor Di Cavalcanti.

O vaivém de patrícios na recepção do hotel levaria Sabino a se perguntar, muitos anos mais tarde, se não teria sido o Century o embrião da zona de turismo e comércio brasileiro que veio a vicejar na 46th Street e cercanias.

Amigos vindos do Brasil iam bater na porta de Ovalle no Century, e um deles, já em 1946, o ano de sua chegada, foi Augusto Frederico Schmidt, acompanhado da mulher, Yedda, sobrinha do compositor. Nenhum dos dois deixou ali a melhor das impressões. Helena Valladares, então casada com Fernando Sabino, se lembrará de uma maldade de Yedda com o marido, anunciando a ele uma gravidez que sabia não existir. Ovalle, conta Helena, chegou a passar um pito na sobrinha – que Clarice Lispector descreve, numa crônica, como "bela mulher com olhos de dura esmeralda, dura demais". O desconsolado Schmidt vai se lamentar num dos poemas de *Fonte invisível*, publicado em 1949: "Meu coração paterno está vazio./ Ninguém o virá habitar!". Morreu, em 1965, sem realizar o sonho da paternidade, duas vezes sabotado por abortos involuntários. Num verso de seu último livro, *O caminho do frio*, publicado um ano antes, voltará a expor a incurável frustração: "Há um berço vazio, onde ninguém vem dormir". Dissera, numa crônica, estar disposto a abrir mão de sua fortuna, que não era pequena, em troca da felicidade de um vizinho que vira a brincar com o filho.

Schmidt e Yedda: o "Gordinho Sinistro" e a "bela mulher com olhos de dura esmeralda"

Também Schmidt deixou atrás de si, naquela passagem por Nova York, um rastro de histórias nem sempre edificantes. Uma delas viria engordar o folclore em torno de sua proverbial glutonaria: informado de que Helena estava doente, foi visitá-la no apartamento onde os Sabino então moravam, na Hudson Street. O rotundo poeta subiu arfante dois lances de escada, carregando um saco de frutas – que devorou sozinho, sentado na cama do casal.

Menos divertido foi o relato que Vinicius de Moraes fez a Manuel Bandeira, em 1947:

> Quando estive com ele em N.Y., o ano passado, achei-o um grã-calhorda, não deixando a Musa sair sozinha e só freqüentando rodas superfinas. Caçoava muito do Ovalle, que o seguia como um cordeirinho.

De conversas que teve com o "cordeirinho" em Nova York, exatamente, Augusto Frederico Schmidt tiraria inspiração para escrever todo um livro, *Babilônia*, composto de 97 sonetos e publicado em 1959, quatro anos depois da morte de Ovalle. O topônimo não é citado, mas Nova York transparece na menção à "cidade cortada em três partes pelos rios gêmeos". O personagem central é o "Doido", o "Profeta", que, como Ovalle, tem "cabelos duros e grisalhos"; escravo de um "copo louro", aprecia "o licor de essência de ouro velho"; estapeia o próprio rosto em penitência; no passado, costumara acolher em casa mulheres da vida mas "nunca lhes comprava o que vendiam"; tem a alma de tempos em tempos alagada de música; e seu nome é pronunciado pelo demônio, quando este o aborda para sugerir que fuja de Babilônia: "Eu não quero teu mal, amigo Jaime".

Não tardou para que Ovalle ficasse conhecido como "The Old Man" entre o pessoal do hotel, que todos os dias via sair o monóculo daquele cavalheiro enfarpelado, pontualmente às nove da manhã, pouco importando a hora em que seu dono se recolhera ao apartamento na noite anterior, ou se, já recolhido, tivesse entrado pela madrugada a dedilhar seu violão, ou a conversar em voz alta com os anjos e o Senhor. Os cabelos grisalhos que o faziam merecedor do apelido, explicava, já tinham essa coloração aos vinte anos. Era querido por todos, até mesmo pelo gerente, com quem Fernando Sabino o viu um dia bater boca:

– O que é que o senhor está pensando? Que sou americano? Meu nome é Jayme Ovalle, eu não sou daqui, sou de Jerusalém.

Tinha contato mais estreito com Joe, o jovem atendente da cafeteria. "São amigos", informou Sabino na crônica "O hóspede do 907", sem prejuízo de eventuais escaramuças. Como a que tiveram na noite em que Ovalle tomou o partido de um bêbado – o qual, aboletado numa banqueta rente ao balcão, urinou placidamente no piso da cafeteria.

> Quando de madrugada o telefone toca, Joe, manipulando sanduíches, ovos, frigideiras e pedaços de presunto com suas vinte mãos, vai falando antes mesmo de atender: – The Old Man. Orange juice, ham and cheese sandwich, cup of coffee. Hei, Jimmy! Take this to 907, the Old Man. E Jimmy, o ascensorista, sobe com o jantar do 907, às quatro da manhã.

O apartamento de Ovalle consistia num pequeno e espartano quarto com banheiro, cama de casal, mesinha e cadeira. O melhor nele talvez fosse a janela, que deixava ver o Empire State Building e em cujo parapeito, no inverno, Ovalle punha para resfriar a soda com que bebia seu uísque. No 907 havia também um espelho acima do qual dependurou um crucifixo de bronze, com a dupla missão de proteger o morador e de manter presa à parede uma cópia de "If", o famoso poema de Rudyard Kipling, texto que tinha para ele o peso de uma oração. Na primeira vez que ali entrou, Virginia Peckham reagiu mal, teve vontade de rir, marcou posição – "Ovalle, esse poema horrível..." –, o que o levou a protestar com veemência em seu inglês claudicante: "*No! No!* É tão bonito que Cristo gosta!".

Como em todos os endereços que teve pela vida, na parede do 907 o crucifixo de bronze foi para Ovalle um interlocutor nos bons e nos maus momentos. Entre estes últimos, certo dia em que julgou chegada a sua hora. Vinicius contou o episódio a Manuel Bandeira numa carta de Paris, quando, em setembro de 1955, a hora de Ovalle efetivamente chegou:

> Em Nova York, uma tarde, depois de se beber muito martini em cima de uma lagosta (e isso já em cima de uma noitada de whisky até de manhã) pensei que ele fosse morrer. Estava no meu quarto do Hotel Century quando o gerente me telefonou dizendo que o neguinho estava passando mal. Corri ao seu quarto e – nunca mais poderei esquecer, porque era ao mesmo tempo muito engraçado – encontrei-o, coitado, nas vascas de uma indisposição de estômago horrenda. Ele estava deitado na cama, pálido e suando frio, com um dos braços alçados para o crucifixo, e chorava assim: "Não me leva ainda não! Por favor! Não me leva ainda não, Neguinho! Hoje não! Por favor!". Com dois copos de água morna que lhe dei e algumas massagens de estômago, vomitou de morrer e ficou inteiramente bom. Na mesma noite tomamos um novo porre. Só consegui acordar à tarde. Pois bem: às 9 da manhã Ovalle tinha ido à Delegacia do Tesouro – soube-o depois. Era impressionante.

Até que Virginia Peckham entrasse em cena, a companhia mais freqüente de Jayme Ovalle em Nova York foi Fernando Sabino. O escritor mineiro, que estava com 22 anos de idade, chegou, com Helena Valladares, em maio de 1946 (Eliana, a mais velha dos quatro filhos que iriam ter, viria mais tarde). A pequena família viverá na cidade até abril de 1948.

O reencontro de Sabino e Ovalle veio pôr em bom e definitivo trilho uma relação que começara, no Rio, de maneira nada promissora.

O engate foi rápido. "Tenho reformado muitos conceitos", escreveu Sabino logo em junho à amiga Clarice Lispector, morando então em Berna, na Suíça, com o marido diplomata, Maury Gurgel Valente: "O Jayme Ovalle não é tão chato como eu imaginava". Com mais entusiasmo, comunicou aos amigos Paulo Mendes Campos e Otto Lara Resende: "O Jayme Ovalle é um ótimo sujeito – isso me deixou abismado de como a gente julga mal e errado as pessoas".

O pé-atrás datava de agosto de 1945, da noite em que Sabino promoveu um jantar em homenagem a Pablo Neruda em seu apartamento, na avenida Nossa Senhora de Copacabana. Estava programado para ser em *petit comité*, em torno não só de Neruda como de um leitão, assado por cozinheira de Minas – mas o que o perplexo anfitrião viu chegar foi um bando de penetras. O poeta chileno houvera por bem (ou por mal) arrastar consigo a turma com que estivera bebendo no bar Vermelhinho, no Centro da cidade – além de um pernil que algum dos oferecidos comensais teve a delicadeza de comprar como reforço para a mesa sabiniana.

Manuel Bandeira, um dos poucos ali que tinham sido convidados, agregou Jayme Ovalle, àquela altura já razoavelmente empapuçado de uísque. O bando faminto desabou sem dó sobre o leitão mineiro, do qual "sobraram apenas os ossos do crânio", conforme contará a jornalista Jurema Finamour, à época secretária de Neruda, que registrou também uma cena protagonizada pelo humorista Aparício Torelly, o Barão de Itararé:

> Lembro-me do Barão amarrando um enorme guardanapo, estalando de goma, ao redor da barba (Pablo perguntando alegríssimo: ¿usted se va a afeitar?) e o Barão declarando de maneira pomposa: "Este é um assunto pessoal entre mim e esse porco! Espero liquidar esse bandido!".

Não menos impressionante deve ter sido, depois da sobremesa, um outro espetáculo que Sabino, personagem e narrador, descreverá:

> Jayme Ovalle, de terno branco e monóculo, dançou madrugada adentro ao som de uma macumba executada por mim na bateria. O Barão de Itararé gargalhava por trás das barbas. Só não se ouvia a léguas de distância a discreta risadinha de Manuel Bandeira.

Ainda não foi daquela vez, anotou Sabino, que o seu santo e o de Ovalle se entenderam. Quando isso finalmente aconteceu, em Nova York, abriu-se caminho para que o jovem escritor viesse a ser não apenas amigo como uma espécie de discípulo predileto de Ovalle, quase trinta anos mais velho. Era para ele que o compositor se lembrava de telefonar, a propósito de tudo e até de nada, conforme contou Fernando em carta a Paulo Mendes Campos:

> Ovalle deu para me telefonar toda hora a agradecer – diz ele que é agradecer por estar vivendo, descobriu que viver não custa nada, respirar é de graça, de favor, e como não tem ninguém mais para agradecer, agradece a mim.

Tinha, aliás, o hábito de sair distribuindo agradecimentos, ao menor pretexto ou mesmo sem pretexto algum, e de maneira jamais convencional. Numa tórrida tarde nova-iorquina, o compositor e radialista carioca Haroldo Barbosa topou com ele na 46th Street, metido num jaquetão escuro absolutamente inadequado para a temperatura que fazia. Assim que viu o autor de "Devagar com a louça", Ovalle pôs no chão a garrafa de uísque que carregava, ajoelhou-se, tirou o chapéu e, jogando os braços para o alto, clamou:

– Meu Deus, eu não mereço a graça de encontrar este amigo, sob um calor desses...

Inseparáveis, Ovalle e Sabino chegaram a fazer uma viagem juntos, no Chevrolet conversível do escritor mineiro, para levar a Boston um amigo comum, Luiz Camillo de Oliveira Netto (aquele que achou o Century o pior hotel do mundo), a caminho de uma delicada cirurgia. Viam-se todos os dias, mesmo depois que Sabino se mudou do Century. Lotado, primeiro, no Escritório Comercial do Governo Brasileiro, na Quinta Avenida, ele foi em seguida transferido para o consulado, que ficava no Rockefeller Center – endereço, também, da Delegacia do Tesouro, onde, desde 7 de março de 1946, Jayme Ovalle ocupava sua mesa no 54º andar. Quase sempre almoçavam juntos, para depois baterem pernas pelas imediações, numa animada vadiagem cujo pretexto não precisava ser mais do que, por exemplo, contemplar as focas num tanque do Central Park.

Ao longo dos quase três anos que durou esse convívio, Fernando Sabino se embebeu do pensamento, das *boutades* e das histórias do camarada paraense, e desenvolveu por ele uma enorme admiração. "O homem mais extraordinário que conheceu foi Jayme Ovalle", observará Hélio Pellegrino num perfil de Fernando escrito em 1952. Quando, já maduro, redigiu o texto da cronologia que acompanharia a edição de suas obras reunidas, de 1996, Sabino fez questão de creditar a Ovalle a chance de ter podido testemunhar "um dos maiores espetáculos de inteligência e intuição, através da sua capacidade de viver e pensar poeticamente".

Ninguém escreveria mais do que ele sobre Ovalle, personagem de numerosas crônicas, algumas delas já ao tempo de Nova York, e, pela vida afora, referência freqüente em textos de não-ficção. E também de ficção: há um tanto de Jayme Ovalle nos traços de José Geraldo Peres da Nóbrega e Silva, o Geraldo Viramundo, protagonista do romance *O grande mentecapto* – em cuja composição, basicamente inspirada numa figura popular da Belo Horizonte dos anos 30 e 40, certo Geraldo Boi, entraram também, segundo o autor, pitadas de Vinicius de Moraes, Carlitos, Hélio Pellegrino, Lazarillo de Tormes (personagem do romance picaresco anônimo *La Vida del Lazarillo de Tormes y de suas fortunas y adversidades*, publicado na Espanha em 1554), do Pantagruel e do Gargântua de Rabelais e do Dom Quixote de Cervantes – além do próprio Fernando Sabino.

Nesse romance – cuja primeira versão, escrita em Nova York, passaria três décadas na gaveta, antes de ser exumada, refeita e concluída numa arrancada de dezessete dias, em 1979 –, o nome de Ovalle chega a ser mencionado, quando o narrador faz o inventário do caótico conteúdo dos bolsos de Geraldo Viramundo: de mistura com "um rolo de barbante, uma escova de dentes, um terço arrebentado, um toco de lápis, um pedaço de pão seco, vários recortes de jornais meio esfrangalhados, um lenço vermelho e uma caderneta de notas velha e ensebada", salta, sem maior explicação, uma cópia do poema "As noivas de Jayme Ovalle", de Augusto Frederico Schmidt.

De maneira ainda mais transparente, a figura do compositor e poeta paraense já estava no primeiro romance de Fernando Sabino, *O encontro marcado*, de 1956, onde pode ser reconhecido no personagem Germano, diplomata aposentado cuja sabedoria tanto impressiona Eduardo Marciano, o inequivocamente autobiográfico protagonista. Em dezembro de 1956, pouco depois do lançamento do livro, Rubem Braga escreveu a Clarice Lispector: "As figuras mais nítidas são o Pellegrino e o Ovalle, as outras estão meio misturadas e despistadas".

Histórias de Ovalle que Fernando Sabino já tinha ou iria aproveitar em suas crônicas estão também nos trechos de *O encontro marcado* em que circula o velho Germano, solteirão dado a ler os Evangelhos entre goles de uísque. Fiel ao modelo em que foi inspirado, ele esbofeteia a própria face, e nesse momento só o que muda é a imprecação acompanhando o gesto: "Toma, fariseu! Para aprender a se calar". Em sua derradeira aparição no romance, Germano é o último morador de um velho hotel condenado à demolição – exatamente como se passou com Jayme Ovalle no Palace, do Rio de Janeiro, algum tempo depois de retornar de Nova York.

O adolescente Eduardo Marciano, que no romance põe em apuros um sacerdote, diretor do colégio, ao lhe indagar o que teria sido de Cristo se Judas não o tivesse traído, está reproduzindo quase *ipsis litteris* uma observação de Ovalle a Sabino, por este registrada em outro contexto: "A grande preocupação de Cristo devia ser a de que Judas falhasse e não o traísse. Isso o mundo deve a Judas: ele não falhou. Mas como a salvação do mundo só poderia vir de Cristo, Judas condenou o mundo, se suicidando". Dito isso, Ovalle recomenda ao jovem escritor: "Convém tomar nota disso, que você pode se esquecer". Sabino conta a história e conclui: "Tomei".

Na vida real, ele anotou também frases que ressurgirão inteiras na boca do velho Germano, numa lista que não se esgota com estas: "O silêncio das coisas tem um sentido". "A música é o silêncio em movimento." "Deus gosta mais de uns do que de outros." "O passarinho é o soneto de Deus."

Sabino recolheu mais, muito mais, daquilo que Jayme Ovalle lhe dizia, ou daquilo que o convívio com ele lhe proporcionou, e que seria no futuro material para numerosos escritos. Um livro inteiro, *Com a graça de Deus – Leitura fiel do Evangelho inspirada no humor de Jesus*, de 1994, provavelmente começou a ser gestado em 1947, pois é de julho desse ano uma carta em que Sabino, de Nova York, conta a Vinicius de Moraes:

> Eu e Ovalle descobrimos que a verdade se impõe antes de tudo por ser engraçada, e o Evangelho nestas alturas é impagável: veja por exemplo Cristo expulsando os vendilhões do templo: já pra fora, cambada! Ou se voltando para os fariseus que tramavam: o que é que vocês estão cochichando aí, seus safados? E por aí afora: releia o episódio da vara de porcos para ver se você não rola de rir.

Na apresentação do livro, que foi escrito entre 1993 e 1994, Sabino não credita a Ovalle parceria na idéia, mas reconhece: a lembrança dele "parece estar me inspirando". Numa passagem, o amigo é chamado para explicar as "preferências de Deus":

> – Ele gosta mais de uns que de outros. Deus tem as suas predileções: tem uma quedazinha pelas crianças, os mendigos, os doidinhos, os poetas, os pobre-diabos, os humilhados e perseguidos, os que sofrem por amor, enfim, os inocentes. Deve ter lá suas razões. Isso não é injustiça não: é que a justiça de Deus é diferente da justiça dos homens.

Como já fizera com outro amigo trinta anos mais velho, Mário de Andrade, com quem se correspondeu e episodicamente conviveu entre 1941 e 1945, Fernando Sabino se abriu com Jayme Ovalle – a tal ponto que em pouco tempo este já lhe falava, com espantosa familiaridade, dos camaradas mineiros que com ele formavam um quarteto mais tarde famoso: Otto Lara Resende, Paulo Mendes Campos e Hélio Pellegrino. Este último, Ovalle nunca tinha visto, mas ainda assim arriscava análises e lhe mandava recados. "Engraçado é que sem te conhecer ele já te trata com intimidade", escreveu Fernando a Hélio em julho de 1946:

> Está contando um caso e fala no meio: "Acho que o Hélio não pensaria assim, mas o Hélio é poeta e os poetas têm sempre razão. Acho que o Otto está precisando dar um jeito na vida dele", e o mais engraçado é que fala sem conhecer ninguém, sem nem eu ter contado nada de vocês, mas só porque saiu seu nome ou o nome do Otto e o do Paulo no meio de uma conversa.

Além de opiniões, Ovalle às vezes oferecia sugestões. Quando soube que Sabino se preparava para entrevistar Salvador Dalí, recomendou que perguntasse ao pintor espanhol se acreditava em anjos. Dalí ignorou a indagação. "Ele se limitou a voltar para mim os olhos claros", disse Sabino, "e afirmar: 'Não acredito nos dragões. Ainda agora, pintando São Jorge, tinha de pintar também o dragão. E não concebo um dragão como Rafael concebia. São Jorge hoje em dia mataria outra coisa, uma coisa em que eu acredite. Um automóvel, por exemplo'."

Resposta que, sem atender à curiosidade de Ovalle, não deixa de ter um toque ovalliano.

Os dois amigos iam almoçar, quase todos os dias, numa *trattoria* nas proximidades do hotel, a Del Pezzo – onde, certa vez, depararam com um bando de fãs em torno de um cantor, ainda jovem mas já largamente conhecido. Mas não de Ovalle, que perguntou ao garçom quem era o centro das atenções. O maior cantor do mundo, respondeu o rapaz, estranhando que alguém pudesse não conhecer o astro. Ah, sim, Bing Crosby!, concluiu Ovalle, numa involuntária piada que o garçom, às gargalhadas, foi imediatamente contar a Frank Sinatra.

Todo final de tarde, conta Fernando Sabino num perfil de Ovalle, "Um gerador de poesia", os dois se encontravam na esquina da 6th Avenue com a 46th Street, e o amigo lhe dava dinheiro para comprar uma garrafa de uísque das proximidades, pois não gostava de entrar naquele *liquor-store*. Um dia Sabino não apareceu e Ovalle, contrariado, teve que ir ele mesmo buscar seu uísque. Quando se encontraram, queixou-se:

– Custam a atender a gente, dão tiros, quebram garrafas, não têm muita consideração.

O escritor mineiro só foi entender quando leu no *Daily News* sobre um assalto na 46th Street, durante o qual houvera tiroteio – "havia mesmo uma referência", escreve Sabino, "a um *old gentleman* que esperava calmamente, sob o risco de ser morto, como aconteceu ao bandido".

Não era raro que fossem, depois do expediente, a um bar chamado Colbie's, que existiu no térreo do prédio da Columbia Broadcasting System, a CBS, na 52th Street. Ali costumavam encontrar amigos brasileiros, a começar pelos que trabalhavam nos programas em português da emissora, como os locutores Luiz Jatobá e Gaspar Coelho. Fizeram camaradagem com um deles em especial, o jornalista e radialista pernambucano Fernando Lobo, já àquela altura pai de um garoto que viria a ser o compositor e cantor Edu Lobo. Ele próprio, Fernando, deixaria a sua marca na música popular brasileira, autor que foi de sucessos como "Nega maluca", em parceria com Evaldo Ruy, vencedora do carnaval carioca de 1950; "Zunzum" ("Hoje o bloco sai mais triste sem ele / está faltando um"); com Paulinho Soledade, ganhadora no ano seguinte, "Chuvas de verão"; e, com Antônio Maria, "Ninguém me ama" e "Preconceito", além de "Saudade", com Dorival Caymmi.

Foi no Colbie's que Fernando Lobo veio a conhecer e se tornar amigo de Jayme Ovalle. "Quando o vi pela primeira vez em Nova York, já trazia na cabeça esses cabelos brancos que agora morrem também", escreverá ele numa evocação fúnebre em 1955.

> Tinha um monóculo, calças listradas e jaquetão preto. Lembrava mais um senador de Washington que um cantador de viola. Lembrava mais um membro do Gabinete Francês que um garimpeiro de acordes novos e melodias claras.

Em seu livro de memórias, *À mesa do Vilariño*, Lobo contará que o paraense Ovalle "olhava a paisagem de Nova York sem nenhum embevecimento". Que, dentre os colegas músicos, ele "gostava de todos, exceto do maestro Camargo Guarnieri, de quem dizia ter a bunda muito grande para ser maestro e pianista". Opinião em que na roda do Colbie's ninguém via um pingo de seriedade, evidentemente: "Era puro ciúme", diz Fernando Lobo, ciúme de Manuel Bandeira, "que com Guarnieri também fizera algumas parcerias" – entre elas "Azulão", com a letra que o poeta pernambucano escrevera originalmente para a canção de Ovalle. Era mais uma blague com que, por detrás de seu monóculo, o decano da turma brasileira do Colbie's divertia os companheiros. Outra brincadeira, conta Sabino, consistiu em apelidar de "Noel Rosa" uma "americana sardenta e dentuça, muito simpática" que às vezes se juntava ao grupo.

Ele próprio, no entanto, não escapava de trotes que os amigos volta e meia lhe passavam. Fernando Lobo, por exemplo, costumava lhe mandar, sem indicação de remetente, uma fartura de prospectos de campos de nudismo. Brincadeira até inocente se comparada à que lhe fez um companheiro de mesa (Fernando Sabino desconfia do mesmo Lobo) certa noite, num bar de Greenwich Village. "Às tantas" – conta Sabino, um dos presentes –, um refugiado espanhol de nome Manrique tirou seu olho de vidro "e ficou brincando com ele como se fosse uma bola de gude". Eis que alguém apanha o olho do espanhol e o mergulha no copo de uísque de Ovalle. "Este", prossegue Sabino,

> distraído, e para decepção geral, continuou a beber, sem nada ter visto. Mas a certa altura voltou-se para mim:
>
> – Acho que vou pedir outro uísque, porque este aí não tira o olho de mim.

Ovalle "era uma figura maravilhosa, mistura de todos os santos, com estranho jeito de fantasma", escreve Fernando Lobo em suas memórias, enriquecendo a descrição do amigo com um chapéu gelô, "uma cabeleira de ondulado miúdo" e "uns olhos de águia que se faziam ternos quando contava histórias":

> Parecia ter uma procuração de Deus, dos santos e dos anjos para distribuir de graça tanta ternura. Vivera em Londres muitos anos, mas não falava inglês e nem achava graça na cidade que se escondia atrás do fog. Paraense, preso ao Brasil pelas coisas deixadas, sentia falta do pato no tucupi. [...] Era puro e belo, bom e dadivoso. [...] Tocava um violão bonito, com a postura dos seresteiros do seu tempo, que empinavam o pinho para o alto, e na mão direita guardava o cigarro, entre o dedo mindinho e o anular.

Sabino registrou a noite em que Ovalle irrompeu no Colbie's em companhia do brigadeiro Eduardo Gomes, o homem público brasileiro que ele mais admirava. Perdera para o marechal Eurico Gaspar Dutra, não fazia muito, a primeira eleição presidencial depois da queda da ditadura do Estado Novo, e haveria de perder novamente em 1950, dessa vez para o ex-ditador, Getúlio Vargas. Aquela foi, conta também Fernando Lobo, "a entrada mais triunfal que tivemos no Colbie's". A cozinha já tinha fechado, mas um dos brasileiros, tomado de exaltação patriótico-culinária, foi pedir que se abrisse uma exceção – "É para o brigadeiro!", argumentava, como se isso fizesse algum sentido para o mestre-cuca americano, que, ainda assim, improvisou uma refeição para o recém-chegado. A fórmula arremedava o poeta Augusto Frederico Schmidt, que, quando queria alguma coisa, costumava jogar sobre o interlocutor todo o seu peso – não o físico, felizmente: "É para o Schmidt!".

Nas noitadas do Colbie's como nos almoços da *trattoria* Del Pezzo, o companheiro mais freqüente de Sabino e Ovalle era o jornalista pernambucano José Auto de Oliveira, que em termos de idade situava-se exatamente entre os dois. Fora casado com Rachel de Queiroz – que com ele teve sua única filha, Clotilde, falecida aos dois anos de idade – e morava em Nova York desde 1942. Sobrinho de Bastos Tigre, na juventude tivera veleidades poéticas, mas praticamente já tinha deposto a lira quando, em 1946, Manuel Bandeira o incluiu na sua *Antologia dos poetas brasileiros bissextos contemporâneos*. Segundo Rachel, nem gostava mais que lhe chamassem de poeta. O motivo do retraimento: quando ainda estavam casados, a escritora mandou alguns poemas dele a seu amigo Mário de Andrade, e a resposta, ela conta, não foi estimulante: "Gostei muito, mas não bastante, dos versos do seu poeta". Rachel escondeu a carta, mas o marido a encontrou – e, embora nunca tenha se mostrado ressentido com o julgamento de Mário, recolheu-se literariamente. Morrerá, aos 77 anos de idade, sem ter publicado livro. Teve, porém, suas recaídas poéticas, e de uma delas nasceu, em 1944, o "Poema heróico" da antologia de Bandeira.

Foi com prazer, em todo caso, que José Auto – um "anarquista da melhor cepa", dirá na sua morte Hélio Pellegrino –, num dia de 1946, desempoeirou as ferramentas de poeta, para se divertir um pouco às custas de

Jayme Ovalle, em conluio com Fernando Sabino, que registraria a brincadeira em carta a Otto Lara Resende.

O compositor de "Azulão" tivera a má idéia de mostrar aos dois amigos um poema em mais de um sentido infeliz, "Canto suicida", que acabara de escrever:

Oh tu, Ceres, Sonâmbula, valquíria, vagabunda,
Luz homicida,
Cadente orquídea fugitiva
Das vias lácteas...
Tenebrosa!
Se formos nós feridos em nossas vidas
Levadas por nossas penas só de amor
Aceitemos agora tudo enfim, na aurora,
Dancemos na roda,
Como os cravos brancos se iluminam,
Somos cegos?
Que seja tudo isso então
O nosso orgulho, sedução,
Tanto mais que o amor próprio deles!
Conquanto que me leves deste mundo –
Por teus braços, oh velha! E a luz virgem
Da cegueira de teus olhos em flor,
Das laranjeiras...

Se esperava elogios, teve o contrário. Entre outras gozações, José Auto e Sabino, a pretexto de colaborarem, transformaram o poema de Ovalle num soneto:

Oh tu, Ceres, sonâmbula, vagabunda,
Luz homicida, cadente das alturas,
Tenebrosa na flor das tardes puras,
Radiosa no fulgor da noite imunda

Se temos nós, feridos em nossas vidas,
O amor das velhas penas renovado,
Dancemos entre os cravos, repousado
O nosso orgulho vivido em despedidas.

Somos cegos? Que esta então
Nossa fraqueza, a dor, a humilhação
De viver só, na treva desse amor

Sempre ausente do mundo de teus braços
A sombra lassa dos meus olhos baços
Na cegueira dos teus olhos em flor.

Não satisfeitos, e alegando a necessidade de serem fiéis ao “caráter do autor”, os dois recauchutadores de poema baixaram ainda mais o nível numa segunda versão do soneto:

Oh tu, Ceres, sonâmbula, vagabunda,
Luz homicida, cadente das alturas,
Tenebrosa na flor das tardes puras,
Radiosa no fulgor da noite imunda

Se temos nós, oh velha! em sua bunda
O amor das velhas penas renovado
Que reste entre suas coxas repousado
Nosso príapo erguido em dor profunda.

Somos veados? Que seja esta então
Nossa fraqueza, a dor, a humilhação
De viver só, na treva desse amor

Sempre sentindo, no mundo de teus braços
A dor de nossos fígados e baços
Ou o gostinho da tua couve-flor.

Ovalle, naturalmente, reagiu com indignação quando os amigos lhe deram os sonetos para ler. Mas não rendeu o assunto: se não tinha um bom motivo para desistir de seu "Canto suicida", ali estavam dois. Nem na gaveta o poema ficaria – ao contrário de um outro fruto de sua safra nova-iorquina, igualmente escrito em português: "Fogo morto", que dedicou ao autor do romance homônimo, José Lins do Rego, e que não só sobreviveu como foi publicado, no suplemento *Letras e Artes*, do jornal carioca *A Manhã*, em abril de 1947:

Amor pobre
Amor podre
Como uma rosa seca
Pântano do vale
Coruja cega
Tu que eras antigamente
Aquela estrela matutina

Coruja cega graças
Graças que me acordaste
Para as longas
Eternas insônias do Senhor
A cujas auroras
A vida e o sol são sem valia

Amor bissexto
Amor incesto
Amor aborto
Fogo morto

"Canto suicida" foi esquecido, mas não, por um bom tempo ainda, a mágoa deixada pela brincadeira dos amigos. De José Auto, pelo menos, Ovalle se tomou de duradouro enjôo. Não eram raros, aliás, os arranca-rabos entre eles. "O engraçado é que esses dois mentecaptos, embora amigos, vivem discutindo um com o outro em cenas que mais parecem de fitas do Gordo e o Magro ou dos Três Patetas", comentou Sabino em carta a Otto Lara Resende.

"Tenho visto pouco o Ovalle nos últimos tempos", escreverá José Auto a Vinicius de Moraes, em maio de 1948:

> Depois que, com o Sabino, reduzimos dois sonetos dele, sem metro e sem rima, a um só, rimado e metrificado, ele não me suporta. Passou a brigar toda vez que tomava pileque e resolveu que não podia mais ser amigo de um homem que não acredita em Deus, que é inimigo de Deus.

A desavença por motivos religiosos já existia no começo de novembro do ano anterior, quando Sabino escreveu a Vinicius – ou a "Demetrius", como o apelidara, ampliando as ressonâncias latinas do nome do poeta:

> Zé Auto rompeu definitivamente com ele depois de uma briga gozadíssima, que escondia razões da maior seriedade de lado a lado. Do lado do velhinho era a impossibilidade de manter relações com quem quer que seja que não acredita em Deus. Apesar disso continua cada vez mais macumbeiro e perigoso desencaminhador de donzelas.

O escritor mineiro se referia, provavelmente, a um *love affair* então recente, que haveria que acompanhar o compositor e poeta até o final de sua vida.

A mulher que

era uma árvore

9

Em outubro de 1947, Jayme Ovalle chegara para os amigos com uma novidade. Helena Valladares, então casada com Sabino, não esqueceria sua figura impressionante, "parecendo uma águia, com seus olhos de índio", naquele dia mais excitado que de hábito.

Uma nova paixão? A última, já fazia um tempinho, tinha recaído sobre Heloísa, ex-mulher de Luiz Jatobá, aquele locutor com quem Ovalle costumava tomar um trago no Colbie's. Heloísa, a amiga que no Central Park, junto ao tanque das focas, lhe aplicara um tapa nas costas, fazendo voar longe o monóculo. Belíssima – e não era só ele que achava. "Vim então para o hotel, onde encontrei a Heloísa, que me buleversa, visitando a Helena", contou Fernando Sabino a Otto Lara Resende em carta de outubro de 1946:

> Ela é casada com Luiz Jatobá, aquele *speaker* do cinema, muito bonita, tem dois filhos, etc. (este etcetera não pode ser mal interpretado, pois me dou ao respeito, trata-se de excelente criatura).

A excelente criatura, ao que se saiba, não correspondeu à asa que Ovalle lhe arrastou. Mas não terá ficado indiferente a seu afeto, pois na Páscoa de 1948, morando em Rapid City, Dakota do Sul, lugar "horrível" onde "só tem cowboy e índio", escreveu a Vinicius de Moraes: "Hoje me deu uma saudade incrível não sei de quê e como tinha papel e pena na minha frente, sanquei a Ovalle. Bonito!" "Sanquei", em boca brasileira, só podia ser uma liberdade tropical com o verbo inglês *to thank*.

Àquela altura, porém, a paixão pela bela Heloísa já estava arquivada.

– Eu conheci uma mulher que é uma árvore – anunciou Ovalle aos amigos – e, diante do pasmo geral, acrescentou o que lhe parecia ser uma explicação esclarecedora: – Uma mulher cheia de galhos.

Aos poucos se foi sabendo na roda: o objeto dendriforme da mais recente paixão de Ovalle era uma garota de 22 anos recém-completados – 31 a menos do que ele, portanto –, não exatamente bonita, não exatamente simpática, um tanto petulante e, ao que se sabia, comunista. Também escritora: seu primeiro romance, *Harm's Way*, saiu naquele ano de 1947. Não fez sucesso nenhum.

A moça se chamava Virginia Peckham, e chegara à vida do futuro marido em circunstâncias tipicamente ovallianas.

Filha de um professor de latim e de uma professora de inglês, ela nasceu em 12 de setembro de 1925, em Worcester, Massachusetts, e ali cursou duas faculdades sem concluir nenhuma. "Tinha os olhos postos na vida e estava impaciente demais para esperar", contará um repórter do *Worcester Sunday Telegraph* que escreveu sobre ela em 1949. Aos dezoito anos, trabalhou durante três meses num hospital para doentes mentais, onde lhe cabia cuidar de noventa mulheres, várias delas perigosamente agressivas. A breve experiência é que lhe dará material para escrever *Harm's Way*, história de Carol Regan, garota sensível que trabalha num manicômio e luta para conservar a sua própria sanidade mental naquele meio

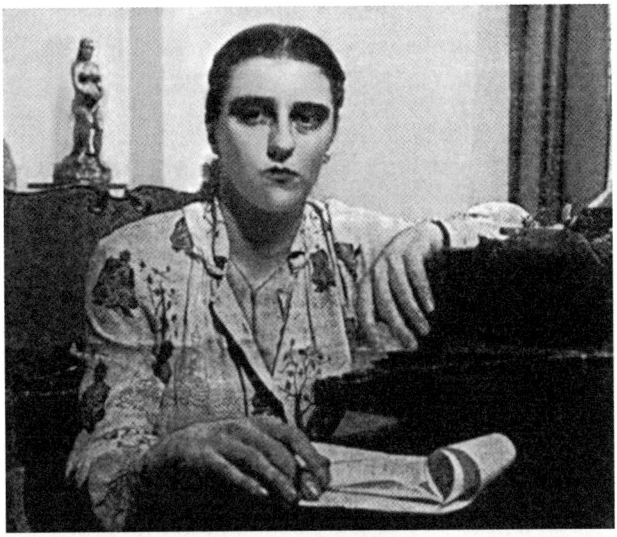

Virginia Peckham aos 24 anos, em 1949, morando no apartamento que Ovalle alugou para ela na 16th Street, em Nova York. A ex-militante comunista que Ovalle converteu ao catolicismo escreve um romance e começa a trabalhar nos poemas ingleses do namorado. Embaixo, em 1958, depois da morte de Ovalle hostil. "A autora é mais interessante que seu livro", avaliou o repórter do *Worcester Sunday Telegraph*.

Tão logo deixou o emprego no hospital, Virginia Peckham se mudou para Nova York, onde, por uns poucos e intensos meses, foi operária num estaleiro no Brooklyn, voltado, naqueles tempos de conflagração mundial, para a construção de navios de guerra. Foi nessa época, ainda aos dezoito anos, que ela aderiu ao comunismo e mergulhou apaixonadamente na militância sindical. Era mandada de uma cidade para outra, com a missão de se infiltrar, como funcionária, em empresas. A febre não durou muito:

– Acabei brigando com o pessoal do sindicato por causa de uma coisa ou outra que o Partido Comunista estava nos obrigando a fazer e que eu não achava certo. Era rebelde demais para ser uma comunista. E estava até correndo certo risco pessoal. Tinha mudado de nome e de lugar várias vezes, e os ex-colegas do partido e do sindicato diziam que não iam me deixar sair. Além disso, eu precisava de uma profissão. Queria ser revolucionária, mas queria mais ser escritora. Deixei de ser comunista pouco antes de conhecer Ovalle.

Em boa hora Virginia desembarcou da militância, pois o ano de 1947 iria marcar o início da Guerra Fria, durante a qual se tornaria dura e arriscada a vida dos comunistas americanos. "Ela cometeu erros, mas os admite", cravou o repórter do *Worcester Sunday Telegraph*: "Você pode considerá-la uma idealista que tomou o caminho errado."

O caminho certo passava talvez pela literatura, e em nome dela Virginia voltou para Worcester no início do segundo semestre de 1944. Aprendeu datilografia e começou a escrever *Harm's Way*. Concluído em 1946, o romance foi recusado por uma editora. Nesse meio-tempo, Virginia Peckham trabalhou por oito meses numa fábrica de relógios, onde, de tanto ouvir a conversa das colegas, oito horas por dia, aprendeu a escrever diálogos. Também essa experiência será, mais tarde, aproveitada num romance, que se chamou *The Alarm Factory*, depois rebatizado *Proud Angela*. Naquele momento, a tarefa literária que a ocupava era reescrever *Harm's Way*, e assim que a deu por terminada, juntou suas economias e se mandou para Nova York para batalhar a publicação do livro.

Ali sobrevivia, "sabe Deus como", dividindo com duas amigas um pequeno apartamento em Greenwich Village, quando conheceu Jayme Ovalle.

Foi um começo nada convencional – para dizer o mínimo.

Uma das companheiras de Virginia trabalhava numa galeria de arte da 57th Street, a Kleemann, onde, em 6 de outubro de 1947, se abriria uma exposição de um pintor brasileiro, o paulista Carlos da Silva Prado. Precisando de alguém para ajudá-la no dia do vernissage, convidou a amiga. Virginia aceitou imediatamente, vislumbrando uma rara oportunidade de comer e beber de graça.

A comunidade brasileira de Nova York encheu a galeria no dia da abertura, e Virginia, encarregada de distribuir cartões, lá pelas tantas começou a prestar atenção naquele cavalheiro de monóculo que fumava o tempo todo. Sua camisa fora branca um dia, a gravata era um tufo de tecido desfiado; sob suas unhas quebradas havia tinta de caneta Parker, e, inacreditável!, graxa de sapatos tentava domar os cabelos crespos.

Who is this dirty foreigner at the gallery vernissage
drinking martinis with a drool
and begging to be robbed?, *

repassará Virginia num poema quatro décadas e meia mais tarde. Naquela noite, viu nele "uma coisa engraçada – morri de rir".

Ele também reparou na moça, e não tardou a abordá-la, com "seu inglês de índio, de árabe":

– *You are a genius!* – declarou, sem mais aquela.

No final da noitada, a galeria já vazia, convidou-a para jantar. Virginia aceitou, mas deixou claro: sozinha não iria. Ovalle disse que não tinha problema – e daí a pouco se viu numa cantina italiana de Greenwich Village, em companhia de sete, oito amigos de seu "gênio", jovens artistas e escri-

* Tradução literal: "Quem é este estrangeiro sujo no vernissage/ tomando martíni de babador/ e pedindo pra ser roubado?"

tores não menos esfomeados que Virginia. Tudo por sua conta, naturalmente. Ele mesmo não comia, só olhava. Com a fome saciada, Virginia só pensava em escapulir – mas não pôde evitar que, na calçada, Ovalle se pusesse de joelhos e lhe beijasse os pés, monocórdio em seu encantamento, "*you are a genius, you are a genius...*".

A moça não pretendia ver outra vez aquele maluco, tanto que, ao lhe dar seu telefone, inverteu a ordem dos algarismos. Mas Ovalle não sossegou: pôs a telefonista da Delegacia do Tesouro para tentar todas as combinações possíveis – até, dois dias depois, acertar no número. "A essa altura, eu já estava com fome outra vez...", lembrará Virginia. "E fui almoçar com ele. Dessa vez não estava tão doido, estava mais razoável. Dizia que queria me ajudar, que me daria comida, bebida, conforto, e que precisava de alguém para lhe ensinar inglês. Eu entendia mais por intuição o que dizia, juntando aquelas poucas palavras na minha cabeça. E comecei a almoçar quase diariamente com ele. Depois passei a jantar. Depois quis me levar para o hotel. Eu acabei indo trabalhar nos poemas dele."

Em linguagem mais poética, no mesmo poema de 1992:

He will give her to eat,
*and make her Eve.**

No princípio, não eram bem amantes:

– Não achei ele interessante como amante. E acho que Ovalle não estava, basicamente, procurando uma namorada, e sim alguém que pudesse apanhar as idéias dele e com elas fazer poesia em inglês. Eu dizia: "Por que você não escreve em português? Faz muito mais sentido do que tentar escrever numa língua que não domina". E ele: "Não, tem que ser em inglês, porque tem milhões e milhões e mais milhões de pessoas que podem ler inglês, e português não tem quase ninguém que lê". Eu insistia: "Isso não é muito patriótico, e além do mais é ridículo".

---

* Tradução literal: "Ele vai dar de comer a ela/ e fazê-la ganhar a noite".

Como esbarrassem, de saída, num paralisante problema de comunicação, Virginia propôs que Ovalle lhe ensinasse português.

– É mais fácil do que eu ensinar inglês a você – argumentava.

– Pode ser mais fácil – retrucava ele – mas isso não vai ajudar o meu livro.

Falava de *The Foolish Bird*, misto de autobiografia e experiência mística, e quando lhe mostrou o maço de folhas datilografadas que trouxera de Londres, Virginia não se preocupou em ser diplomática: a tal Mabel Parker não só não tinha jeito para escritora como o seu inglês era horrível, e o de Ovalle, pior ainda. "O que *miss* Parker ouvira dele não era o que ele tinha imaginado", não tardou a concluir.

– Eu sei que não presta – admitia Ovalle, sacudindo os originais. – Mas agora, com você, que é um gênio em inglês, isto vai ficar maravilhoso, você vai fazer pra mim.

E Virginia começou a trabalhar no livro, sem saber a que ponto se envolveria com autor e obra.

Era aquilo, a poesia, o que mais interessava a Ovalle naquela fase da vida, muito mais do que a criação musical. Ainda assim, alugou um piano. Como não coubesse no seu quarto de hotel, levou-o para o vasto apartamento de uma grã-fina brasileira que morava em Park Avenue, e com a qual tivera um namorico. Um dia, porém, ao saber que a namorada tinha feito uma cirurgia para diminuir o tamanho dos seios – procedimento pouco habitual na época –, Ovalle ficou tão escandalizado, achando aquilo de uma vulgaridade sem nome, que resolveu tirar dali o seu piano. E achou que não haveria problema em despachar o instrumento para o apartamentinho de fundos que Virginia dividia com as duas amigas.

Uma batalha: foi preciso fazê-lo entrar por uma janela na fachada do prédio, e carregá-lo por um corredor estreito até o minúsculo quarto da namorada, onde sobraria espaço apenas para uma cama de solteiro. Ao deparar com a surpresa, Virginia ficou furiosa com Ovalle:

– Tira esse piano daqui, não quero ouvir tocar, fora com esse piano!

O jeito foi alugar um pequeno apartamento no lado oeste da 16th Street, número 161, cujo locatário anterior tinha sido o escritor Vianna Moog, colega de Ovalle na Delegacia do Tesouro. "E então, para acompanhar o piano, ele me botou dentro do apartamento...", contará Virginia. Ovalle raramente tocava, assim como pouco pousava ali: quando ia visitar a namorada, quase sempre pegava o metrô de volta para o Century Hotel.

O aluguel do apartamento, cerca de cinqüenta dólares mensais, não pesava ao mão-fechada Jayme Ovalle. Sua ficha funcional informa que naquele ano de 1948 seus vencimentos como oficial administrativo classe 26 eram de 8400 cruzeiros, que ao câmbio oficial equivaliam a uns 450 dólares. Já lhe bastariam. "Naquela época, era apertado mas ainda se podia viver em Nova York com 550 dólares mensais, mesmo com mulher e uma filhinha de um ano", contou Fernando Sabino sobre a sua própria experiência de morador na cidade.

Ovalle dispunha de muito mais do que aqueles 450 dólares, que seriam o seu ordenado se estivesse no Brasil. O fato de estar servindo no exterior multiplicava por seis essa quantia. Segundo contava um de seus colegas na Delegacia do Tesouro em Nova York, Artur Oscar de Obino, ganhava-se ali 3 mil dólares – "mais, muito mais que um general três estrelas americano ou que um gerente de banco". Exatamente por isso, Obino estranhava que o decano da equipe tivesse escolhido morar no Century, "um hotel que mereceria no máximo duas estrelas". Surpresa nenhuma para Virginia Peckham, que, sem ressentimento, dizia: "Ovalle era pão-duro, impossível tirar algum dele. Não sabia gastar dinheiro. Só com restaurantes e, principalmente, uísque".

Além do ordenado, Ovalle tinha outra fonte de renda, que, embora intermitente, não raro jorrava em sua conta bancária. Enquanto foi conferente na Alfândega brasileira, ele teve direito a uma participação nas multas ali aplicadas. Muitas vezes a questão ia parar na Justiça e se arrastava – e, assim, embora em Nova York já não lhe coubesse fiscalizar bagagens, volta e meia entrava um dinheirinho extra. Quando isso acontecia, a boa nova chegava em carta de Murillo Hermes da Fonseca – o sobrinho que ele levara para estudar em Londres, agora seu procurador no Rio de Janeiro. Ovalle então mandava instruções sobre o que fazer com os cobres supervenientes: "Dar tanto à afilhada Pupa, tanto a fulano, depositar o resto na minha conta". Era comum deixar o pobre Murillo de cabeça quente, pois não se preocupava em datar suas cartas – limitava-se a registrar no cabeçalho o nome do santo do dia. "Quando foi que você me escreveu?", precisava às vezes saber o procurador. "No dia de São Miguel", respondia ele candidamente.

Na Delegacia do Tesouro, a rotina de trabalho não chegava a ser cansativa. Jayme Ovalle era o mais velho numa equipe de quinze funcionários, sob o comando do delegado Mário Câmara. O mais novo, com vinte e poucos anos de idade, era o já citado Artur Oscar de Obino, que guardará de Ovalle a imagem de "um homem muito alegre, meio estranho, exótico, de todos muito querido e que levava tudo na brincadeira", excetuadas as suas obrigações funcionais, que consistiam em rever as contas enviadas pelos embaixadores brasileiros de diversas partes do mundo. "Uma espécie de Tribunal de Contas", comparou Obino, que serviu em Nova York nos mesmos quatro anos em que ali esteve Jayme Ovalle.

"Lá está ele, no 54º andar do mais alto edifício da Rockefeller Plaza", descreve Fernando Sabino,

> manejando *bordereaux* e taxas cambiais, convertendo franco suíço em dólar e redigindo um ofício ao cônsul da Noruega. Agora parou um instante, tirou o monóculo, falou qualquer coisa para si mesmo, como: "o silêncio das coisas tem um sentido".

Foi no escritório da Delegacia do Tesouro que se passou uma das histórias mais conhecidas de Ovalle em Nova York, como todas as demais entortada pelas muitas bocas que a propagaram. Fiquemos com a versão de Fernando Sabino, testemunha ocular:

> Uma tarde me telefonou da sua repartição (com o auxílio da telefonista, é claro) dizendo emocionado achar-se no céu, entre as nuvens. Imediatamente fui lá para ver o que acontecia, pois não é do seu costume ir ao céu nas horas de expediente. Encontrei-o na sua mesa atulhada de papéis, agitando os braços, feliz, literalmente entre as nuvens, nadando em nuvens:

> abrira a janela pouco antes e a nuvem que rodeava o edifício invadira a sala aos poucos, envolvendo-o por todos os lados, trazendo aos seus olhos um pouco de eternidade.

A revisão de *The Foolish Bird* avançava – as cinqüenta páginas trazidas de Londres haveriam de engordar para mais de noventa –, mas Jayme Ovalle não queria que esse esforço prejudicasse o trabalho de Virginia Peckham com a sua própria literatura. Fez questão de lhe dar condições para escrever seus romances. E ela não o decepcionou: em 1949, dois anos depois da pífia estréia com *Harm's Way*, viria *Proud Angela*, romance que dedicou a Jayme Ovalle. A essa altura, a jovem escritora já não resistia à corte do namorado. "Acabei gostando muito dele", contava Virginia, "como amigo, como pai, como protetor." Ovalle, de fato, a cercava de cuidados, e aos poucos fez dela seu principal discípulo, posto até então ocupado por Fernando Sabino – que, segundo ela, não conseguiu disfarçar seu ciúme ao ser desbancado na preferência do mestre.

O fato é que, a partir daí, Ovalle se afastou um pouco dos amigos brasileiros. "Anda meio sumido", comentou Sabino em carta a Otto Lara Resende, "diz ele que metido em complicações com o seu anjo da guarda, que quis envolvê-lo num complô celestial." A Vinicius de Moraes, contou que o compositor andava "perdido em amores circunflexos com uma poetisa psiquileita" – sem esclarecer que diabo seria isso. De Hollywood, onde vivia, o poeta e vice-cônsul fez saber a Manuel Bandeira, em 11 de janeiro de 1948:

> Ontem falei pelo telefone com o Ovalle, ele muito preocupado com o "dinheirinho" que eu estava gastando na ligação: "tá gastando muito dinheirinho, neguinho..." – e lembramos você juntos. Estava achando a neve "muito bonita" e me disse que tem uma nova mulher apaixonada por ele. "Chora muito bem, neguinho." Foi sem dúvida a melhor coisa que fiz em 1948.

José Auto, que depois do episódio da sonetização do "Canto suicida" e do destampatório por motivos religiosos quase não via Jayme Ovalle, limitando-se a falar com ele por telefone de vez em quando, encontrou-o por acaso e recolheu novidades que repassou a Vinicius de Moraes: o amigo andava "muito ancho", não apenas porque Manuel Bandeira lhe mandara um exemplar de suas recém-publicadas *Poesias completas*, mas também por causa do "noivado": "Diz que vai casar com a Virginia, a quem ele converteu e fez batizar", contou José Auto. "Acaba de alugar apartamentinho na rua 16, quase Greenwich Village. Parece estar forte nas intenções e bastante mais repousado."

O jornalista deu notícia também de "melhoramentos" na vida de Ovalle: tinha mudado, não da água para o vinho, mas do *rye* – o uísque americano elaborado com centeio, milho e cevada – para o *scotch*. "Imposição da prometida", fofocou José Auto. E seu visual já não era o mesmo: o cabelo, que desde "o princípio da corte [...] se tornara negro como a asa da graúna, agora, depois de um corte baixinho, volta a ter aquele velho e familiar tom grisalho". José Auto parece ter ficado deveras impressionado com aquele novo Jayme Ovalle, tanto que voltou a escrever a Vinicius, repisando e ampliando informações já fornecidas. Estava pasmo com o que considerava um caso de "regeneração", e também, insistiu, com a mudança de hábitos etílicos:

> É o que estou lhe dizendo, meu amigo. Comprou um piano para aprender música, dizem que já quase não bebe e vai casar com a Virginia, uma poetisa americana que ele converteu ao catolicismo (era comuna), fez batizar na igreja e que, por sua vez, fê-lo mudar do *rye* com água morna para *scotch* com soda.

O próprio Ovalle, feliz a mais não poder, fez chegar a Vinicius, em Los Angeles, informações que o poeta imediatamente retransmitiu a seu "Manezinho querido", Manuel Bandeira, no Rio de Janeiro. Também Vinicius estava encantado com Virginia Peckham, que achou parecida com uma famosa escritora inglesa:

> Outro dia Ovalle me mandou uns recortes pela Doris, sobrinha dele, que anda por estas bandas, com notícias e retrato da bem-amada, que ó céus

> também é literata. Vai publicar uma novela, e é acusada de tendências místicas, como soía. É novinha novinha e bastante bonita, com cara de Rosamund Lehman e essa coisa. Escrevi de volta para ele pois sei que está muito apaixonado, tendo passado de *whisky bourbon* para *scotch*, e feito visitas a progenitores que, segundo ouvi dizer, são gótico americano 100%.

"O que há de positivo sobre o caso do Ovalle com a americana?", indagou Bandeira a Vinicius em maio de 1949. "Ele casou? Vai casar?" Já não tinha, àquela altura, a menor esperança de que o próprio Ovalle desse resposta às cartas que lhe enviava do Rio de Janeiro. Seu silêncio postal naqueles quatro anos de Nova York só não seria absoluto porque houve, em 1º de setembro de 1947, aquela carta de que em outro capítulo se falou, escrita com a colaboração não apenas datilográfica de Fernando Sabino.

> Manuel, não precisava de ameaçar três vezes: "só se me escrever". Você sabe, irmãozinho, que eu não queria outra coisa, senão lhe escrever. Vinha sonhando com isso há muito tempo: escrever-lhe, relatando todos os meus segredos, como eu fazia antigamente, de manhãzinha, pelo telefone.

A pouco mais de um mês de conhecer Virginia e de lhe beijar os pés numa calçada de Greenwich Village, Ovalle falava de outra ocorrência amorosa:

> Gostaria de ser simples escrevendo, como tocando violão, para lhe contar a minha nova história de amor, por uma moça de verde da Califórnia que veio com uma carta de apresentação do nosso Vinicius, somente para ver minha caveira já tão desfigurada pelos anos. Mando-lhe cópia dessa carta cruel do menino traquinas, ao qual eu apelidei de "Anjo do Inferno". Pois o safadinho disse em carta ao Fernando Sabino que fez tudo isso de propósito, porque sabia que eu iria me apaixonar por ela. Irmãozinho, nunca vi uma musa tão fértil e tão pura. Em menos de duas semanas extraí dela uns vinte poemas. Ia lhe mandar alguns deles, mas na hora de passá-los à máquina notei que podia melhorá-los. Assim, ficará para a próxima vez.

Não haverá, por carta pelo menos, uma "próxima vez", e por ora Ovalle se limita a comunicar a Bandeira uma das descobertas que, com Fernando Sabino, tinha feito:

> Cada poeta é amasiado com uma palavra que ele acaba por desmoralizar. Por exemplo: "mensagem", Schmidt; "você", Guilherme de Almeida; "anjo", Jorge de Lima; "satã", Murilo Mendes; "mulher", Vinicius de Moraes, etc.

Outra "descoberta" do missivista e seu datilógrafo, enquanto contemplavam Nova York do alto daquele 54º andar onde Ovalle supostamente estava trabalhando (era uma segunda-feira): "Sentimos que a ilha de Manhattan é um transatlântico atracado no cais. De repente levantará ferros e ganhará o mar". Essa era a segunda previsão de Ovalle sobre o futuro de Nova York: em outra ocasião, sua veia profética anunciou que em algum momento de 1968 ou 69, subitamente, toda a população abandonaria a cidade; só não contou a novidade a Augusto Frederico Schmidt porque, explicou Sabino, ele fatalmente escreveria um poema...

O fecho da carta, escrito à mão com a caligrafia angulosa de Ovalle: "Por hoje é só, já que o datilógrafo foi embora; com muito afeto, de seu amigo de sempre, o fiel, enquanto respirar, Ovalle". Entre parênteses e em maiúsculas, um pedido: "RESPONDA, IRMÃOZINHO".

À vontade para pedir resposta, ele próprio retomaria, depois dessa solitária carta, a sua tradição de inadimplente postal. Nela permaneceu até mesmo quando lhe chegou um envelope capaz de providenciar a felicidade do destinatário. Naquele mesmo ano de 1947, o fotógrafo Jean Manzon fez para a revista *O Cruzeiro* uma série de fotos de mulatas na praia de Copacabana. O poeta panamenho Homero Icaza Sánchez, ex-aluno e eterno pupilo de Bandeira, além de duas vezes afilhado de casamento, acompanhou o trabalho de Manzon, e quando contou ao padrinho que havia meia dúzia de fotos não aproveitadas, Manuel, antevendo diversão, pediu: "Me arranja! Quero fazer um presente". Mandou-as para Ovalle, mulatófilo fervoroso e de longa data. Não teve resposta, mas certamente agradou. Muitos anos mais tarde, flanando em Manhattan, outro poeta, Murilo Mendes, registrará no capítulo nova-iorquino de seu livro *Carta geográfica*:

> Giro nas ruas de largos passeios onde cabe a humanidade, surpreendo pretas de se perder a cabeça, louras que Jaime Ovalle, reajustando o monóculo, promoveria a mulatas.

Ovalle muito provavelmente deixou sem resposta a carta-poema que, sob o título "A Don Jayme de Aragon y Ovalle", seu amigo Ribeiro Couto, então embaixador do Brasil na Iugoslávia, lhe enviou de Belgrado em abril de 1949, com a assinatura "Dom Ruy dos Ribeiros Coutos", e que Virginia encontrou entre seus guardados:

> Pela rua Moraes e Valle
> O violão do Jayme Ovalle
> Muita serenata gemeu.
> Depois, mudou-se para os Arcos
> E seus dedos ficaram parcos...
> O violão emudeceu.
>
> "Eu quero que você se enforque!",
> Diz ele agora em Nova York,
> "Não me fale do violão!"
> Ai! Jayme de Aragon y Ovalle,
> Ainda que o violão se cale,
> Tudo em mim é recordação.
>
> "O Couto é um sujeito cacete."
> Oh! velhas noites do Catete,
> Quanta vida morta lá vai!
> Miséria, média-com-pão-quente,

Madrugadas, conversa ardente
À porta da Pensão Schray!

Nas Américas ou na Europa,
Anda dispersa a nossa tropa.
Alguns até já Deus levou.
Companheiros da madrugada,
Já não respondem à chamada,
Mas em mim sua voz ficou.

Que em breve a nossa voz se cale,
Ó Jayme de Aragon y Ovalle,
Será natural também!
Mas enquanto a vida não passa,
Mande-me um ar da sua graça,
Se é que ainda graça você tem.

A notícia de que Jayme Ovalle havia convertido ao catolicismo "uma comunista" correu entre os amigos quase como se fosse mais um de seus prodígios. Até o final da vida, porém, Virginia Peckham sustentaria que se converteu por iniciativa própria – e não por influência ou pressão de Ovalle, como suposta condição para se casar, embora em seguida ela caísse no que não deixava de ser contraditório:

– Um dia ele me disse que ia deixar de me "guiar" se eu me convertesse ao catolicismo, e eu respondi: se você vai deixar de me ver como uma coisa dessas, uma pessoa que precisa ser guiada, então é melhor fazer já, é uma boa oportunidade!

Ciosa de sua independência, Virginia sustentava que lhe teria sido mais fácil casar-se com Ovalle sem converter-se ao catolicismo. É pouco provável – até porque aquela não seria a sua primeira união matrimonial: vinha de um brevíssimo casamento, celebrado na igreja protestante e desfeito porque o marido, um judeu de nome Alex, apresentou problemas mentais insuperáveis. O moço começou a dizer que era Jesus Cristo. O que, aliás, levava Jayme Ovalle a se perguntar, em momentos de radical perplexidade: "E se ele for mesmo?".

O compositor viveu maritalmente com Virginia em Nova York, mas não queria que, no Rio, a companheira enfrentasse a sua família sem estar casada, pois estaria exposta a humilhações. Convertida ao catolicismo, a noiva só poderia casar-se novamente se o primeiro casamento fosse anulado – o que veio a acontecer, em foro canônico, o que é bastante raro, porém ao preço de longa e desgastante espera, até que o cardeal de Nova York desse o sinal verde.

Quando, ainda no apartamento da 16th Street, Virginia recebeu o repórter do *Worcester Sunday Telegraph*, em 1949, falou de sua então recente conversão ao catolicismo, concretizada – ela teria sempre a data na ponta da língua – no dia 15 de fevereiro de 1948. Nada via de estranho nessa guinada depois de ter sido comunista – ao contrário, estava certa de que fora um movimento natural:

> Num sentido, comunismo e catolicismo têm muito em comum. O comunismo busca unificar o mundo materialmente, e o catolicismo tenta fazê-lo espiritualmente. Descobri que o único verdadeiro internacionalismo é o Deus que criou o mundo.

Até então Virginia, de formação protestante, gostava de espicaçar os amigos católicos, em cuja religião não via mais do que uma idolatria primitiva. Mas quando começou a ler São João da Cruz e Santa Teresa de Ávila, deparou com questões para as quais não tinha resposta. E um dia, finalmente, entrou na igreja do Santíssimo Sacramento, na 71st Street.

"Eu não sabia a diferença entre um sacristão e um padre", disse ao jornalista do semanário de Worcester.

> Havia um homem de batina na nave lateral da igreja, com os braços cheios de velas apagadas, e me aproximei dele. Ele me encaminhou à casa paro-

quial, onde encontrei o irmão Bernard Conroy. Vi-o três vezes por semana e me batizei seis semanas depois.

Tornou-se rotina para Virginia, a partir de então, acordar às sete da manhã e, às oito, assistir à missa na igreja de São Francisco Xavier, a poucos passos de casa, na 16th Street, que com menos regularidade era freqüentada também por Jayme Ovalle. Nem por isso ela viu necessidade de dar sumiço numa imagem de Buda que, mesmo não sendo budista, tinha no apartamento. Cuidou apenas de escondê-la na noite em que o casal Viana Moog lá esteve para jantar.

De segunda a sexta-feira, fechada no apartamento 3J, Virginia se entregava à literatura. Seis páginas por dia, em média, contabilizava, escritas de preferência no final da tarde, começo da noite, em arrancadas de duas horas e meia, depois de ter estado algum tempo a ouvir rádio e a ruminar a sua ficção. Tinha um projeto ambicioso, que não chegou a executar: escrever um livro por ano durante a próxima década. E trabalhar, também, na pintura e na escultura, terrenos em que se estava iniciando.

Pelo meio-dia, Virginia Peckham pendurava no ombro uma bolsa de couro, grande o bastante para conter os manuscritos do livro que estivesse em andamento, tomava o metrô na 14th Street com a Sexta Avenida e ia almoçar com Ovalle nas imediações do Century Hotel. "Almoçar com amigos" – informou ao repórter do *Worcester Sunday Telegraph*, refugiando-se discretamente num ecumênico plural. Os dois iam muito ao Amalfi, restaurante na sobreloja de um prédio na 47th Street. À noite, era Ovalle que descia para jantar com Virginia no apartamentinho da 16th Street. Ela costumava então lhe falar do que havia escrito durante o dia, "e ele, claro, não entendia nada. Mas opinava, gostava de certos personagens, não gostava de outros. Teve uma ocasião em que matei um personagem de um livro que estava escrevendo e ele disse que eu não tinha nada que matar esse sujeito. Eu disse: eu não matei, ele morreu".

A bares, iam raramente – preferiam beber em casa. Seus passeios pela cidade ganharam maior alcance quando, em 1948, ele comprou um velho

Dodge cinzento – "horrível", achava Virginia – que pertencera a Viana Moog. A bordo desse carro, foram três ou quatro vezes a The Cloisters, o convento construído ao norte de Manhattan com pedaços de edificações medievais trazidas da Europa. Numa das poucas fotos de sua fase nova-iorquina, feita em 1948, o compositor está sentado no banco do carona de seu Dodge.

A certa altura começaram, como tantos casais enamorados, a se chamar por apelidos. Ela adotou o "Yoyô" da família Ovalle. E ele, que já tinha inventado "Guinguinha" para a irlandesa Elizabeth, criou "Logínia" (ou "Loginha") para a nova namorada. "Por que Logínia?", perguntou ela, levando-o a sacar um pouco de etimologia: vem do grego *logos*, que quer dizer palavra, mais uma dose de diminutivo. "Engraçado, não?", haveria de se enternecer sua viúva nos anos finais de vida. "Para ele eu era uma pequenina palavra, uma palavrinha..."

Tanto arrulho era sinal de que a empedernida solterice de Ovalle estava por um fio. Ele próprio, aos poucos, fez correr a novidade. Um dia se encontrou com a jovem musicóloga carioca Mercedes Reis, futura mulher de seu amigo Evandro Pequeno, de quem acrescentaria o sobrenome, e futura fundadora da Seção de Música da Biblioteca Nacional.

Nova York, 1948: Jayme Ovalle compra um Dodge cinzento – "horrível", na opinião da namorada Virginia. A foto registra uma das marcas do compositor: o cigarro preso entre o anular e o mindinho

– Você sabe, minha filha – disse-lhe Ovalle –, eu vou me casar – e julgou necessário justificar o passo que finalmente ir dar: – Ela compreende a minha música.

Foi para ele um tempo de felicidade, e não apenas pelo amor novo em folha. Para surpresa de amigos que o tinham na conta de um bicho-do-mato, Ovalle estava gostando de viver nos Estados Unidos. Alguns anos depois, já de volta ao Rio, arriscaria em conversas de bar alguns paralelismos, como contou Tom Jobim na abertura de uma entrevista que fez, em 1985, com o fotógrafo americano David Drew Zingg. "Jayme Ovalle", lembrou Jobim, "costumava dizer que São Paulo é os Estados Unidos do Brasil. E Nova York, o que é Nova York, Jayme?, nós perguntávamos. 'Nova York é a São Paulo do mundo'."

Em Manhattan, contava Virginia Peckham, ele se sentia com disposição para programas que no Rio de Janeiro, antes e depois de Nova York, não lhe pareciam tentadores. Um deles era ir ao cinema; adorava filme de Carlitos. Mas não é impossível que só tenha tomado gosto por esse tipo de programa depois de conhecer Virginia, considerando-se a veemência com que, numa tarde de sábado, em 1947, recusou convite de Fernando Sabino para ir ver um filme com ele. "Deus não está no cinema", rechaçou. Nem no teatro, prosseguiu – "você acha que Deus freqüenta teatros?". E nos concertos?, quis saber o outro. "Só de Beethoven", delimitou Ovalle, e mesmo assim apenas se o programa incluísse a *Terceira*, a *Sexta* e a *Oitava* sinfonias – "Não a *Nona*, que pareceria concerto em homenagem a Ele". E arrematou, desvendando uma singular exceção nos hábitos de lazer do Criador: "Já no circo, por exemplo, Deus sempre estará".

Vaidoso, Ovalle fazia questão de se vestir bem. Segundo Virginia, "comprava sapatos bonitos, caríssimos, e ternos de tecido com riscas de giz, roupa de diplomata – aliás, gostava muito de ter passaporte diplomático", que a sua condição de funcionário da Delegacia do Tesouro lhe proporcionava. Cuidava da aparência. O senão, para Virginia, era o monóculo, que além de "feio, ridículo", "caía, ficava sujo, não dava para enxergar". Já no primeiro encontro, na galeria de arte, ela observara, e mais tarde registrou num poema: "*His monocle fogs*".

Quando o conheceu, notou também que ele tinha "uns buraquinhos no rosto", e lhe perguntou:

– Você teve muitas espinhas quando era rapaz?

– Não, não, eu apanhei de garfo...

A família de Virginia veio a gostar dele, mas, previsivelmente, reagiu mal à notícia de que a filha, mal saída de um casamento malogrado, estava agora de namoro com um homem tão mais velho do que ela. No princípio, Virginia contava, "ficaram horrorizados, 'oh meu Deus, que coisa horrível, você não vai fazer uma coisa dessas, não é possível!'". Pouco tempo bastou para que a estranheza se dissolvesse em aceitação. Só com Edmund, irmão de Virginia, Ovalle não chegou a se entender, numa incompatibilidade sem explicação nem remédio. "Criou ódio instantâneo", contava ela, que logo aprendeu: o namorado era "um homem cheio de julgamentos. Não esperava, julgava logo. E sempre estava certo".

Com os pais não houve problema maior, tanto que Virginia levou o namorado para passar um Natal com eles em Worcester. Mas tudo tem limite: cada qual no seu quarto. Foi nessa ocasião, aliás, que ela pôde testemunhar uma manifestação da paranormalidade do futuro marido. Pouco depois de se recolher, Ovalle saiu do quarto, assustado:

– Tem uma velhinha que está muito doente, sem ninguém que a salve!

A namorada se alarmou:

– Não diga isso a meu pai! É minha avó: puseram você no quarto onde morreu minha avó...

Quando contava esse caso, a memória de Virginia regurgitava instantaneamente a lembrança de uns versos dos "Três pontos de santo" de Ovalle:

Tem morador
Por certo tem morador
Por certo tem morador
Na capela que o galo canta
Por certo tem morador

"Ele não era completamente humano", dizia, "tinha percepções extraordinárias, realmente via coisas que, para os outros, não estavam lá."

Anjos, por exemplo. Num dia de inverno, em Atlantic City, ele chegou-se à janela do quarto de hotel para ver a neve cair – e às tantas chamou Virginia para lhe mostrar alguma coisa sobre um deque de madeira: "Seu arcanjo está lá na calçada, com os braços abertos". Não tinha, naquele momento, uma gota de álcool no sangue.

O cronista Alvaro Moreyra testemunhou algo não menos impressionante. Saía de um cinema, no Rio de Janeiro, quando viu passar, lento, meditativo, seu amigo Jayme Ovalle. "Tinha o ar de ter ido para muito longe", notou o escritor gaúcho. Caminharam lado a lado em meio à multidão de começo de noite – e de repente Ovalle estacou, os olhos cheios de lágrimas: "O caminho do Céu está cheio de anjinhos japoneses...". Mais não disse. Alvaro só foi entender quando viu no jornal na manhã seguinte:

CATÁSTROFE, AO CAIR DA TARDE, NO JAPÃO.
MILHARES DE CRIANÇAS MORTAS.

Na véspera, primeiro de setembro de 1923, um dos terremotos mais devastadores de que se tem notícia – 7,8 ou 8,3 graus na escala Richter, conforme a fonte – tinha sacudido Tóquio, Kwanto e Yokohama e matado mais de 140 mil pessoas.

– A maior parte dos anjos que a gente tem são *patauds* – dizia Ovalle, recorrendo a uma palavra francesa para descrever seres humanos de baixa estatura e de pernas grossas, condenados a se mover pesadamente. – Deste tamanho – e baixava a mão espalmada para mostrar uma pessoa pequeníssima. – Não andam direito, são mancos.

A Lapa, dizia Ovalle, era "infestada de *patauds*".

Se o interlocutor dava sinais de não acreditar, ele simplesmente chorava. "Eu vou chorar para provar", dizia, e se desfazia em lágrimas. Recurso que podia utilizar, também, em outros contextos – o literário, por exemplo. Fernando Sabino lhe mostrou certa vez um texto de ficção que acabara de escrever, e Ovalle, tendo levantado uma objeção, quis fazer prevalecer o seu comentário.

– Quer que eu chore? – indagou, e tirou o monóculo para que as lágrimas descessem livremente.

(Voltaria a lançar mão do recurso lacrimogêneo para dobrar o mesmo interlocutor. O jovem Sabino lhe contou que tinha escrito uma crônica na qual, em tom de grandiloqüente pacifismo, condenava todo tipo de guerra. Ovalle reagiu com inesperada veemência:

– Que é que você entende de guerra? Você está errado. Não sei dizer por quê, mas você está errado – e foi adiante, debruçando-se sobre a mesa para segurar a gola do paletó do amigo: – Quer que eu chore para provar?

Conta o escritor mineiro: "Para meu pasmo, se pôs a chorar sem transição, um choro convulso, de criança, com soluços e lágrimas abundantes. Os outros fregueses se voltaram, estarrecidos, para aquele senhor de cabelos grisalhos em prantos diante de mim, enquanto eu me encolhia na cadeira sem saber o que fazer. Veio a garçonete, veio o próprio gerente para saber o que havia, alguns curiosos nos rodearam e ele sempre a chorar: – Está convencido agora? – gaguejava, entre soluços. – Tenho ou não tenho razão?")

Quando conheceu Virginia, Jayme Ovalle já não procurava terreiros de macumba, como fizera, tão freqüentemente, na juventude. Ia longe o tempo em que arrastava para esses lugares os "macumbeiros" que Mário de Andrade citaria nominalmente no pé do sétimo capítulo de *Macunaíma*, Ovalle inclusive. Mas não esquecera ou renegara o que ali aprendeu. No Rio de Janeiro, já casado, chegou um dia em casa e encontrou uma encrenca: Virginia tinha dispensado uma empregada que maltratara Mariana, mas a criatura recusava-se a ir embora.

– Ela vai – disse Ovalle.

– Não vai, está lá trancada no quarto.

– Ela vai – insistiu ele, já se encaminhando para a área de serviço.

"Quarenta e cinco segundos depois", lembrava Virginia, "ela saiu como um foguete". Perguntou ao marido o que ele tinha feito: "Nada".

Não era só o peso da autoridade de macho e de dono da casa, percebeu ela: Ovalle tinha mobilizado poderes – dos quais de vez em quando se assenhorava. Como no caso da doença de Jorge de Lima, que Carlos Drummond de Andrade contará por ocasião da morte do compositor. Da área de

serviço do apartamento dos Ovalle em Copacabana era possível ver o do poeta alagoano, e um dia, tendo se postado ali, Ovalle comentou com Virginia:

– Jorge já foi.

Era 15 de novembro de 1953, e o autor de *Invenção de Orfeu*, que ele sabia apenas estar muito doente, tinha acabado de morrer.

Além de ser clarividente, ele acreditava na força de outras religiões – e era por isso que, segundo Virginia, d. Clemente Isnard tinha dificuldade com aquele amigo em quem catolicismo e macumba conviviam numa tão inadmissível harmonia. "Você tem de dizer que não acredita nessas coisas", rogava o sacerdote. "Eu não preciso dizer que não acredito *nessas* coisas", retrucava Ovalle, "só preciso dizer que acredito nas *suas* coisas."

Era um católico originalíssimo, definia Virginia, "e é por isso que os católicos de pé-da-letra, como Gustavo Corção, tinham horror ao catolicismo dele, de alguém que aprende a ser católico sem perguntar a alguém, só com o sentimento, e de olhar imagens e rezar. Um místico, um místico católico sem ser praticante".

Virginia e Ovalle em Nova York: longa espera até que o primeiro casamento dela fosse anulado. O marido, com problemas mentais insolúveis, dizia que era Jesus Cristo. "E se for mesmo?", perguntava-se Ovalle

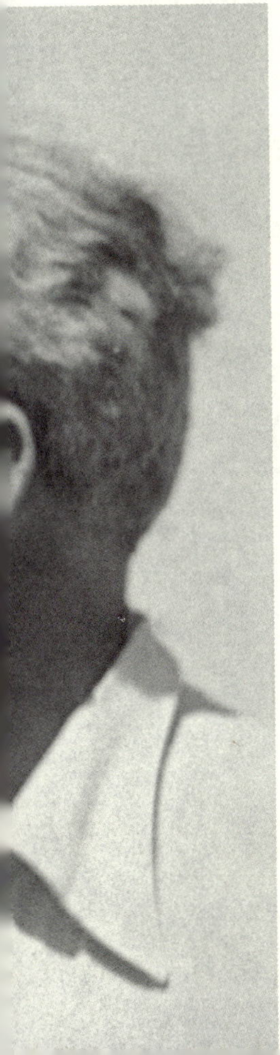

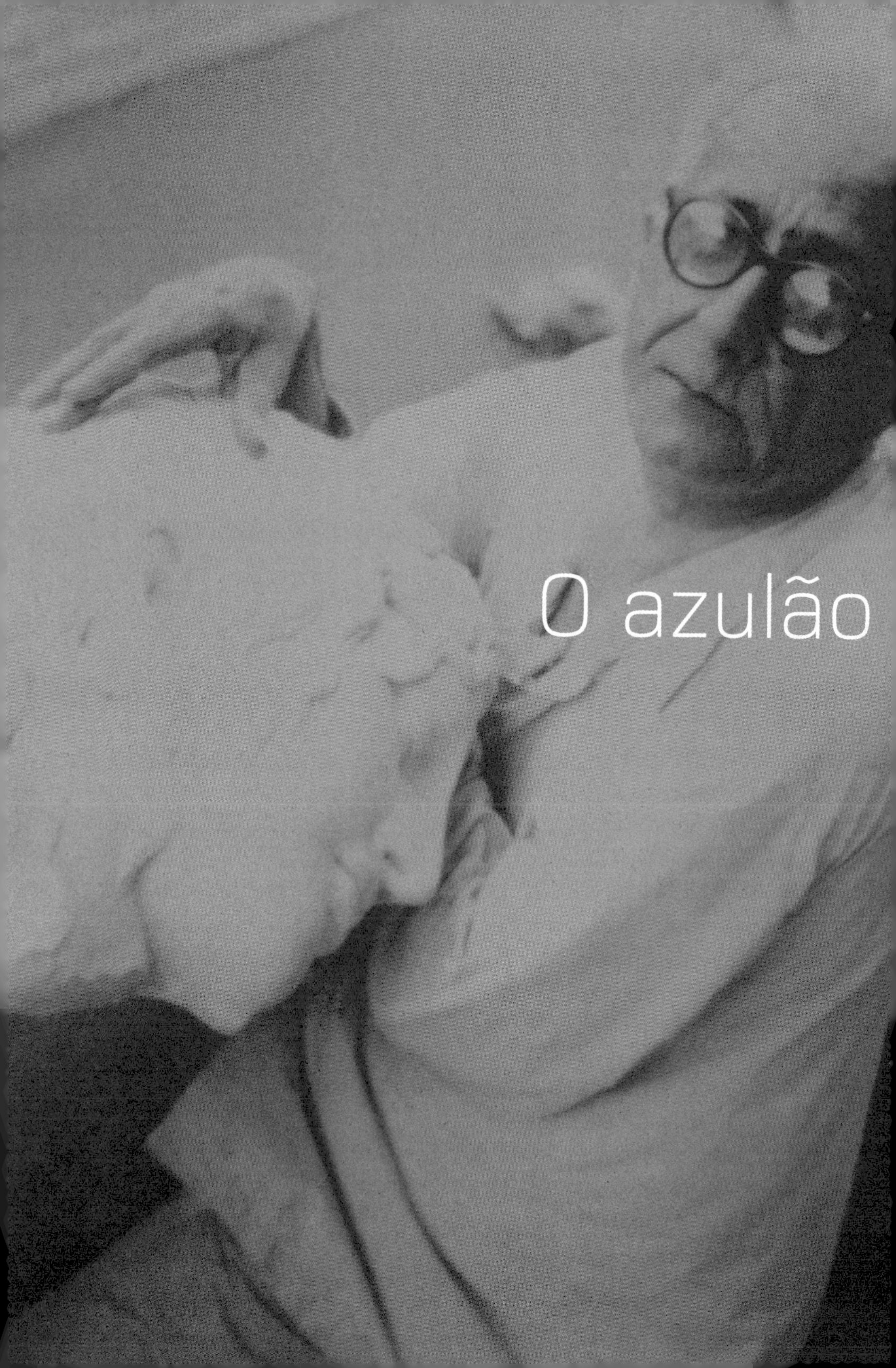

O azulão

10

faz seu ninho

O capítulo nova-iorquino da vida de Jayme Ovalle começou a fechar-se em 26 de setembro de 1949, quando, esgotado o tempo previsto para sua permanência no exterior, um decreto do ministro da Fazenda determinou a sua volta à repartição de origem. O processo haveria, porém, de se arrastar por alguns meses, e só em 3 de fevereiro de 1950 foi sacramentado o seu desligamento da Delegacia do Tesouro em Nova York, com prazo de trinta dias para embarcar de volta ao Brasil e outros quinze, a contar da chegada ao Rio, para reassumir o posto na Alfândega do Rio de Janeiro.

Assim como na despedida de Londres em 1937, Ovalle deixou Nova York sob confetes burocráticos, devidamente consignados na sua ficha funcional:

> Foram salientados os serviços prestados pelo funcio-

nário em apreço, com eficiência, zelo e dedicação, durante o período em que serviu naquela Delegacia.

A viagem de volta foi feita no prazo previsto, mas não a reintegração à Alfândega. Graças a sucessivas licenças que obteve, entre elas uma licença-prêmio, ele não retornou ao trabalho antes de 18 de junho de 1951. E foi um novo Jayme Ovalle que, naquela data, retornou aos armazéns do cais do porto: era, fazia pouco mais de um mês, um homem casado.

Mas nada fora muito simples no largo parêntese entre a partida de Nova York e a subida ao altar no Mosteiro de São Bento, no Centro do Rio de Janeiro.

Para começar, Virginia e Ovalle não voltaram juntos. Corria ainda o pedido de anulação do primeiro casamento da jovem americana, realizado na igreja protestante. E o noivo, na verdade, não sabia bem o que fazer com ela antes que chegasse o ansiado *nihil obstat* matrimonial. Temia que Virginia ficasse demasiadamente exposta à falta de simpatia, para dizer o mínimo, do clã Ovalle.

Por isso ficou acertado que Virginia não seguiria direto de Nova York para o Rio de Janeiro. Ela viajou, primeiro, para a Europa, onde passaria alguns meses em companhia de uma sobrinha do noivo, Isolda Hermes da Fonseca – irmã de Murillo, o rapaz que ele levara para Londres na década de 30. A moça, que se iniciava nas artes plásticas, estava vivendo em Florença, em companhia do marido, o americano Grover Chapman, também ele artista, bolsista de seu governo na Academia Michelangelo. Boa parte da vida de Chapman, com quem Isolda teria duas filhas, haveria de transcorrer no Rio de Janeiro, onde veio a morrer, aos 77 anos, reconhecido no Brasil menos por seu trabalho de artista do que pelas campanhas contra a sujeira urbana que promoveu no bairro da Urca.

Virginia acreditava que, em algum momento dessa penosa separação, o futuro marido, no Rio, se deu conta de que, casado ou não na religião católica, o clã jamais aceitaria de bom grado aquela união. A família, sustentava Virginia, achava que Ovalle não deveria se casar, e deixava um enigma no ar: se Leolina, a irmã dileta, estivesse viva, ele nunca teria se casado. Segundo Virginia, os parentes dele argumentavam "que seria ridículo casar com a idade que tinha, e com uma criança trinta anos mais nova, ainda por cima uma norte-americana, ainda por cima uma vagabunda, ainda por cima isso e aquilo...". Perdeu logo as poucas ilusões que pudesse ter: "Não gostavam de mim antes de me verem, e, depois que viram, continuaram a não gostar".

Na avaliação de Virginia, para a família pouca diferença fez quando finalmente chegou de Nova York o documento que dava por anulado o seu primeiro casamento, e, com ele, o sinal verde dos padres do Mosteiro de São Bento para um novo matrimônio. Entre os parentes de Ovalle, contaria ela, ainda havia quem seguisse dizendo a ele: "Sua prostituta americana que chegou aqui...". O que para Virginia, bem mais tarde, já viúva e madura, continuaria soando no mínimo como injustiça:

– Nós fomos amantes tão pouquinho na vida – revelou no início dos anos 90. – Poucos meses em Nova York, antes da conversão, e poucos meses depois de nos casarmos. Pouquíssimo tempo como amantes. Foram oito anos de amizade, mas a família continuou a falar.

Ecos da hostilidade de que Virginia se queixava atravessariam décadas para chegar à filha do casal:

– Acho que a família e os amigos do meu pai não queriam que ele casasse – disse certa vez Mariana Ovalle. – Talvez o quisessem só pra eles. Ou talvez quisessem que se casasse com uma brasileira. Ou não gostavam da minha mãe porque ela era diferente, era artista, *beatnik*...

No Brasil, tanto Ovalle como Virginia começaram a viver papéis bem distintos dos que tinham vivido em Nova York. Ela foi descobrir nele uma latinidade que andara adormecida, e que agora se espraiava numa insuspeitada exuberância social. "Brasileiro lá fora não é bem a mesma coisa que brasileiro no Brasil, não é?", observava. No seu caso, a adaptação haveria de ser muito mais radical:

– Eu era artista, escritora, militante comunista, rebelde e tudo o mais, e rapidamente tive que entrar numa estrutura completamente outra, com responsabilidades de esposa, de mãe, e com aquela família tão diferente da minha. Mas eu aceitei, fiquei direitinho.

Virginia já desconfiava do que a esperava no Brasil quando, com Isolda, tomou na Itália o navio rumo ao Rio de Janeiro. Dispôs-se a enfrentar a situação.

Ovalle tinha alugado um apartamento de três dormitórios do velho camarada e compadre Mário Guaraná de Barros na rua Dias Ferreira, esquina de General Artigas, no Leblon, onde os dois iriam morar depois de se casarem. Foi ali que Virginia Peckham viveu o começo de seus quase quinze anos de Brasil. Por algum tempo, dividiu o espaço com Isolda, no que foi uma coabitação nem sempre pacífica. "Aquilo desandou", contava, "tivemos brigas." Uma delas, ironicamente, em torno de *Guerra e paz*, numa disputa para saber se o romance de Tolstói era melhor na tradução francesa – opinião defendida por Isolda – ou na inglesa. "Ridículo, não?", comentava Virginia. "Mas foi uma briga séria, e depois disso passamos um mês sem nos falar."

Para não escandalizar a família, Ovalle não se aboletou no apartamento do Leblon. Como nos tempos que precederam a partida para Nova York, instalou-se no Palace Hotel, na avenida Rio Branco, o mesmo onde vivera amores com uma pomba – e foi então que protagonizou a bizarra experiência de ser o último hóspede antes da demolição do prédio, derrubado naquele ano de 1950 para dar lugar ao edifício Marquês de Herval. No romance *O encontro marcado*, Fernando Sabino carregaria nas tintas da dramaticidade ao descrever, pela boca de Germano/Ovalle, a agonia do outrora glorioso Palace:

> Eu estou morando sozinho neste hotel: todos os hóspedes já foram embora, só eu fiquei, pedi que me deixassem mais uma semana, só preciso de uma semana. Pois aqui estou eu, e os ratos. Há ratos por todo lado – às vezes passeio pelos corredores vazios, entro num quarto e noutro, tudo vazio, parece um navio abandonado, vai afundar. De noite fico quieto aqui no meu canto, não há luz, desligaram tudo, breve começam a demolir. Vejo até morcegos nos beirais do telhado, onde antigamente moravam pombas. O prédio todo estala e geme de velhice, parece que vai morrer.

Quando finalmente deixou o Palace, Jayme Ovalle foi morar no Hotel Leblon, que existiu na esquina de General Artigas com a praia do Leblon. Alguma coisa naquele prédio baixo lhe sugeria uma maternidade – e não é impossível que venha daí uma história que conta Fernando Sabino. Em visita a uma maternidade, Ovalle teria passado diante da porta aberta de um quarto, e, ao ver deitada uma mulher de idade, perguntado: "E a senhora, teve uma netinha?".

Jayme Ovalle ia aos poucos apresentando a noiva aos amigos, e foi justamente com o objetivo de promover uma apresentação no atacado que Manuel Bandeira resolveu organizar um encontro em seu apartamento, na avenida Beira-Mar, 406.

Sala cheia. A um canto, mas no centro de olhares maciçamente masculinos, ficou Virginia, com o seu "tu não te lembras da casinha pequenina..." – todo o português, relembremos, de que dispunha ao chegar ao Brasil. "Cheguei sem saber dizer bom-dia", contava ela, que para se comunicar precisou mobilizar "um francês de menina de escola".

Pode-se imaginar o que se passava na cabeça dos marmanjos que a observavam, a julgar por um comentário de Ovalle a certa altura da reunião. Virginia tinha se levantado e cruzado a sala em direção à cozinha – e o silêncio que baixou após sua saída foi tão constrangedor que ele, aflito, preencheu o vazio com esta observação: "Mulher feia é bonito, né?".

Vinicius de Moraes, que como já se disse a considerava "bastante bonita, com cara de Rosamund Lehman", era possivelmente uma opinião minoritária na avaliação dos dotes físicos da jovem noiva de Jayme Ovalle. Achava-a tão atraente que, mais adiante, Virginia já casada, deu de cortejá-la. Ela ficou indignada e foi contar a Ovalle. "Não fala assim do meu amigo não", reagiu ele com inesperada veemência. Segundo Virginia, "achava impossível que alguém pudesse fazer isso com ele...". E acreditava que quando há ciúme é porque a relação ficou "imprestável". Para um macho de sua geração, chegava a ser espantoso que Ovalle não criasse a menor objeção a que, por exemplo, Virginia fosse sozinha ao cinema, em geral nas tardes de domingo, enquanto ele, em casa, tirava uma soneca. "Eu podia andar sozinha", enumerava ela, "ir à casa de uma amiga, às compras, andar na praia, tomar banho de mar desacompanhada..."

Sem prejuízo de outras qualidades, que os mais próximos não tardaram a descobrir, havia quem achasse Virginia pouco graciosa, ou mesmo francamente feia – entre eles, o cronista Antônio Maria, que em março de 1953, em sua coluna no *Diário Carioca*, sob o título "Virgínia", correu o risco de falar de aspectos menos ornamentais de sua amiga americana:

> É dessas mulheres que, num lotação, pedindo licença para passar, a gente sai da frente, sem tirar a cara do jornal. Mais uma americana grande, de ombros chapados e braços compridos, em que apostamos, sem risco de perder, numa briga de socos, com Thiago de Melo, Viriato Corrêa ou Raimundo Magalhães Júnior. Falando com ela, bebendo em sua varanda, aquele lívido uísque irlandês, fica-se, porém, a noite inteira, cada vez mais preso às suas opiniões travadas de sotaque e aos seus feios encantos. A roupa que veste é mais uma concessão à moral de vestir, para não escandalizar o próximo, do que pano de cobrir e enfeitar. Sua vida é o romance que está sendo escrito, embora, em volta, aconteçam o apartamento de peças imensas e vazias, a filha bonita, a soda, o gelo, o rádio remendado com botões de pijama, a cabeça de mármore cochilando na varanda e Ovalle – que sabe o segredo de todas as coisas, mas que, sendo assunto, não será citado (para não ser gasto) em todo o resto desta nota. Virginia Peckman [*sic*] pintou esses quadros da parede. Cada um é um livro seu e aquele, o da casa que é um rosto vermelho de gente louca, eu gostaria de levar comigo, para nele encontrar os meus pontos de referência, nas horas de perdição. Virginia está sentada na mesa, fumando um cigarro do mesmo nome, dizendo coisas. São as verdades mais cruas, menos gentis, com um exato conhecimento de tudo aquilo e de todos aqueles, que estão em derredor, vivendo, escrevendo e falando. Essa mulher não mente, nem erra. O que me diz de mim é aquilo que eu, infelizmente, sou, embora sem gostar. O que diz dos outros, também, embora, se eles estivessem presentes, a convidassem para brigar na rua. Gosto de ouvir uma mulher assim, rara autêntica, sem cheiro de extrato, sem a mínima tentação de assistir ao "show"

> do Casablanca. Sinto-me conquistado pelas 400 páginas datilografadas no seu livro e, se o meu inglês fosse além do *I have a book*, começaria a lê-lo, agora, para conhecer melhor Virginia Peckman [*sic*], casada, natural dos Estados Unidos, feia, encantadora, mãe, romancista, gente, pintora, católica, escultora, mulher para qualquer empreitada. Desço, ganho a rua, os bares passam por mim e, em nenhum deles, Virginia está fumando de piteira.

Não há notícia de que ela tenha se ofendido com a crua descrição de seus atributos físicos – ao contrário, conservou entre seus papéis o recorte com a crônica de Antônio Maria. E talvez já não se chateasse, àquela altura, com a insistência da imprensa brasileira em estropiar o seu sobrenome de solteira, quase sempre reduzido a "Peckam". Na notícia da morte do marido, em *O Globo*, ela será "Deckham". E quando deixar o país, em janeiro de 1965, um ofício do Museu da República agradecerá a Mariana Ovalle a doação de uma mesa, efetivada por sua "progenitora", "Efigênia".

O sobrenome do marido foi incorporado às dez horas da manhã de um sábado, 26 de maio de 1951, quando Jayme Ovalle e Virginia Peckham se casaram, na Igreja Abacial Nullius de Nossa Senhora do Monserrate, do Mosteiro de São Bento. Uma foto do dia mostra o noivo a pontificar, de terno escuro e gravata clara, lenço branco emergindo do bolso superior do jaquetão, em meio a amigos que constituem uma antologia viva da literatura brasileira de então, todos eles poetas: Olegário Mariano, Murilo Mendes, Aníbal Machado, Manuel Bandeira e Augusto Frederico Schmidt. Este foi, com a mulher, Yedda, um dos padrinhos dos noivos, ao lado de outro amigo de juventude de Ovalle, Álvaro Ribeiro da Costa, ministro do Supremo Tribunal Federal, e da mulher dele, Gelza.

Em outra foto, na qual o oficiante, d. Clemente Isnard, aparece falando aos noivos, Yedda Schmidt está de perfil – e quando viu essa imagem Virginia saboreou uma pequena vingança: Yedda, escreveu ela no verso da foto que enviaria à família em Worcester, deve ter ficado furiosa ao constatar que a câmera flagrara a sua proeminente barriguinha. As duas já então viviam às turras, numa vitalícia antipatia de mão dupla. E muito mais estava por

vir, uma vez que, segundo Virginia, o nariz torcido da sobrinha de Ovalle estava longe de ser uma exceção entre os parentes dele. Praxedes, Cherubina, Orminda – nenhuma das irmãs, lembrará ela décadas depois, foi à cerimônia de seu casamento, nem mesmo ao almoço que se seguiu, na casa de um sobrinho do noivo, Hermes Ernesto da Fonseca, o "Bibi", em Copacabana.

As bodas mereceram notícia na seção "Sociais" do *Correio da Manhã*, sob o título "Enlace Peckham-Ovalle":

> Realizou-se ontem, na Igreja de São Bento, o casamento da romancista norte-americana senhorita Virginia Peckham com o músico e poeta Jayme Ovalle. O ato foi celebrado por d. Clemente Isnard, que pronunciou uma emocionante oração em que lembrou as relações com o nubente desde os tempos de Paquetá. Realizou-se em seguida ao casamento um almoço [...] onde se fez ouvir num discurso de alto sentido espiritual o poeta Murilo Mendes. Falou também o senador Hamilton Nogueira, que salientou a significação de Jayme Ovalle, e a sua influência secreta na vida brasileira. Também se fez ouvir, em nome das novas gerações, reconhecidas a Ovalle, o crítico Otto Lara Resende. Em seguida o dr. Álvaro Ribeiro da Costa, ministro do Supremo Tribunal Federal, saudou a noiva, a romancista Virginia Peckham, em eloqüente discurso. Agradecendo em nome da família, usou da palavra o sr. Augusto Frederico Schmidt, sobrinho do noivo, que exprimiu os agradecimentos do emocionado casal.

Na foto de cima, um time de escritores no casamento de Ovalle e Virginia: Olegário Mariano, Murilo Mendes, Aníbal Machado, o noivo, Manuel Bandeira e Augusto Frederico Schmidt. Este é padrinho e está também na foto de baixo – na qual, para alegria sádica da noiva, se pode ver a protuberante barriguinha de sua desafeta Yedda Ovalle Lemos Schmidt

O *Diário Carioca* também noticiou o casamento de Jayme Ovalle, mas o colunista M.C. (provavelmente o pianista e advogado Mário Cabral) precisou voltar ao assunto duas semanas mais tarde para se penitenciar de uma grave omissão:

> Encontramos o compositor Jayme Ovalle, que reclamou de nós a notícia do seu casamento que, imperdoavelmente para nós, não registrou o nome da noiva. É esta Virginia Peckam [*sic*], jovem romancista norte-americana, autora de um livro de sucesso, *Proud Angela*.

Vexado, M.C. achou que pedir desculpas seria pouco:

> Além de reparar um pouco o esquecimento, procuramos na gaveta um número antigo do *New York Times* cujo crítico literário assim se expressa: Entre os novos romancistas da América não há nenhum com maior originalidade de imaginação, com maior domínio de linguagem, com maior poder narrativo do que Virginia Peckam [*sic*]. Seu primeiro romance, a história de uma moderna feiticeira, é o primeiro animador degrau de uma brilhante carreira. Impressiona a iniludível força criadora da autora.

A lua-de-mel, não mais que três, quatro dias, foi passada no Quitandinha, em Petrópolis, o enorme, luxuoso hotel que fora construído em 1944 para ser o maior cassino da América Latina e que perdera o essencial de sua razão de ser apenas dois anos depois, quando o presidente Eurico Dutra proibiu o jogo no país. Em seguida Virginia e Ovalle se instalaram onde ela já morava, no apartamento 202 da rua Dias Ferreira, 340, no Leblon. Viveriam ali por pouco mais de um ano.

Foram tempos tranqüilos. A três anos de se tornar sessentão, Ovalle tinha deixado a boemia para trás. Levantava-se às oito e meia, nove horas manhã, tomava café e seguia, de lotação, para a Alfândega, na esquina da avenida Rodrigues Alves com a travessa Gordilho, para um expediente de trabalho que ia das onze às cinco da tarde. Gostava do que fazia – segundo

Virginia, achava aquela "uma brincadeira muito gostosa". Tinha bons amigos entre os colegas, que apreciavam o seu bom humor.

Muitos ali o chamavam pelo sobrenome. Outros, reverentes a seus cabelos brancos, diziam "conferente Ovalle". Um desses, onze anos mais novo, era José Carlos Nunes Pinto de Laet, que o conheceu nos anos 50 e com ele trabalhou até o fim. "Além de mais velho", dirá, "ele era um homem muito relacionado nos altos escalões do Ministério da Fazenda." Já octogenário, José Carlos falava de Ovalle como alguém afável, cordial, com "um saber de experiências feitas – tinha experiência internacional, contatos com exportadoras", além de "um papo muito bom, contando casos sempre muito interessantes".

Depoimento semelhante daria outro ex-colega de Ovalle, Armindo Correia da Costa, que guardou a imagem de um homem "muito comunicativo e extrovertido" a pontificar com boas histórias em rodas de conferentes e despachantes aduaneiros. Não o incomodava o fato de ser o decano entre os companheiros de Alfândega – embora tivesse lá suas preocupações etárias, pois costumava sentenciar: "Amadurecer é quase sempre apodrecer".

Era de grande responsabilidade, dirá Pinto de Laet, o trabalho de um conferente, a quem competia abrir as caixas que chegavam do exterior ao porto do Rio de Janeiro, para verificar se o conteúdo correspondia ao que havia sido declarado. O que fosse contrabando era apreendido e ia a leilão, e o fiscal responsável pela apreensão fazia jus a um percentual sobre o valor, o que contribuía para aumentar substancialmente a renda dos conferentes. E, claro, oportunidade para ser desonesto não faltava. "Ovalle dizia que só não era ladrão porque não queria", contava Virginia, "porque não tinha jeito para aquilo." Os despachantes, que já o conheciam, "rezavam para todos os poderes para que suas mercadorias em situação irregular não caíssem na saída que Ovalle controlava, porque ele, porque ele tinha 'olho raio-x' – olhava para as caixas e sabia o que tinha lá dentro. Ele dizia assim: abre aquela – e era a única que tinha coisas que não deveria ter".

Ovalle almoçava no Centro da cidade e, no final da tarde, pegava o lotação de volta ao Leblon. Ao entrar em casa, dizia Virginia, já havia tomado

Virginia e Ovalle
meses depois do
casamento e já à
espera de Mariana

"uma cervejinha", "uma cachacinha", e passava então ao uísque, decididamente a sua bebida. "O importante", vivia ele repetindo, "não é saber se a pessoa gosta de uísque, mas se o uísque gosta da pessoa."

Pouco saíam à noite, numa rotina que se tornaria ainda mais radicalmente doméstica quando, em 17 de fevereiro de 1952, nasceu Mariana Peckham Ovalle. "Direitinho, nove meses depois do casamento", sublinhava Virginia, acrescentando: "Pelo menos sobre isso a família não podia dizer nada...".

"Acaba de chegar ao Rio – pela Cegonha Express – Mariana Ovalle, filha do velho amigo Jayme e irmã do 'Azulão', da 'Modinha' e outras maravilhosas melodias", noticiou o amigo Renzo Massarani no pé de sua coluna, "Teclado", no *Jornal do Brasil*. "Jayme Ovalle, o mais brasileiro dos compositores (e o mais preguiçoso), acaba de dar-nos, com a pequenina Mariana, sua obra-prima."

No que dependesse da mãe, teria sido outro o nome da "obra-prima" de Ovalle – "a primavera do outono da minha vida", repetia ele. Pela janela de seu quarto no Hospital Samaritano, em Botafogo, Virginia avistou uma quaresmeira – e anunciou: a menina ia se chamar Quaresma. Por quê?, lhe perguntou alguém. "Segundo os índios americanos", ela explicou, "a primeira coisa que a mãe vê depois do parto é inspiração para o nome do recém-nascido." A questão ainda não estava decidida em 19 de fevereiro, quando, num artigo no *Correio da Manhã*, Augusto Frederico Schmidt ofereceu alternativa mais convencional, embora não menos botânica:

> Por telefone o velho amigo me anuncia o nascimento do primeiro fruto de seu casamento: "É uma menina!" – diz ele, com uma voz que pretende ser tranqüila e na qual entretanto adivinho uma inquieta alegria. Na idade em que está,* essa menina bem poderia ser uma neta, penso... [...] ... eis quando lhe vem a primeira filha, para a qual nem escolhera nome – preocupado e ansioso que estava pela vinda dum filho varão que ele próprio concebera em sonho. A filha, inesperada, surpreendeu-o porém: que nome dar-lhe? Léa? Anita? Sugiro Mariana, que é um nome antigo, honesto, autêntico para moça brasileira... [...]

---

* Cinqüenta e sete anos.

> Gostará – como seu pai, o místico – de contemplar as constelações, de vigiar as mudanças da lua? [...] Será uma santa, essa Mariana – que também pode ainda chamar-se Quaresma Ovalle, como gostaria sua mãe, que olhando a montanha que se agigantava além das janelas abertas, logo após terminados os sofrimentos de trazer alguém à luz, avistou uma quaresmeira em flor, feliz e abundante ao sol da manhã? Quem sabe?

Virginia não gostou do nome proposto por Schmidt, que homenageava o pai de Ovalle, Mariano, e logo decidiu chamar a filha de "Nicky". Parecia "uma coisa gostosa que a gente leva num piquenique", explicava ela. A filha nunca se sentiu confortável no apelido, mas foi assim que a mãe a tratou pela vida afora. Virginia não gostou também do rapapé musical a que seu jovem médico recorreu para elogiar a recém-nascida: "Tua filha é como o *Bolero* de Ravel", declamou ele. "Mas eu tinha ódio da música de Ravel, principalmente do *Bolero*, e não era nada assim que eu queria ter como filha..."

O pai não poderia estar mais jubiloso. "Meu casamento não foi estéril", disse a d. Clemente Isnard. Embora embevecido, no começo relutou em tomar a cria nos braços. "Não bota no meu colo que eu jogo pela janela!", avisou. "Você vai fazer uma coisa dessas?", alarmou-se Virginia. "Vou ficar com tanto medo de fazer que acabo fazendo...", respondeu ele. Exagero? Nem um pouco, dizia sua mulher: Ovalle "era tão desajeitado com o que pegava na mão que realmente a gente pensava duas vezes antes de lhe dar alguma coisa, porque ele quebrava mesmo...". O que não o impediu, porém, de logo depois se pôr a car-

Jayme Ovalle e Mariana: um convívio de apenas três anos e sete meses. Dele, a filha vai guardar a lembrança de "um calor", "um cheiro"

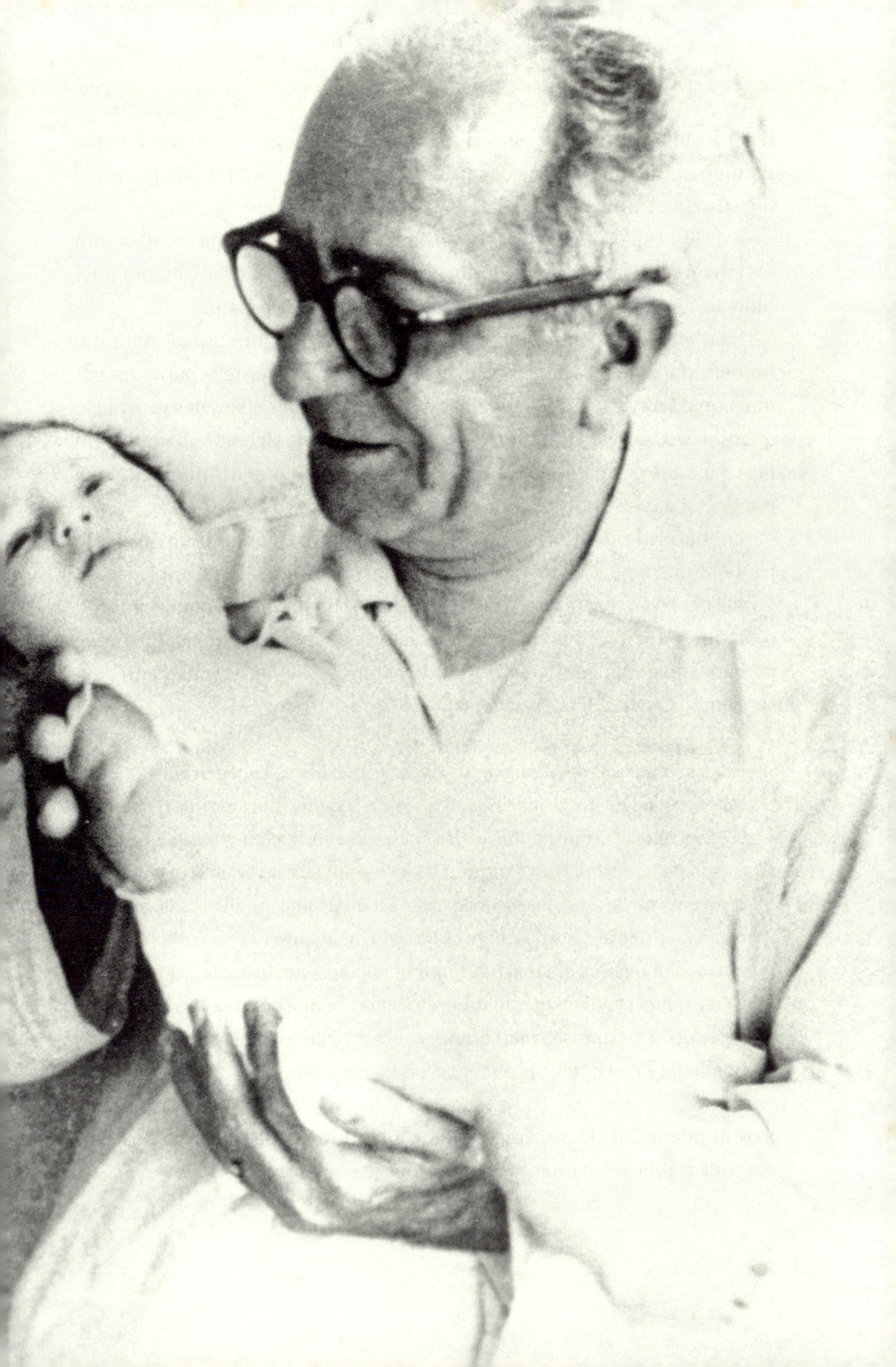

regar a filha para baixo e para cima, orgulhoso e seguro. Embora o tenha perdido ainda muito nova, aos três anos e sete meses, Mariana guardará registro do carinho paterno.

– Me lembro muito eu brincando com meu pai, de manhã cedo – conta. – Minha mãe levantava mais tarde e ele ficava lendo o jornal, eu era novinha mas lembro desse sentimento de ficar perto dos pés dele.

Sem chegar ao extremo de trocar fraldas, algo impensável para um homem de sua extração, Ovalle viveu apaixonadamente o papel de pai, que considerava sagrado. Tão sagrado que fez saber a sua desaprovação quando o ex-pupilo Fernando Sabino se separou de Helena Valladares, em 1953 – menos por o amigo estar rompendo o vínculo matrimonial do que por deixar a casa onde viviam seus quatro filhos.

Do batizado de Mariana, celebrado em nove de março na igreja de Santa Mônica, no Leblon, ficará registro nos diários de Otto Lara Resende. "Ovalle chorou de soluçar e arrastou ao choro sua mulher, Virginia", anotou o escritor mineiro, e relembrou uma história acontecida ano e tanto antes, no batizado de uma filha de Fernando Sabino: "Não basta o batismo", dissera então Ovalle a Otto Lara Resende: "é preciso *pegar*...".

> Hoje, no batizado de Mariana, sua filha, ele me diz: "Este pegou bem, ouviu?". Na porta da igreja, diz-me Ovalle: "Hoje é o segundo domingo da Quaresma. O Evangelho é a Transfiguração de Cristo. Descobri que se trata da Confirmação do Batismo de Cristo. Porque o Padre Eterno fala as mesmas palavras que aparecem no Batismo de São João: 'Este é o meu Filho muito amado, etc...'. Só na missa é que a gente descobre as coisas. Quem quiser saber coisas de Deus tem de ir à missa. Fora daí, pode aprender com a inteligência, mas não vale. Não é aquele conhecimento que vem no duro, que entra no corpo". Ovalle procura uma expressão mais exata e conclui: "Que entra pela bundinha. Pela bundinha é que a gente fica sabendo as coisas direito...".

A contundência da frase será atenuada quando, décadas depois, Otto Lara Resende publicar fragmentos de seus diários no jornal *O Globo*:

Olhe – diz ele –, todo conhecimento, conhecimento no duro, entra no corpo. Sorrio, ele quase me censura, como se repelisse o que lhe parece meu ceticismo: Entra mesmo. No duro. E você sabe por onde.

O texto publicado aproveitará outras lembranças daquele domingo em que, segundo Otto, Jayme Ovalle vivia um "momento inspirado", brincando a sério, improvisando, "cheio de iluminações que vão saindo umas das outras, como da cartola de um mágico":

Não espalhe, mas é possível que Deus não seja muito inteligente. Daí a confusão que anda pelo mundo. O mundo será sempre confuso, porque acha que é na inteligência que está a solução. Vou lhe dizer uma coisa: o Diabo é inteligentíssimo. E muito prático. Sabe que é excelente comerciante? Todo lucro tem a cooperação do Diabo. A riqueza é sempre um pacto com o Diabo. E o pior é que o Diabo tem palavra, cumpre tudo que promete. Mas não deixa de mandar a conta.

Mariana tinha poucos meses de idade quando a pequena família deixou o Leblon para instalar-se num imóvel próprio, um apartamento de três dormitórios no nono andar do edifício Imperator, no final da praia de Copacabana. Seria esse – avenida Atlântica, 4206, apartamento 901 – o último endereço de Jayme Ovalle.

Embora fosse um imóvel caríssimo, jamais chegou a ser inteiramente mobiliado, contava Virginia: "Não tinha quase nada lá dentro, era um vazio". Moradia de músico, nunca houve ali um toca-discos. Obras de arte, algumas, mais por iniciativa da dona da casa. No parapeito da varanda equilibrava-se a cabeça de mármore que Antônio Maria, na sua crônica sobre Virginia, viu "cochilar" – réplica recente de fragmento de uma escultura greco-romana, *La Furia Addormentata*, cujo original pertencia ao Museu Nacional Romano, e que ela trouxera de Florença.

Numa das paredes da sala, durante algum tempo, imperou uma pintura a óleo de Di Cavalcanti – "um quadro enorme", descrevia Virginia, "feio, muito colorido, muito vermelho e amarelo, nem figurativo, nem abstrato, mostrando uma mulher fantasiada".

Ovalle tinha pedido a Di que pintasse aquela parede, e o amigo contrapropôs: "Pintar não pinto, mas dou um quadro". Mais adiante, por solicitação de Virginia, trocou o óleo por outro, pequeno, "com duas mulheres num sofá", obra que ela, precisando de dinheiro, venderia depois da morte de Ovalle, por meio de anúncio em jornal.

Curiosamente, nunca se dependurou naquelas paredes o retrato de Ovalle que Portinari pintou no início dos anos 30. Virginia o viu pela primeira vez na casa da cunhada Praxedes e não gostou. Não se parecia com Ovalle, dizia, sugeria mais "um boêmio meio gasto e desiludido", ainda mais com aquele monóculo "sinistro"... O retratado lhe perguntou: "Você gosta?". Ela, semidiplomática: "Nem tanto". A cunhada ficou com o quadro, que mais tarde foi parar nas mãos de sua filha, Yedda Schmidt.

Jayme Ovalle retratado por dois artistas amigos: Di Cavalcanti (que reservou espaço na tela também para Manuel Bandeira) e Cândido Portinari, autor de um outro retrato de Ovalle, que desapareceu

Em outra parede da sala, encaixada num nicho, chamava a atenção uma obra da própria Virginia, um oratório habitado por um Cristo esculpido em madeira, nu – "como Ele de fato foi crucificado", esclareceria d. Clemente Isnard, que lá esteve para benzer a casa nova dos amigos. Duas portinholas, lembra-se ele, podiam eventualmente ocultar a imagem, "para não escandalizar a empregada". Fazia sentido, pois Maria, também babá de Mariana, era evangélica. Mesmo depois de cessado o vínculo profissional, haveria de acompanhar a família, agora como amiga, para muito além da morte de Ovalle. Seu marido, o futuro pastor Bernardino Oliveira, era o porteiro do prédio.

Maria se lembra que os patrões iam à missa – ela, todos os dias, ele, só aos domingos – na capela provisória que se ergueu em dezembro de 1953 junto ao Forte de Copacabana, e que nos anos 70 daria lugar à atual igreja da Ressurreição. Muito católicos, na casa não se comia carne às sextas-feiras. Ovalle saía de manhã com a filha para comprar pão numa padaria na avenida Nossa Senhora de Copacabana, quase esquina com Joaquim Nabuco. No seu café-da-manhã, conta Maria, nunca faltava suco de laranja. Suas camisas, de cambraia, iam para a tinturaria, e quase todos os seus ternos eram brancos, de linho. As mangas dos paletós e das camisas, contava Virginia, volta e meia apareciam queimadas: por força de um defeito na mão – "os dois bifinhos da palma quase se tocavam" –, ele dobrava os dedos para dentro, e freqüentemente a brasa do cigarro encostava no tecido. Detalhe que ela percebera na primeira vez que o viu e que registrará no poema, de 1992, em que descreve o encontro:

His hands in their sets of crab legs smoke and twitch,
each with its several lives, five on five
*joined at the compact of wrists.**

Era de fato um jeito bizarro de fumar, de que mais de um amigo escritor se lembrará – entre eles, Vinicius de Moraes, na crônica "O morto": "O toco de

* Tradução literal: "Suas mãos, patas de caranguejo, fumam e se retorcem,/ cada qual com suas várias vidas, cinco mais cinco, unidas nos punhos compactos."

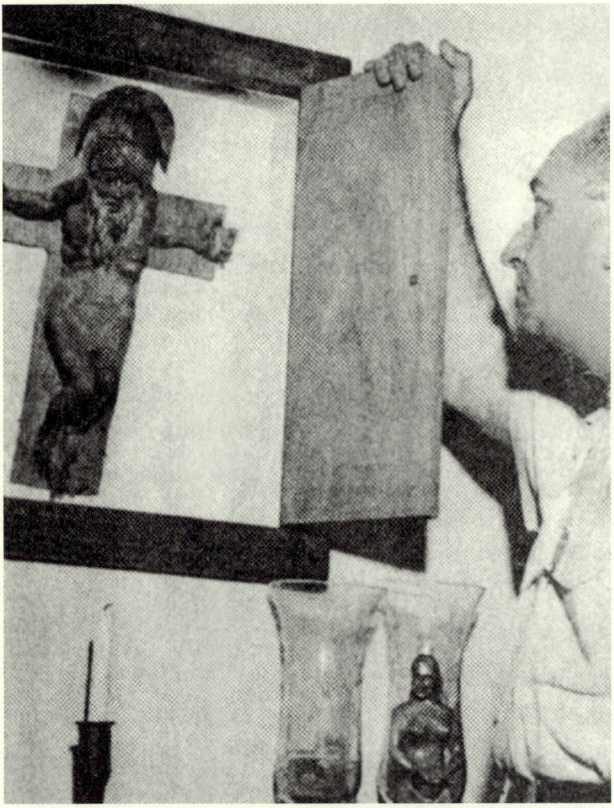

Obra de Virginia Peckham na parede do 901: um Cristo crucificado e nu. Com uma portinhola, para não escandalizar ninguém, a começar por Maria, cozinheira dos Ovalle e babá de Mariana

cigarro entre o mínimo e o anular com um centímetro de cinza prestes a cair". Provavelmente menos atento, Augusto Frederico Schmidt tanto vai se referir ao "dedo mínimo segurando o cigarro apagado" como ao "eterno cigarro entre o polegar e o médio". A Vinicius chamava atenção, ainda, na figura do amigo, "sua sempre empertigada atitude de embaixador aposentado". A Pedro Nava, em *Galo-das-trevas*, "seu perfil judaico [...], seus cabelos grisalhos [que] esvoaçam no ar da tarde e seus olhos verdes [que] se acendem feito as esmeraldas dos altos-mares". Já Fernando Sabino se impressionava com um "jeito duramente interrogativo de franzir uma das sobrancelhas em torno do monóculo", sestro que segundo ele conferia a Ovalle "certa semelhança com o ator alemão Conrad Veidt" – o major Strasser do filme *Casablanca*, o grão-vizir Jaffar de *O ladrão de Bagdá* e o Cesare que dormiu por 23 anos em *O gabinete do dr. Caligari*.

De volta da Alfândega, no final da tarde, Ovalle tomava banho, punha pijama e chinelo – "em casa", diz a antiga empregada, "ele ficava sempre assim, de chinelo e pijama" –, sentava-se com Virginia na sala para tomar uísque com gelo e soda, mastigando cebolinhas como tira-gosto enquanto esperavam o jantar, servido às oito horas, ele fumando Hollywood, ela os homônimos Virginia. Mariana não ia dormir sem cantar para o pai uma musiquinha que a mãe lhe ensinara: "Papai Yoyô é tão bom, tão bom, tão bom...". Cantava, pedia a bênção e ia para a cama, onde tarde da noite ele se chegava para observá-la. Muitos anos depois, Ovalle já morto, Virginia encontrará uma anotação num pedacinho de papel: "A Mariana, dormindo, é como pérola numa concha verdadeira". Guardou-o junto com outros bilhetinhos que o marido às vezes escrevia. Num 12 de setembro, aniversário da mulher, ele garatujou, com sua caligrafia angulosa:

> Virginia, parabéns pra você! Lembre-se que eu não esqueço a (sua) minha amada pessoa nas (suas) minhas horas de tristeza e mágoa. Do seu pobre peixinho, o menor de todos, do aquário do 901.
>
> Do Yoyô de Mariana

Outro bilhetinho, enigmático, rabiscado sobre os tipos miúdos de uma página de jornal, parece ter sido escrito em nome de Mariana:

> Para Virginia
> carne da minha
> carne da
> Baleiazinha
> do Leblon

No verso de uma folha de papel timbrado ("Pedido ao Arquivo") do serviço público, mais um manuscrito de Ovalle demandou decifração em letra de forma, no pé da página, provavelmente por Virginia:

> Mariana entrou no Céu de velocípede. Não que ela não tivesse cadilac, bicicleta ou avião a jato: que seus brinquedos caros ela os deixou com os meninos pobres do Edifício.

De Ovalle patrão, Maria guardou não só as preferências culinárias – "Ele gostava muito de rosbife de forno de contrafilé e de feijão com toucinho" – como o hábito cavalheiresco de ir à porta da cozinha, depois da refeição, para servir-lhe um elogio: "Maria, o jantar estava tão bom...". Mais inesquecível ainda ficaria sendo o dia em que ele foi postar-se ali, de violão em punho, e solou "uma canção muito antiga" que ela estava cantando na cozinha.

Depois do jantar, contava Virginia, Ovalle prosseguia no uísque:

– Ele bebia demais. Não tinha muita saúde. Uma bronquite severa que não tratava. Fumava e tossia e fumava e tossia e lia jornal e fumava e tossia e bebia, e assim até cair, praticamente. Até ficar tão cansado de ler jornal e fumar e beber que deitava e dormia.

Nunca, porém, era o bêbado chato. "Às vezes ficava eufórico", lembrava sua mulher, "via coisas, profetas, por exemplo", se punha a escrever "coisinhas curtinhas, pequenininhas, e chorava." No dia seguinte, porém, acordava inteiro, pronto e disposto para o batente na Alfândega. Suas noitadas eram quase sempre a dois, pois raramente havia visitantes no apartamento dos caseiros Ovalle. A roda de amigos ia pouco além de Bandeira, Di Cavalcanti, Portinari, Vinicius, Álvaro Ribeiro da Costa, Dante Milano, Carlos Drummond de Andrade e Fernando Sabino. Com a família Ovalle, compreensivelmente, o casal convivia pouco.

A antiga empregada não se lembra de almoços e jantares que eles tenham promovido, nem mesmo nos aniversários – a não ser quando a aniversariante era Mariana. A vida social da família era tão rarefeita que uma saída para um Natal na casa de Orminda Ovalle, em Petrópolis, ganhou aos olhos de Maria as proporções de grande acontecimento. A pequena família não viajava, Ovalle não tirava férias. "Era uma vida assim de convento, de mosteiro, com votos de pobreza e castidade", descreveria Virginia, "porque não tínhamos dinheiro e tínhamos muita castidade...". Mas não se queixava, assim como mais tarde não haverá de lamentar: "Eu vivia mais para escrever, nadar, tomar conta da menininha. Essa era a minha vida. Ele não gostava muito de sair, estava cansado".

Nos primeiros tempos de casados, ainda no apartamento da Dias Ferreira, os dois saíam mais. Participavam, toda terça-feira, de apoteóticos almoços na casa de Dante Milano, que, casado com a primeira mulher, ainda não se mudara para Petrópolis. Quando Virginia engravidou, mesmo esse programa ficou menos acessível. E, com o nascimento de Mariana e a mudança para o prédio da avenida Atlântica, a vida social foi praticamente a zero. Poderiam ter resolvido esse quesito por ali mesmo, sem necessidade de locomoção, pois os vizinhos do nono andar, uma família sul-africana, bem que tentaram se aproximar dos Ovalle. Ele é que não quis conversa. Nesse caso como em outros, temia uma invasão de sua intimidade.

Mesmo os amigos podiam fazê-lo sentir-se desconfortável, aflito, angustiado. "É preciso que se diga", alertou o anônimo autor de um artigo publicado na imprensa carioca em 1950: "Jayme Ovalle se aborrece quando os incautos e gaiatos procuram transformá-lo em tipo pitoresco e lendário." Fernando Sabino e Vinicius de Moraes, contava Virginia, "faziam com que ele fizesse performance, como se faz um urso ficar de pé, para saciar o sentimento de pobreza que eles tinham de si próprios". Por isso, Ovalle acabou criando "uma persona que usava em ocasiões sociais": "Fazia o que esperavam dele. Mas não era palhaço, e quando o faziam de palhaço, ficava bêbado". Para Virginia, "a imaginação de Ovalle estava bem na superfície da pele, onde podia doer. Ele não tinha defesa contra essa invasão".

O dia-a-dia do 901, em todo caso, era tranqüilo – e previsível. Quando o patrão saía para o trabalho, Maria descia para a praia com Mariana. Nos fins de semana, Virginia se juntava às duas. Ovalle? Jamais.

– Eu queria que fosse comigo e com a menina – contava ela – mas ele não ia. Porque não sabia nadar e porque não queria se molhar. Não tirava os sapatos. Era um sujeito estranho. Boníssimo. Muito infantil. Provavelmente santo. Mas não desta vida, não era um homem desta vida.

Da areia – naquele tempo ainda bem próxima dos prédios, pois só nos anos 70 a avenida Atlântica seria alargada, empurrando o mar para mais longe –, a mulher, a filha e a empregada freqüentemente o viam a observá-las da varada do 901. Dali, certa vez, lembra Maria, Ovalle viu três homens despencarem para a morte quando seus pára-quedas se enroscaram. Comovido, viu também, conta Paulo Mendes Campos, um corpo de afogado dar à praia:

> Uma vez o cadáver de um rapaz foi atirado pelas ondas debaixo das amendoeiras de Copacabana. Amanhecia. Todas as providências legais foram tomadas, o corpo foi removido ao necrotério. A vida continuou em todos os habitantes da cidade. Mas no coração de Jayme Ovalle, testemunha do acontecimento, a vida fez uma pausa, o mundo sofreu o reflexo profundamente inédito da poesia. Diante do mar, na sacada de seu apartamento, Ovalle ia juntando para mim as peças da sinistra experiência. Terminada a narrativa, eu também compreendia que um espetáculo novo se somara às experiências terrestres: um afogado dera à praia. O acontecimento comum era mentira. O fato noticiado pelos jornais era mentira. Uma luz intensa e dolorosa iluminava o gesto do oceano. Ajudado por uma inteligência varrida por todos os mistérios, eu também me inclinava, dono de iluminações que não era minhas, sobre aquele absurdo cadáver.

Sozinha em casa quando Ovalle saía para o trabalho e a filha e a babá desciam para o banho de mar, Virginia se fechava no escritório, com uma garrafa de café, e atravessava horas trabalhando em seus livros. Primeiro foi *David Afield*, romance iniciado em Nova York e concluído no Rio de Janeiro. Depois, *Escapade*, de ponta a ponta escrito no Brasil. Nenhum dos dois seria publicado, e Virginia, na maturidade, dizia que preferia esquecê-los.

Um terceiro romance, *The Right and the President*, que abandonaria pelo meio, chegou a ser anunciado na imprensa como promissor *work in progress*. Com algum disfarce ficcional, a inspiração de Virginia lhe vinha da realidade imediata, dos dramáticos acontecimentos que marcaram a política brasileira em agosto de 1954 – o atentado contra o jornalista e futuro governador Carlos Lacerda na rua Tonelero, atribuído a uma corriola em torno do presidente Getúlio Vargas, e no qual morreu o major da Aeronáutica Rubens Florentino Vaz; o cerco feroz da oposição, Lacerda à frente, para forçar a renúncia do presidente, com uma comissão de inquérito montada na base aérea do aeroporto do Galeão; e, culminando a tragédia, o suicídio de Vargas.

O livro de Virginia, cujo personagem central seria Lacerda, ainda avançava em janeiro de 1955, quando, sob o título "O romance do 24 de agosto", o colunista Pedro Gomes informou na *Tribuna da Imprensa*, o jornal de Carlos Lacerda:

> A romancista Virginia Peckham, casada com o escritor Jayme Ovalle, está escrevendo, em inglês, um romance baseado nos acontecimentos do 5 de agosto (morte do major Vaz) até 24 de agosto (suicídio de Vargas). Título do romance: *The Right and the President*. O brigadeiro Eduardo Gomes aparece com o nome de brigadeiro Pedro Dantas, o jornalista Carlos Lacerda é Rui Pessoa, d. Alzira Vargas é d. Judite, Benjamin Vargas é Rubem, Roberto Alves é Clóvis, etc. Já estão prontas 135 páginas do romance, que é o quinto da escritora Virginia Peckham, dos quais está apenas publicado *Proud Angela*, nos Estados Unidos. A história não entra no episódio do inquérito do Galeão e não se prende, cem por cento, à realidade histórica; mas conclui pela responsabilidade do sr. Getúlio Vargas no assassínio do major Vaz.

O livro, porém, acabou gorando – "não era para ser, não cresceu", Virginia explicava.

Se ela, bem ou mal, produzia a sua obra, Ovalle parecia, àquela altura, ter arquivado de vez qualquer veleidade artística. É dessa época a sua declaração de que não precisava compor nada além das 33 músicas já prontas, pois esse era “o número da perfeição” – a idade de Cristo ao morrer. Quanto à poesia, tornaram-se ainda mais raras as suas recaídas. De uma delas resultou um pequeno poema, “Véspera”, escrito em português, que Paulo Mendes Campos publicou em sua coluna no *Diário Carioca* em outubro de 1952:

Obrigado, Senhor, por
mais uma noite de minha
vida, bebendo, moderadamente,
com soda e gelo, o meu
uísque, esta evidência vossa:
Fé, Esperança e Caridade.

Alguns amigos, como Paulo, ainda insistiam com Ovalle para se que se munisse de disciplina e sentasse para escrever. “Mas isso não era dele”, já sabia Virginia, “ele era de breves cintilações, apenas.” O escritor da casa era ela, a quem pertenciam aliás praticamente todos os livros da biblioteca doméstica, trazidos de Nova York. Ovalle mal escrevia qualquer coisa – “estamos falando de um homem que nunca foi à escola, e que por pouco não era analfabeto”, enfatizava sua mulher. “Não era intelectual. Era um simples, quase a ponto de ser defeituoso, uma santa criança.” Intelectuais eram os seus amigos – Bandeira, Drummond, Vinicius –, mas Ovalle talvez nem lesse os livros deles. “Poesia em jornal ele lia, em livro, não.”

Às vezes, porém, fazia graça, como se tivesse sérios projetos literários e musicais. Um dia, atravessando com Manuel Bandeira uma rua movimentada, viu um carro que se aproximava em disparada e agarrou o poeta pelo braço:

– Vamos, esse aí já nos viu! Você tem obra, mas eu ainda não...

Em outros tempos, talvez não fosse só brincadeira. Em carta a Gilberto Freyre, no Natal de 1930, Bandeira informava: “Ovalle continua com medo de morrer debaixo de automóvel antes de produzir”.

Se a conversa com o amigo era a sério, Ovalle defendia, contra a opinião do outro, a idéia de que o importante era o poeta, não a obra. “Mas é interessante”, observava Virginia: “como poeta e como músico, ele tinha uma capacidade de dar inspiração aos outros", que aproveitavam muito do que ele gerava e não utilizava em sua própria criação.

Agora, já próximo dos sessenta anos de idade, Jayme Ovalle falava cada vez menos em *The Foolish Bird* e nos *Poemas ingleses*, os dois manuscritos que trouxera de Londres, e menos ainda na *História de São Sujo*, da qual não havia uma só linha escrita. Mas continuava confiante em que Virginia daria forma a seus livros.

Um deles, *Poemas ingleses*, ela chegou a terminar ainda em vida de Ovalle, porém sem grande entusiasmo. Virginia contava que seu trabalho nesse livro consistiu em fazer traduções – "traduções do inglês para o inglês", esclarecia, já que na versão Mabel Parker o que havia era "um inglês horrível, escalafobético". Fez o que pôde para melhorá-lo, e dizia que Ovalle gostou do resultado. Ainda assim, o livro continuou inédito. "Ainda não está bom", explicou Virginia no início dos anos 90, admitindo tratar-se de uma obra "de inspiração fraca", com "alguma coisa melhorzinha, aqueles poemas traduzidos pelo Bandeira".

The Foolish Bird, ao contrário, lhe parecia um livro muito interessante. Mas não, certamente, no estado em que lhe chegou às mãos. "Era tão horrível que parecia feito por um analfabeto, um negócio muito ruim mesmo", dizia Virginia. "A Mabel não tinha nem gramática, não tinha vocabulário, não tinha nada, e ele não sabia que ela não tinha nada dessas coisas." Quando se tratasse de um vôo poético simples, ainda ia – "passava assim como pintura *naïve*". Quando, porém, Ovalle e sua colaboradora tentavam algo mais ambicioso, o resultado, segundo Virginia, "era uma coisa medonha".

Durante anos, ele sonhara com *The Foolish Bird*, e, na sua interminável leitura da Bíblia, fora anotando nas margens: "Para o livro". Aqui e ali, pingava comentários. Em Mateus, 8,9, por exemplo ("E a multidão, vendo isto, maravilhou-se, e glorificou a Deus, que dera tal autoridade aos homens"), ele sublinhou a palavra "isto" e observou, com a sem-cerimônia de quem estivesse avaliando um romance: "Bom". Considerava-se, dizia sua mulher, "uma reencarnação dos profetas Oséas e Ezequiel", e nessa condição queria nada menos que reescrever a Bíblia. No seu velho exemplar de *O Novo Testamento de Nosso Senhor Jesus Cristo* – uma edição portuguesa em três volumes encadernados em percalina preta, tradução do padre João Ferreira d'Almeida, impressa na Typographia a Vapor de José da Silva Mendonça, no Porto, em 1900 – que o acompanhou até a morte, chegou a rabiscar um anúncio de seu projeto: "Sinopse da Bíblia escrita do ponto de vista do primeiro arcanjo Gabriel...". Tomava liberdades com as Sagradas Escrituras, que lia e interpretava à sua maneira – hábito que vinha, aliás, da juventude, conforme atesta um companheiro dessa fase da vida, Augusto Frederico Schmidt: "Falava de Deus com uma intimidade que poucos profetas alcançaram", escreveu o poeta no artigo "O encontro com Ovalle", de 1955. "Sabia-se coisa criada, objeto de Deus." Três anos mais tarde, contou Schmidt em outro texto, "O galo e Ovalle":

> Lia o Novo Testamento como se tivesse sido um contemporâneo do Cristo. Dava pormenores, e falava com observações personalíssimas sobre os Apóstolos, sobre Maria, sobre as aventuras sagradas. Certa ocasião descreveu-me a Última Ceia como se fosse o próprio São João Evangelista: "Então Jesus encostou a cabeça no peito do discípulo amado e murmurou: meu filhinho...". E ao contar-me isso Ovalle começou a chorar. Estávamos os dois comendo um bife num café-restaurante que havia na esquina da rua Cândido Mendes, em frente ao relógio da Glória, numa terça-feira de carnaval em hora tardia. Havia, numa mesa próxima, um grupo de pessoas que ceavam, de volta de algum baile a fantasia [...] Era Jayme Ovalle natural e inesperado. Nos lugares mais absurdos, mais impróprios, mais boêmios, suspirava por Deus, explicava o mistério da Santíssima Trindade, discutia a Comunhão dos Santos e deitava a cabeça, cansada, no colo Materno da Virgem Maria. Tudo isso ele o fazia e dizia com naturalidade intimidade com o divino mistério, sem que houvesse jamais o menor desrespeito ou artifício. Falava de Deus como se trabalhasse com ele, como se tivesse vivido intimamente com o Criador.

Tal intimidade lhe permitia dar interpretações nada ortodoxas do temperamento divino, como a que Murilo Mendes registrou em "Saudade de Jayme Ovalle":

> Uma vez me segredaste algo terrível:
> "Cristo, irmãozinho, era também mau."

Achava explicação, também, para atitudes da Igreja Católica que a outros pareciam inaceitáveis. Às vésperas do 36º Congresso Eucarístico Internacional, realizado no Rio de Janeiro em julho de 1955, um amigo de Ovalle criticou "os excessos de ouro e púrpura dos altares", instalados no aterro do Flamengo ainda em construção – e ele rebateu:

– Você já viu um amanhecer? Você já viu o sol o que faz de manhã? Deus é assim. Deus sempre foi um exagerado, meu filho.

Àquela altura, a menos de dois meses de morrer, Ovalle sonhava ainda com uma Bíblia reescrita à sua maneira, mas já havia desistido de fazê-lo ele mesmo. Tinha passado a Virginia a tarefa de arrematar *The Foolish Bird*. Mais que isso, ofereceu-lhe autoria da obra: "Eu dou para você", teria dito, "você é quem vai fazer, é a sua obrigação, vai ser o seu livro". Com uma condição, porém: "Não faça já, não, porque no dia em que você fizer esse livro, eu morro". Virginia retrucava: "Bobagem, isso é superstição, você está cheio de coisas...". No fundo, ela se sentia numa situação complicada: "*Poemas ingleses* trazia só desconforto, o outro trazia pena de morte". Por via das dúvidas, enquanto ele viveu, Virginia trabalhou apenas nos *Poemas ingleses*. *The Foolish Bird*, em que já havia trabalhado desde Nova York, ficou na gaveta.

Algum tempo depois da morte de Ovalle, Paulo Mendes Campos chegou a noticiar na coluna "Primeiro plano", no *Diário Carioca*, que Virginia Peckan [*sic*] Ovalle estava "coordenando dois livros de poesia de Jayme Ovalle: *Poemas ingleses* e *The Foolish Bird*", a serem publicados "em edições bilíngües, na tradução, possivelmente, de um grupo de poetas". Deu em nada, assim como outras iniciativas que o mesmo Paulo anunciou:

> Augusto Frederico Schmidt, velho amigo do poeta, teve a idéia (e se encarregou de executá-la) de reunir um volume *in memoriam*, com produções de Ovalle, artigos sobre ele, publicados durante a sua vida e depois de sua morte, poemas inspirados por ele, retratos etc.

O próprio Paulo Mendes Campos tinha planos – igualmente natimortos:

> Conversando com Nássara, tivemos a lembrança de sugerir a uma fábrica de discos a gravação de um long-play de Ovalle, como músicas tais como "Modinha", "Azulão", "Pedro Álvares Cabral", "Maria do Carmo", "Tango", "Aboio" etc. Luís Bittencourt, diretor da Sinter, homem que sabe avaliar devidamente a boa música brasileira, manifestou-se imediatamente entusiasmado com o plano, ponderando apenas que o disco deverá ser lançado depois do carnaval.

Disposta a tudo para divulgar a poesia de Ovalle, em dado momento Virginia recorreu aos conhecimentos de inglês do amigo Mário Guaraná de Barros, mas para sua decepção os poemas voltaram "em português de Portugal". Mais adiante, tentou ela mesma traduzi-los, em parceria com a amiga Eunice de Araújo Carneiro, e juntas passaram horas e horas com dicionários na mão, sem que chegassem a um resultado satisfatório.

Virginia acabou desistindo de simplesmente traduzir a poesia ovalliana e partiu para um projeto pessoal. Sem nenhum alarde, não apenas retomou o trabalho com *The Foolish Bird*, e foi então que as cinqüenta páginas datilografadas por Mabel Parker se tornaram, muito mais caprichadas, 99. Decidiu também dar corpo à *História de São Sujo*, até então "só uma idéia": um menino que, na entrada do século XX, vive na ilha de Marajó, e que tem na cabeça "alguma coisa que não bate bem"; sujeito a pequenos ataques epilépticos, é rejeitado pela família, que o considera "burro" demais – razão que leva a direção do colégio a devolvê-lo à casa dos pais; um garoto que, por não querer matar os bichinhos hospedados em seu corpo, se recusa a tomar banho. Sem equívoco possível: São Sujo é Jayme Ovalle na infância.

E a história desse menino, percebeu Virginia, "suas aventuras com a natureza e as coisas do espírito", tinha tudo a ver com a tentativa de reescrever a Bíblia que é *The Foolish Bird*. Os dois livros imaginados por Ovalle eram pois, no fundo, "mais ou menos a mesma coisa". Juntá-los num só passou a ser tarefa de vida para Virginia, esforço que a ocupou intermitentemente na alta juventude e pela maturidade adentro.

– Já reescrevi umas dez vezes, está quase – contou, aos 65 anos de idade.

Explicava: não mudou as idéias originais de Ovalle, apenas deixou que elas crescessem. "Combinação de biografia e de mitologia", o livro foi tomando a forma de um poema longo, cerca de quarenta páginas, e se chamou *Brazil Genesis*. Autoria? Virginia, àquela altura, não tinha mais dúvida: "Já é meu", afirmava, "porque a linguagem é minha". Mas lá está o crédito:

> *Brazil Genesis* is the poem that Jayme Ovalle would have written himself, had he been able to write, either in his native Brazilian Portuguese or in his borrowed English.*

E é a ele, "o autor original", que Virginia dedica o livro, finalizado em 1992 e que, na primeira década do século XXI, permanecia inédito:

> *I still listen, you still speak*
> *I hear you in hologram and gesture*
> *You hold me in your air like a kite you steer,*
> *Or in your water like a river fish you play with and then free*
>
> *I have in my hands your instrung guitar and no skills*
> *You wear phosphorus***

* "*Brazil Genesis* é o poema que o próprio Jayme Ovalle teria escrito, se fosse capaz de escrever, tanto em seu português brasileiro natal quanto em seu inglês emprestado."

** Tradução literal: "Continuo ouvindo/ você continua falando/ Ouço em seu holograma e gestos/ Você me sustenta no seu ar/ Como quem empina uma pipa/ Ou na sua água, como quem brinca com um peixinho para depois soltar// Em minha mãos, seu violão de cordas frouxas e nenhuma habilidade/ Você com sua roupa fosforescente."

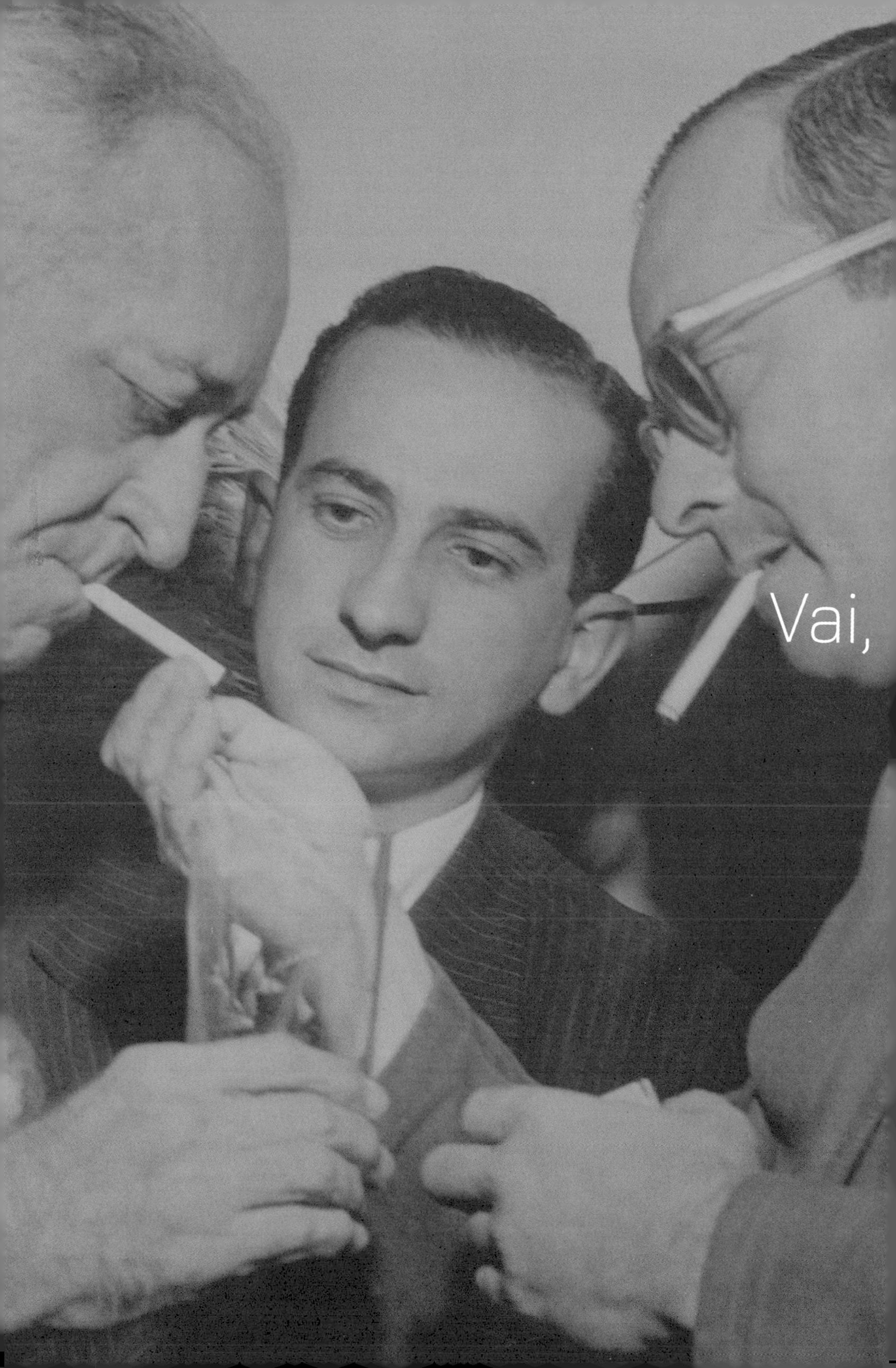

Vai,

11

companheiro, vai

Se já não escrevia nem compunha, se já não encarava noites de boemia, o Jayme Ovalle dos anos 50 ainda assim seguia fascinando amigos e estranhos com suas histórias, suas tiradas, suas desconcertantes iluminações. Parte desse tesouro verbal haveria de ser perenizada, não por ele, mais do que nunca avesso a lápis e papel, mas por Vinicius de Moraes, a quem concedeu uma entrevista, imediatamente célebre, em maio de 1953. (Na última vez que recebera um repórter – Carlos Drummond de Andrade, que assinou a matéria, no *Correio da Manhã*, com o pseudônimo Germano de Novais – tinha sido em novembro de 1951, mas o assunto, então, não fora exatamente o "Canhotinho", como o entrevistador o apresentou ao leitor, e sim Raul de Leoni, seu companheiro de boemia na mocidade.)

Ovalle tinha 58 anos de idade, e viveria ainda pouco mais de dois. Vinicius, aos 39, estava casado com a segunda de suas nove mulheres, Lila Maria Esquerdo e Bôscoli, e vivia um interregno brasileiro entre dois postos no exterior – circunstância quase sempre aflitiva para um diplomata, devido ao que se poderia chamar de fuso salário: em moeda nacional e sem as vantagens de quem está servindo fora, os vencimentos encolhem dramaticamente. E, com a chegada de mais uma filha, Georgiana, a situação se agravou. Recorreu então a Samuel Wainer, diretor do jornal *Última Hora*, que acabara de criar o tablóide em cores *Flan*.

O semanário, de vida curta, teve apenas 36 edições, entre abril e dezembro de 1953. Nele escreviam, entre outros, Otto Lara Resende, Nelson Rodrigues, Joel Silveira, Hélio Pellegrino e Dorival Caymmi. Vinicius, que desde 1951 colaborava na *Última Hora*, foi incorporado à equipe com a missão de escrever, sob o pseudônimo "Helenice", um consultório sentimental, "Abra seu Coração", o que faria até primeiro de novembro, quando deixou o Brasil para assumir o posto de segundo-secretário na embaixada em Paris. Era responsável, ainda, por uma seção de novidades fonográficas, "Diz-que-Discos". Mas precisava de mais dinheiro, e assim nasceu a idéia de produzir também reportagens – uma delas sobre Jayme Ovalle.

O compositor renderia assunto para Vinicius em duas edições consecutivas de *Flan*. Em dezessete de agosto, publicou um perfil, "Retrato de Jayme Ovalle", em tom de apresentação do personagem para não-iniciados:

> Um dia, em Los Angeles, certa amiga me disse: "O homem que eu mais vontade de conhecer tenho no mundo chama-se Jayme Ovalle". Desde então, ouvi muitas vezes mesma afirmação feita pelas pessoas mais díspares. Realmente, as coisas que se contam sobre Jayme Ovalle são do puro domínio do fabuloso.

Seguia-se uma suma ovalliana – algumas de suas melhores histórias, como a do macaquinho com que desembarcou em Londres, ou a sua paixão por uma pomba num parapeito de janela do Palace Hotel, e, ocupando a maior parte do espaço, uma síntese da Nova Gnomonia. A matéria deve ter acendido interesse em muitos leitores, pois na edição seguinte, de 24 a 30 de maio, Vinicius voltou a falar de Ovalle, dessa vez sob a forma de uma entrevista.

Para escrevê-la, o improvisado repórter esteve duas noites no apartamento do compositor, pelo menos uma delas em companhia do amigo comum Otto Lara Resende, que, embora não tenha assinado o texto, participou da entrevista, podendo ser visto numa foto em que Vinicius acende o cigarro de Ovalle. O fruto daquelas noitadas encheu uma página inteira de *Flan*, e seria parcialmente reaproveitado na revista *Manchete* em 1955, pouco depois da morte do autor de "Azulão".

"O impossível acontece com Jayme Ovalle", anunciou Vinicius já no título da matéria. "Em sua única entrevista exclusiva", começou dizendo (e se equivocando, pois não cabia o adjetivo "única"),

> um homem que influenciou três gerações com o milagre de sua sabedoria poética responde ao questionário mais surpreendente que se possa imaginar – Poeta, músico e... Jayme Ovalle: que mais se poderia dizer do ser de maior discernimento que já foi dado ao repórter conhecer? – Criador da "Nova Gnomonia". Uma teoria do conhecimento que mereceu um estudo de Manuel Bandeira e que, ao ver do repórter, constitui a grande contribuição do Brasil à filosofia do conhecimento do universo. – Duas noites emocionantes com um homem de "antenas ligadas" com o mistério.

Em seguida, Vinicius deu a conhecer os "impossíveis" que haviam acontecido a Jayme Ovalle:

– Já teve a impressão de estar no céu;
– Já se apaixonou por uma pombinha;
– Já foi traído por um pombo;
– Já conversou com Deus;
– Já escreveu vários livros de poesia em inglês sem saber falar a língua.

O poeta foi avisando, de saída: a conversa que tivera com Ovalle não tinha sido "propriamente uma entrevista", mas "um corpo a corpo com o Mistério" – e contou: "Tomou-nos duas noites apenas, mas no fim de cada uma delas tanto Jayme Ovalle quanto eu estávamos exaustos". Também liminarmente, renunciou à pretensão de apresentá-lo:

> Jayme Ovalle é inclassificável. Tudo que pretenda defini-lo, encerrando-o numa classificação sumária, ficará aquém da realidade complexíssima que tem, no registro civil, o nome de Jayme Ovalle. Pode-se dizer que é músico, que é poeta, que é católico, que é amigo. É isso com efeito, e é muito mais: é Jayme Ovalle, um homem humano que impregnou, com a sua presença peculiaríssima, três gerações de homens igualmente humanos, desde Manuel Bandeira ao poeta, *doublé* de repórter, que assina esta reportagem.

Restava ao entrevistador, humildemente, apenas levantar a bola para que o entrevistado se debulhasse em ovallismos, e outra coisa não fez ele, em parceria com Otto Lara Resende, ao longo daquele papo descosturado, sob o olhar de Virginia. Algumas das pérolas ali recolhidas para servir aos leitores de *Flan*:

P O sacrifício de Cristo vale para todo o Cosmos, caso sejam os outros planetas habitados?

R Os outros planetas não são habitados, só a Terra. Todo o resto é luxo, prodigalidade de Deus. É como o carpinteiro que para fazer um móvel deixa se espalhar uma quantidade de pó de serragem. No caso, pó luminoso de astros e estrelas. Deus é um esbanjado. Deus fez muito rascunho. O hipopótamo, por exemplo, é um rascunho de Deus.

P Por que fez Deus mulheres feias?

R As normalmente feias Deus fez para casar com homens bonitos. Quanto às irremediavelmente feias, foram feitas por Deus para povoar as igrejas de madrugada, para usarem grandes rosários e serem beatas.

P Qual a posição política do Demônio?

R É da natureza do Demônio mudar de política conforme os acontecimentos.

P Quais os arquitetos, músicos, poetas, pintores e romancistas brasileiros preferidos por Deus?

R Bom, arquiteto é o Niemeyer mesmo. Poeta, é o Bandeira. Pintor, é Portinari. Mas Deus anda meio zangado com Portinari, desde que ele fez aquela Ceia, e agora anda indeciso entre ele e Di Cavalcanti. Agora, uma coisa eu sei – Deus não lê romance moderno brasileiro.

P Se o Papa ficasse louco, ainda assim os católicos lhe deveriam obediência, diante do fato de sua infalibilidade?

R Claro. Se o Papa ficasse louco, isso seria a plenitude de sua infalibilidade.

P Agora me diga uma coisa importantíssima, Ovalle. Que é o ato criador?

R Puxa, isso é muito importante! Deixe ver... O ato criador é qualquer coisa assim como um desastre. Tem o imprevisto de um choque. E é qualquer coisa extremamente ligada ao pecado. Pode acontecer de maneiras muito diferentes. Há vezes em que nós participamos dele, outras não...

P Não, Ovalle. Eu quero é a coisa em si, o nó do assunto. O que é o ato criador?

R Espere aí... O ato criador... no fundo, é a revelação das coisas que não aconteceram, as que nós deixamos de viver por falta de oportunidade e sobretudo por covardia. É um ato absolutamente livre e espontâneo. Olhe aqui, é qualquer coisa assim como Adão ainda com a sua costela, na grande noite fechada que era o seu corpo. Já estava previsto que a costela deveria ser tirada por Deus para iluminar seu corpo, que antes era uma noite profunda e integral. É ao mesmo tempo o Só e o coletivo. Pode-se mesmo dizer que, nesse sentido, o ato da criação é o mais puro socialismo.

P A Poesia, Ovalle, que é a poesia?

R É a coisa mais importante do mundo. Todo mundo nasce com ela, porque ela é a própria vida. Todo mundo é criado com o dom da poesia, e só deixa de ser poeta porque perde a inocência. Quanto mais um homem cresce carregando consigo a sua inocência, maior poeta ele é. No fundo, esse pessoal que se torna banqueiro, ou Senador, ou Presidente da República, só faz isso porque deixou de ser poeta, ou porque é poeta frustrado.

P Onde vive a Música?

R Fora de nós. Nós somos os instrumentos. Quanto melhor o instrumento melhor a música. Se formos um Stradivarius, a música toca em nós que é uma beleza! Mas tem muito instrumento ordinário por aí.

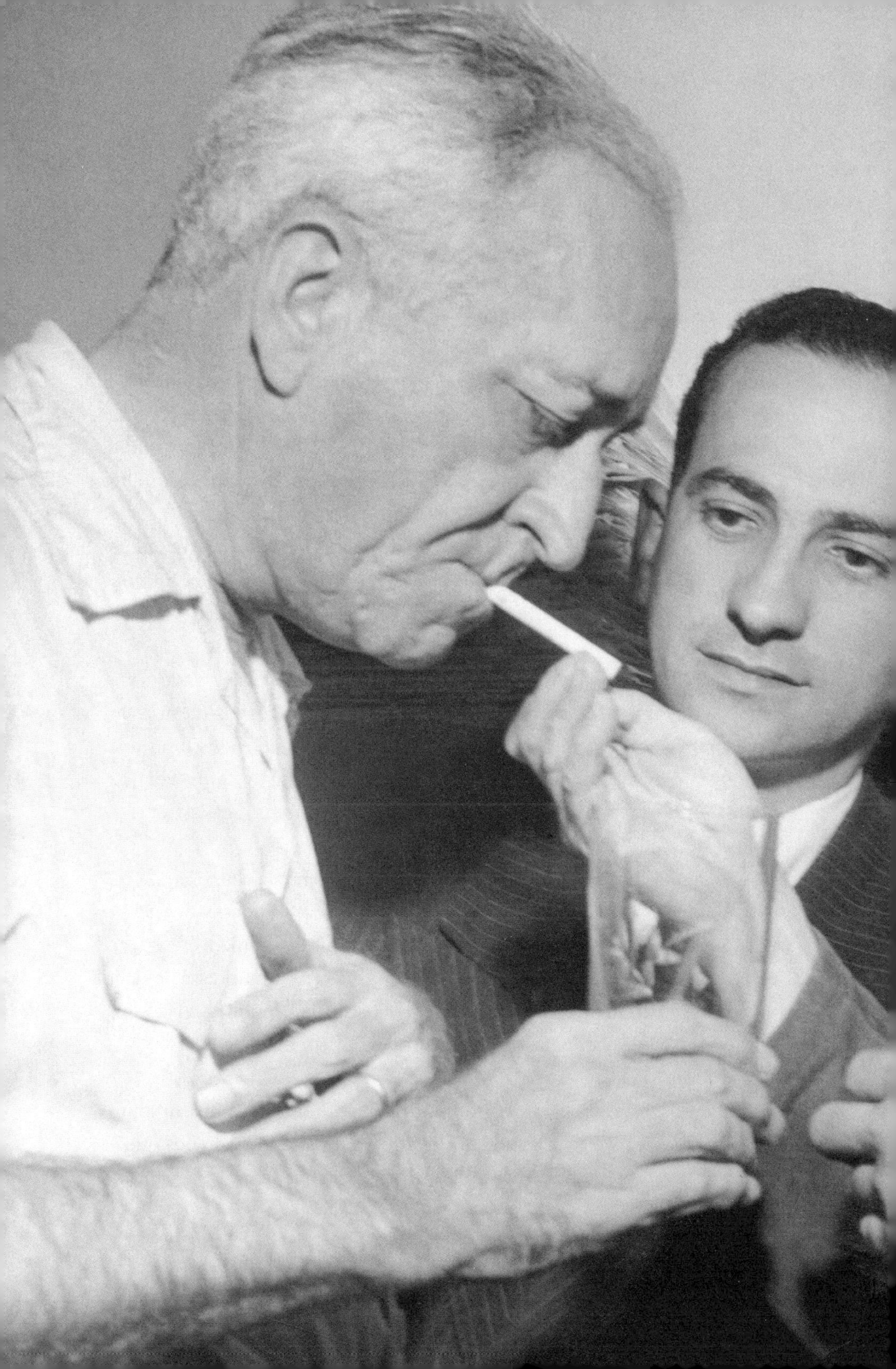

Ovalle, Otto e Vinicius durante a célebre entrevista para o *Flan*, publicada em maio de 1953. Como Vinicius é que iria receber pela reportagem, Otto não quis que seu nome aparecesse

P O que é a loucura, Ovalle?

R A loucura é o vácuo entre a criação e a obra criada.

P E que acha você do suicídio e dos suicidas?

R É um ato de publicidade: a publicidade do desespero. Considero também ato fútil. Não é coragem. Não tenho pena dos suicidas. Agora, é preciso distinguir entre os suicidas autênticos e os falsos suicidas. Judas, por exemplo, foi um suicida autêntico.

P Que é a noite, Ovalle?

R É a única coisa que a gente tem. Olha lá: lá está ela. É minha e sua. O dia não é de ninguém.

P Você, como católico, aceita o ato sexual independentemente do sentimento da procriação?

R Eu sou contra qualquer burocracia.

P Que acha de Freud e da psicanálise?

R Freud foi um louco genial, que descobriu as causas da própria loucura e acabou se curando. Seu erro foi ter generalizado sua própria loucura através da psicanálise, porque a loucura é uma coisa una, pessoal e intransferível.

P Haverá sempre pobres no mundo?

R Acho que sim... porque senão quem vai dar esmola aos ricos?

P Qual era o comportamento do anjo da guarda de Karl Marx?

R Bom, era um anjo muito boêmio, que saía muito, dormia nos albergues, conhecia bem a vida, as dificuldades e os problemas do seu tempo. Marx era conservador, agora, o anjo dele era muito revolucionário. Como era revolucionário! sabe disso? Marx ficou revolucionário por causa do seu anjo da guarda.

P O que é o câncer?

R É a tristeza das células. A tristeza é que dá câncer.

P Por que ficam os açougues acesos de madrugada?

R Porque a carne é muito vaidosa.

P O que é maior: a criatura ou a criação?

R A criatura é maior que a criação. Uma criação só é boa porque o seu criador é grande. A obra de Camões é grande porque é de Camões.

P O que é um chato?

R Um chato é um sujeito que para falar com você, pega você pelo paletó. É um sujeito que lhe abraça muito quando você está de roupa branca passadinha, vinda do tintureiro. [...] O chato é também um sujeito que entra pelos fundos e toma o elevador de serviço para dar um ar de grande intimidade. Agora, a gente não pode passar sem o chato. Existe a nostalgia do chato. O mundo sem chatos seria insuportável. Uma das provas de decadência do nosso mundo é que os chatos estão ficando muito difíceis. Eu acho que o chato é o verdadeiro psiquiatra. A gente faz verdadeiras curas com um chato. Depois de se conversar com ele, puxa!, não existe mais problema nenhum.

P Que é a morte, Ovalle?

R É a única coisa que é completamente nossa. A única coisa que não é social na criatura. É a única coisa individual, própria, que a gente alimenta desde que nasce. A morte é nossa filhinha querida. Todo o resto não nos pertence. Nosso nascimento, por exemplo, é de nossos pais.

Uma das provocações de Vinicius suscitou resposta que entraria para o folclore das rodas mundano-literárias de então.

– O poeta Augusto Frederico Schmidt irá para o céu, inferno ou purgatório? – perguntou o entrevistador.

– Schmidt vai para o limbo, onde ficará levitando até que possa ser rebatizado no final dos tempos – respondeu Ovalle, condenando o autor de *Fonte invisível* ao imaginário território que a Igreja Católica durante séculos reservou, entre a Terra e o Paraíso, para hospedar as almas dos que morressem sem terem sido batizados.

Ao ler a entrevista, Schmidt o interpelou, magoadíssimo:

– Eu sou batizado! Ladrão do meu batismo!

Logo Schmidt, observará Otto Lara Resende, "que vivia plangendo que não tinha fé, que não acreditava em Deus, que a Paixão o deixava indiferente".

Ovalle, contava a sobrinha Isolda Hermes da Fonseca, tentou pôr panos quentes:

– Meu irmãozinho, você é um anjinho voando, com a bundinha de fora...

Não era mágoa fingida, Schmidt falava a sério. Sem que nenhuma fratura ruidosa tivesse ocorrido, os dois amigos de juventude estavam, fazia tempo, estremecidos, cada vez mais separados, quem sabe, pelo rumo que havia tomado a vida de um e outro – Schmidt agora um bem-sucedido homem de negócios, Ovalle um fatigado servidor público que se afastara também da vida social.

Já num artigo de março de 1951, "As fontes cantavam na Lapa", em que evocou sua mocidade, o poeta destilava ressentimento. Manuel Bandeira, choramingou ele no penúltimo parágrafo do texto,

> não era ainda membro da Academia, mas apenas o melhor, o mais amado, e o maior de todos nós. Ovalle, esse, era então outro: mais moço, mais belo, certo

Amigos desde a juventude, ligados por laços familiares, Schmidt e Ovalle praticamente já não se falavam quando o compositor morreu. Por cima das mágoas que acumulara, o poeta ficou arrasado. Beijou a testa de Ovalle morto, e sobre ele escreveu longos e comovidos artigos

> das coisas, e tão mais sábio – e eu nada tinha do tubarão imaginário, centro de tantos ódios inexplicáveis.

Não há notícia de que o compositor falasse mal do marido de sua sobrinha, mas é certo que se comprazia em lhe atirar farpas. No dia do batizado de Mariana, por exemplo, ele contou numa roda uma história que Otto Lara Resende transcreveria em seu diário. Um padre, amigo de Ovalle,

> encontra o poeta e lhe diz: "Então, sempre engordando e enriquecendo, não é?". Schmidt exalta-se: "Sou respeitável, sou mais velho, o senhor não tem o direito de me dizer isso". O padre tapa o rosto e pede desculpas, diz que vai para casa arrepender-se. Schmidt levanta os braços: "Não vá; eu é que vou ciliciar-me. O senhor disse a verdade". Ovalle arremata, seco: "Três atos, perfeito".

(Na versão original da história, antes que Otto a abrandasse para publicação, a primeira frase do sacerdote é ainda mais crua: "Então, seu Schmidt, sempre engordando para vender essa banha, não é?".)

Mesmo quando parecia estar do lado do poeta, Ovalle dava um jeito de contrabandear para a conversa alguma estocada. Foi assim no início de 1952, quando Schmidt e Gustavo Corção polemizaram na imprensa em torno de tema religioso. Alguém quis saber de Ovalle com quem estava ele naquela disputa – a sua resposta chegou a dois jornais, o *Correio da Manhã* e o *Diário Carioca*: "Corção, Deus sabe que ele existe, que está aí a seu serviço, mas não mantém com esse escritor relações pessoais nem revelou desejo de travar conhecimento com o mesmo". Quanto a Schmidt, "é amigo de Deus, tem relações pessoais com Deus, que gosta dele, embora algumas vezes se irrite e diga mal dele".

Estavam praticamente rompidos quando Ovalle morreu, em 9 de setembro de 1955. "Estávamos separados por uma série de desentendimentos", escreveu então Schmidt, "não conversávamos há quase seis anos, desde que me colocara Ovalle no Limbo numa entrevista que dera a um jornal, no qual eu era objeto de ataques difamatórios continuamente". Equivocava-se o poeta a datação do episódio: ainda não fazia três anos que a matéria no semanário *Flan* fora publicada. Mas era um detalhe sem importância:

> na verdade, a entrevista fora apenas um pretexto; já não nos tínhamos nada a dizer, nos tornáramos dois estranhos, separados pela vida, pelos destinos que tivéramos. Antes do nosso desentendimento, já não havia mais uma ponte entre nós dois, a não ser a nossa conhecida ligação de família: o fato de ser ele irmão de minha sogra. Não nos procurávamos mais, evitávamos mesmo um encontro. Sentia-o tão diferente de mim, no gosto, nos julgamentos dos seres, nas idéias, nas preferências, no modo de conceber a vida. A amizade se acaba, murcha, desaparece tal como o amor; um velho amigo é uma raridade, como um velho amor, tal como um amor que se estende longe, através do tempo, ao longo dos anos. O convívio, o comércio de um ser com outro é algo de tão delicado, que está sempre exposto a dissipar-se, a arruinar-se. Minha amizade com Ovalle, quando ele morreu, estava acabada, perdida, extinta. Não concordávamos sobre nenhum ponto e, o que era mais sério, o que era mesmo irremediável, não sentíamos nenhum desejo de discutir, de debater.

Ainda assim, Schmidt emocionou-se tremendamente quando a mulher, Yedda, recebeu a notícia pelo telefone e veio lhe contar, em prantos: "Tio Yoyô morreu!". Foi vê-lo imediatamente, ainda no apartamento 901 do edifício Imperator, já vestido para o enterro.

> O homem morto, com a sua cruz no peito, fora uma amigo meu, um pedaço de minha vida, o companheiro de todo um longo trecho de minha passagem pela terra. Não me diria mais nada, não me confiaria mais as suas secretas histórias de pássaros, de noivas, a descoberta de seres nos quais vislumbrara estranhas coisas. Os seus dedos hirtos não segurariam mais cigarros, não dedilhariam mais nas cordas dos violões, não ajeitariam mais o monóculo esquivo. Tudo o que se passara entre nós estava perdido para sempre.

Embora chocante, a morte de Jayme Ovalle não pegou de surpresa sua família e seus amigos. Virginia, sobretudo, percebera, fazia tempo, que ele estava indo embora. Estava cansado. Com freqüência cada vez maior, deu de falar na morte – o nosso nascimento é de nossos pais, repetia, mas a morte é só nossa. Falava muito no Paraíso, que descrevia como um jardim pequeno, fechado, "só com Nossa Senhora e o Menino Jesus", e explicava: "O que a gente deseja no final da vida é isso, um lugar perfeito".

No último ano, contava Virginia, Ovalle "não queria mais nada carnal, sexo", atividade que, sem nunca ter sido ebuliente, fora para ele, nos primeiros tempos do casamento, "uma coisa cheia de vida". Aos poucos foi ficando claro que "ele tinha resolvido morrer, de uma coisa ou outra". Ela achava que o que o matou foi a preocupação com a política – algo que, na verdade, até então jamais estivera no centro de suas inquietações.

Na avaliação de sua viúva, Ovalle era "basicamente um homem de esquerda", mas sem nenhum tipo de militância. Talvez lhe coubesse, e não só pelo gosto do diminutivo, o rótulo que Vinicius de Moraes cunhou para si mesmo, e que segundo Virginia vestia bem boa parte da turma de amigos de Ovalle: "um comunistinha". No caso do compositor, razões extra-ideológicas – sua ligação afetiva com o brigadeiro Eduardo Gomes e outros ex-tenentes revoltosos de 1922, entre os quais o cunhado Euclydes Hermes da Fonseca, todos agora opositores do esquerdismo que Getúlio Vargas de certa forma encarnava – puxavam-no para posições mais à direita.

Ocorre que os anos finais de sua vida foram assombrados por uma sucessão de acontecimentos dramáticos capazes de arrancá-lo de seu contemplativo apolitismo e de precipitá-lo no terreno da paixão: os escândalos de toda ordem do governo Vargas, o atentado que matara o major Vaz, por fim o suicídio do presidente – tudo isso, segundo Virginia, teria sido mortal para um homem já cansado de viver. "Ovalle foi morto pela vergonha de o Brasil ser assim", dizia ela, pondo tudo na conta da política. A própria Virginia se tomou de ódio pelo presidente e, quando ele deu um tiro no peito, fez questão de ir ao Palácio do Catete, "no meio daquele bando de gente", para ver seu corpo exposto: queria ter certeza de que estava morto o homem que, acreditava ela, ia matando Ovalle de preocupação.

A novela da política nacional, de fato, tornara-se para ele uma obsessão, cevada na leitura diária de cinco jornais e nos informativos de rádio, captados naquele aparelho "remendado com botões de pijama" que chamara a atenção do cronista Antônio Maria – inspiração, quem sabe, para o rádio "pequeno e barato" do velho Germano, no *Encontro marcado* de Fernando Sabino, que "só funcionava no banheiro, em cima do aparelho sanitário", forçando seu dono a escutar música sentado no bidê. Naquele que seria o seu último inverno, Ovalle puxava sua cadeira para a corrente de ar frio que atravessava o apartamento e ali ficava, cada vez mais amargurado, a ler o noticiário. Virginia não esqueceria o quadro: "Lia e tossia, lia e tossia, fumava, bebia e tossia, lia, fumava, bebia, não dormia, a bronquite ia ficando pior, lia, lia, lia, ficava com as mãos pretas de jornal".

Poderia ter morrido já no dia 24 de agosto de 1955, primeiro aniversário do suicídio de Getúlio Vargas, quando teve um primeiro infarto, o que teria sido de uma ironia crudelíssima. Virginia ainda brincou com ele:

– Não, você não pode morrer no mesmo dia do Getúlio, não faça uma coisa dessa...

Ovalle vinha se sentindo mal, e, depois de muita insistência da mulher, foi ao médico, um amigo do casal, Dauro Mendes – e voltou alarmado: "Vou ter um infarto!". Bobagem, retrucou Virginia, "você toma um xarope para parar de tossir, isso sim". Ele estava se acalmando quando chegou o médico e entregou a Virginia uma injeção de morfina, com a recomendação de aplicá-la "quando começar o infarto".

Aconteceu na manhã seguinte. Ovalle acordou e disse que não estava se sentindo bem, com uma dor que descia pelo braço esquerdo. Socorrido, sobreviveu, mas seu estado era grave. Estava lúcido quando d. Clemente Isnard chegou para lhe dar a comunhão e a extrema-unção. O sacerdote, que gostava muito do doente, chorou muito nesse momento.

Ovalle, agora sob os cuidados de outro médico, Leônidas Hermes da

Fonseca Filho, primo de sobrinhos seus, deveria ir para um hospital, mas não quis: tinha muito medo e preferiu ficar em casa, de cama.

– Ah, Maria, eu não vou me levantar mais não, não vou andar por essas ruas mais não – dizia à cozinheira, que às vezes precisava lhe dar comida na boca, tão enfraquecido estava.

Proibido de se levantar, anunciou que não ia mais fazer a barba.

– Estou bonito? – perguntava, vaidoso, à sua mulher.

O segundo infarto, que não lhe daria chance, veio pelas quatro horas da manhã de 9 de setembro, uma sexta-feira.

Virginia demorou a se dar conta do que tinha acontecido. Com o dia amanhecendo, Mariana acordou em seu quarto e, como freqüentemente fazia, foi para a cama dos pais – na verdade, duas camas largas de solteiro formando uma só. "Estava molhadinha", lembra-se Virginia, "e eu a enrolei num cobertorzinho. Virei-me então para o lado e senti que Ovalle não estava com temperatura normal. Tirei Nicky da cama, levei-a para o quarto da Maria. Voltei, ele estava mais frio."

Virginia contará depois a Manuel Bandeira, e este em carta a Vinicius, que estava em Paris: acordara, de madrugada, com o ronco de Ovalle. "Pensou que ele estivesse sonhando um pesadelo", escreveu Bandeira:

> Virou-o de lado, ajeitou-lhe o travesseiro, o ronco passou e ela tornou a dormir. De manhã, quando despertou e olhou para Ovalle, ele estava morto. Certamente o ronco era a luta com a morte dele e quando Virginia o acomodou ele morreu direitinho.

Atordoada, foi à cozinha e segurou a empregada pelos ombros:

– Maria, Ovalle está morto!

Pouco mais tarde, mandou-a para a praia com Mariana. Ela mesma vestiu o corpo, enquanto chegavam os primeiros parentes, a começar por Isolda, que morava perto.

No apartamento de Copacabana e, mais tarde, no velório na capela Real Grandeza, em Botafogo, muitos se impressionaram com o aspecto de

Ovalle, que, em vida, nunca tinha usado barba. Augusto Frederico Schmidt, que já o tinha visto em seu leito de morte, voltou a vê-lo no velório e, à saída, comentou com o escritor Autran Dourado: como estava crescida a barba de Ovalle! Na entrada, Autran o vira curvar-se e beijar a testa do morto.

Manuel Bandeira escreveu naquela mesma sexta-feira um poema que sairia no dia seguinte no *Jornal do Brasil*:

Estavas bem mudado
Como se tivesses posto aquelas barbas brancas
Para entrar com maior decoro a Eternidade

Nada de nós te interessava agora
Calavas sereno e grave
Como no fundo foste sempre

Poucos amigos foram ao velório e ao enterro de Jayme Ovalle, morto de madrugada e enterrado no mesmo dia. A encomendação do corpo foi feita pelo mesmo d. Clemente que oficiara seu casamento – e que 45 anos depois daria a última benção a sua viúva

Sob as fantasias verbais enormes
Que faziam rir os teus amigos e
Punham bondade no coração dos maus

O padre orava:
– "O coro de todos os anjos te receba..."
Pensei comigo:
Cantando Estrela brilhante
Lá do alto-mar!...

Levamos-te cansado ao teu último endereço
Vi com prazer
Que um dia afinal seremos vizinhos
Conversaremos longamente
De sepultura a sepultura
No silêncio das madrugadas
Quando o orvalho pingar sem ruído
E o luar for uma coisa só.

Na carta a Vinicius de Moraes, Manuel Bandeira não sonegou detalhes do velório, como a presença daquela que fora a grande paixão de juventude de Jayme Ovalle: Maria do Carmo de Mello Franco Nabuco, que passou ao poeta a impressão de estar "muito desprendidamente velorial." Em tom menos noticioso, o poeta abriu o coração:

> Eu sabia que gostava muito de Ovalle, mas nunca pensei que fosse tanto. Fiquei numa infelicidade horrorosa e a certa altura de uma das noites seguintes solucei seco como na missa de sétimo dia de meu pai. Ovalle, com toda aquela imensa ignorância, parecia o único ser em comunhão com os fins últimos do homem. Que intuição prodigiosa tinha de tudo! Vai fazer muita falta a vocês que ainda viverão muito.

Vinicius, por seu turno, contou a Bandeira que ficara "desoladíssimo, desoladíssimo" ao saber da morte de Ovalle pelo colega Afonso Arinos de Melo Franco Filho:

> Perdi completamente o pé, sobretudo porque continuo não acreditando muito, não consigo acreditar. Ovalle está sempre tão presente em mim, tão vivo, que é impossível, assim de longe, realizar que ele morreu. É engraçado: com meu pai foi a mesma coisa. Até hoje me parece que ele está apenas ausente – de vez que não o vi morto. Talvez seja melhor assim. Eu tinha dito a Lila, antes de sair, que um dos amigos que achava nunca mais iria ver, era Ovalle. Lembro-me de que, aquela noite em que vocês estiveram juntos no meu apartamento de Francisco Otaviano, achei-o particularmente deteriorado. Mas alimentava-me sempre uma esperança de que ele se levantaria de novo, com aquela saúde estúpida que tinha. [...] Ele não me tem largado um instante. Sempre comigo, de manhã quando acordo, na nossa mesa, na Embaixada, não importa em que circunstância. Agora mesmo que estou te escrevendo, está sentado na poltrona em frente, com o cigarro entre o minguinho e o seu-vizinho, os olhos líquidos; de repente se levanta, vem até a minha mesa e me diz com veemência: "– O Paizinho* é uma beleza, neguinho!" Depois aperta a hérnia por sobre o paletó, tem um acesso de tosse, puxa o lenço, limpa a boca. Cenas como essa se repetem pelo meu dia afora.

O romancista José Lins do Rego evocou para os leitores de *O Globo* aquele que "era o Valinho de uns, era o Jayme de outros, era o Ovalle de muitos", o amigo que o chamava de "Vovô Índio", e reconstituiu o primeiro encontro que tiveram, numa casa em Botafogo:

> Estava de violão, a dedilhar, saía-lhe da boca o último samba de Sinhô, e ele, espichado no chão, com a cabeça recostada na poltrona, não dava atenção a ninguém. Era somente de sua música, daquela doce cantiga carioca.

---

* Manuel Bandeira.

> Depois ficamos na conversa. Ovalle não era de narrativa contínua, mas de ditos que exprimiam a realidade como gravação de água-forte. A fala era dolente, o olhar triste e o coração enorme. Homem raro.

José Lins lamentou ter recebido a notícia longe do Rio, sozinho num quarto de hotel em São Paulo. Ficou sendo um a mais entre os muitos amigos de Jayme Ovalle que não puderam acompanhar seu corpo ao túmulo 4707A da quadra 33, no cemitério de São João Batista, jazigo no qual, meio século depois, a única inscrição será "Família Euclydes Hermes da Fonseca". Devido à hora matinal do falecimento, apenas *O Globo* deu a notícia no mesmo dia, ainda assim em poucas linhas enfiadas onde foi possível, numa página interna, sob o título "Faleceu Jayme Ovalle":

> Faleceu, na manhã de hoje, em sua residência, à avenida Atlântica nº 4 206, Jayme Ovalle, nome dos mais festejados na música e nas letras e que se tornou um dos mais populares com a sua produção "Azulão", de tanta receptividade no espírito público e que ficou como uma das mais belas contribuições para a música popular. Jayme Ovalle deixou viúva a Sra. Virginia Deckham [*sic*] Ovalle e uma filhinha, Mariana. Os funerais serão às 17 horas de hoje, saindo o féretro da Capela Real Grandeza para o Cemitério de São João Batista.

Só no dia seguinte muita gente foi saber do acontecido, na leitura, por exemplo, do *Diário Carioca*, que em poucas palavras fez justiça ao compositor e poeta desaparecido, vendo nele

> uma das influências mais singulares que se exerceram sobre a geração de poetas e escritores brasileiros ora em plena maturidade. Uma misteriosa inspiração fazia das suas palavras um inefável elemento de poesia sob cujo clima se realizaram muitos poemas de Manuel Bandeira, Augusto Frederico Schmidt e Vinicius de Moraes, entre outros.

Na mesma edição, o jovem poeta e colunista Paulo Mendes Campos recorreu a Shakespeare para despedir-se do "amável príncipe" e pediu que "uma revoada de anjos" fizesse "o encanto de teu sono". Em *O Jornal*, no dia onze, Guilherme Figueiredo evocou o Jayme Ovalle de outros tempos, aquele que soubera prolongar, "dentro do modernismo artístico brasileiro, os hábitos alegres da 'boêmia dourada' desaparecida do parnasianismo" – e falou de toques "de sua maneira de ser"

> que se encontram em alguns poemas de Bandeira, de Mário de Andrade, de Vinicius de Moraes, e até mesmo na criação popular de Sinhô. A nossa primeira geração de artistas radiofônicos, pelo menos a parte mais preocupada com uma inventiva musical e poética de melhor qualidade estética, tomou-o como um padrão de lirismo suave e de palavras simples.

De Carlos Drummond de Andrade, no *Correio da Manhã*, também no dia 11, se pôde ler um dos mais belos textos sobre Jayme Ovalle, "À porta do Céu", mais tarde incorporado à coletânea *Fala, amendoeira*:

> Acompanhávamos o corpo de Jayme Ovalle, na tarde tranqüila de sexta-feira, quando Dante Milano falou baixinho: "É um mundo de poesia irrealizada que se sepulta". Com isso, aludia ao dom poético e profundo, a que faltara expressão vocabular; mas esse dom se manifestara tanto na vida conversada, e mesmo na expressão musical, que era bem um poeta que sabíamos estar enterrando, e não sentíamos necessidade de confrontá-lo com a obra deixada, mas consigo mesmo: o poeta sem versos Ovalle emergia serenamente do mito Ovalle, elaborado por duas gerações distintas – a de seus companheiros de mocidade e outra mais recente, que o redescobrira aqui e no estrangeiro.
>
> O mito Ovalle, por mais particular e adstrito a um pequeno grupo de seu convívio, não era apenas uma criação de amigos, à luz da simpatia. Repousava por certo na originalidade do homem, que conseguira mover-se à sua maneira própria entre símbolos cristãos e amorosos, tornando-se um cristão e um amoroso *sui generis*. Uma frase de Ovalle não era rigorosamente "coisa engraçada", ou "bola", mas uma iluminação mística ou humorística

da qual se podiam extrair noções mais ou menos filosóficas sobre o mundo, a alma, os sentimentos e as coisas que acompanham o homem pela vida. Ele não saberia reduzir essas noções pressentidas a um corpo lógico, mas a verdade é que, a seu modo, penetrava no mundo das essências e dele recolhia imagens sábias e loucas, que viriam infundir nos companheiros uma emoção de conhecimento fantástico e intuitivo.

Vamos admitir que o mito se harmonize com sua legenda; que o homem Ovalle se despedisse de bom grado da fôrma comum, para se instalar no personagem fabuloso e metafísico, que se criara com o tempo; às vezes, julguei vê-lo procurar laboriosamente alguma coisa que correspondesse a essa criação perturbadora. Um certo automatismo psicológico pode mesmo conservar aparentemente ativo aquilo que já secara raízes no ser. Mas, pesquisando bem no fundo, Ovalle achava sempre o que quer que fosse de autêntico, de ovalliano; e a ingênua mistificação terminava em prova de que ele via de fato o mundo com olhos diferentes.

De sua visão ou percepção inconfundível das coisas guardo uma lembrança, já relatada nesta coluna, a propósito do falecimento de Jorge de Lima. Os dois eram vizinhos, e da varanda do apartamento de um se via o edifício onde morava o outro, ambos com vista larga sobre o mar e o céu. Ovalle recebeu pelo telefone a notícia da morte de Jorge; seu movimento natural foi chegar à varanda. “Olhei e vi que Jorge não estava mais”, contou-me ele. Nunca tive impressão mais nítida de fluido que se evola no espaço imenso do que essa produzida pela palavra de Ovalle, a sentir no ar a morte do amigo marcando ausência e presença.

Na encomendação, o padre dizia com a maior naturalidade: “Coros de anjos te aguardam à porta do paraíso, tendo à frente o arcanjo São Gabriel, e entrarás com eles”. Não sou homem de anjos nem espero, por falta de merecimento pessoal, encontrá-los junto a nenhuma porta, mas no caso especial de Jayme Ovalle, acredito piamente que os anjos o esperaram sexta-feira, cantando talvez o “Azulão”, talvez coisas mais festivas ou celestiais; e acredito ainda que Ovalle se tenha comportado com eles sem nenhuma cerimônia, mesmo porque, como a Irene do parceiro Manuel Bandeira, ele era desses com direito a entrar no céu sem pedir licença.

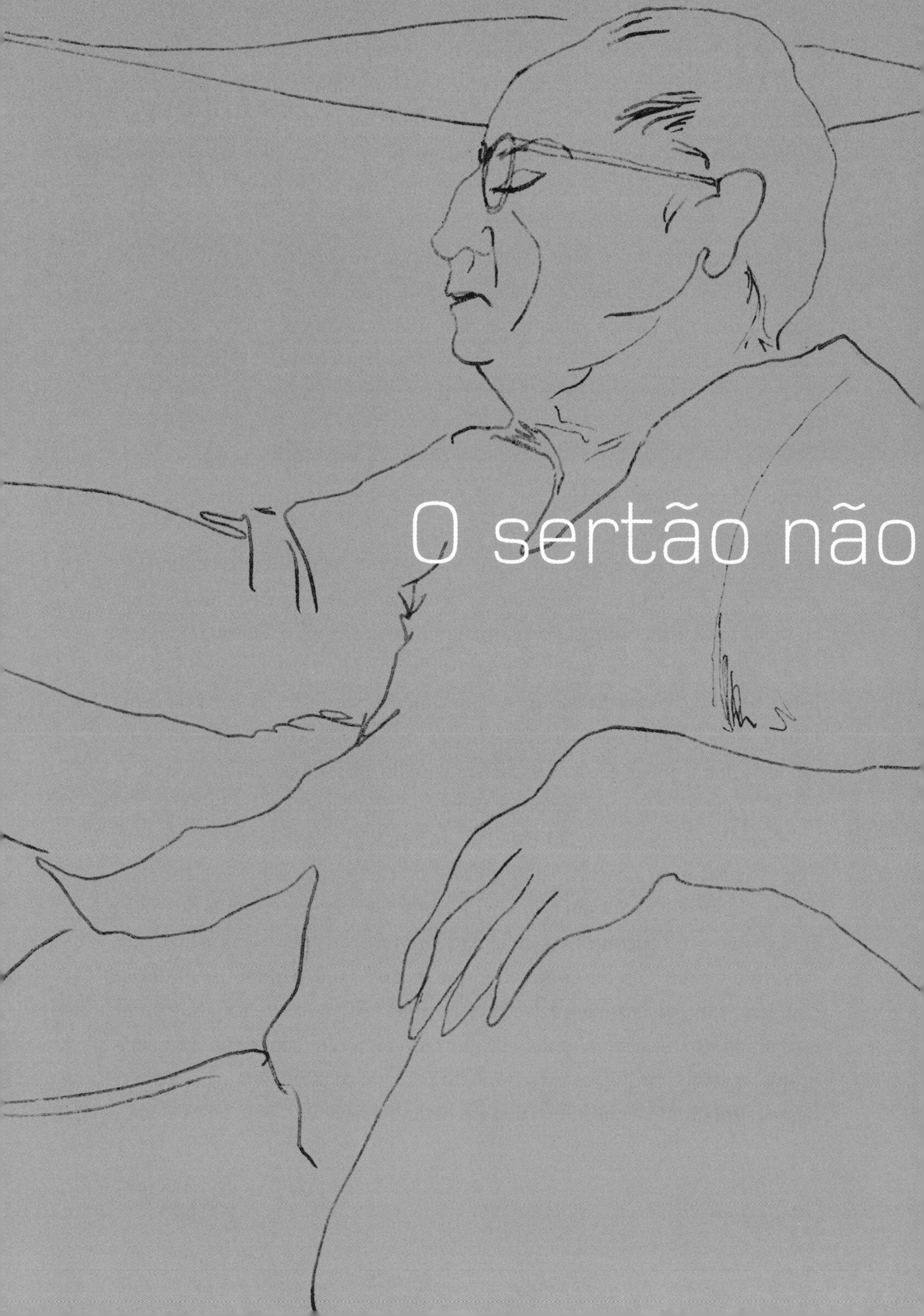

O sertão não

12

é mais sertão

Virginia já se dera conta de que Ovalle não iria longe – mas não imaginara o que a perda significaria em sua vida. Viúva a dezesseis dias de completar trinta anos de idade, seu desamparo foi total.

Desamparo físico, emocional e até financeiro. Perdeu a vontade de tudo, parou de se alimentar, caiu doente por três, quatro meses.

Não era para menos. Não lhe bastasse a dor que sentia, poucos dias depois do enterro lhe apareceu em casa Yedda Schmidt:

– Resolvi comprar uma passagem de avião pra você voltar para os Estados Unidos – anunciou a sobrinha de Ovalle.

– Para mim ou para mim e a minha filha? – quis saber Virginia.

– Não – teria dito Yedda. – Sua filha fica aqui.

Você não tem condições de criá-la. Comigo, ela vai ter tudo, vai ser a filha que eu não tive.

Foi apenas o intróito, lembrava Virginia: "A família – todos, todos – me largou por completo". Não sem lances de extraordinário mau gosto, acrescentava: "Isolda esteve um dia em casa e disse que eu tinha chegado 'ao estado melhor para uma mulher'. Perguntei: "Qual é?". Ela: 'viúva'. Foi muito difícil". Consolava-se pensando: "Pelo menos nunca fui infiel a este homem".

Em meio a esse pesadelo, Virginia precisava administrar também o atordoamento da pequena Mariana, que nos seus três anos e sete meses de idade naturalmente não dava conta de entender o que se passava.

Dias antes, a mãe a fizera ajoelhar-se e rezar com ela ao lado da cama do pai. Em seguida ele sumiu. Não chegou a vê-lo morto, pois naquela manhã a babá Maria a levou para a praia, onde ficou brincando com as primas Paula e Geraldine, filhas de Isolda. Só voltou para casa depois do enterro, no final do dia. Cadê o papai?, quis saber. "Foi para o Céu", respondeu Virginia, e improvisou uma explicação que a filha não esquecerá: "Ela disse que a gente era como uma banana – o corpo era a casca, e a alma, o branco da banana, que tinha ido para o Céu".

Embora não tão radicalmente quanto a família, também os amigos de Ovalle, quase todos, sumiram do apartamento 901. "Acho que representei para eles uma coisa muito estrangeira", avaliava Virginia. Nos primeiros dias de viuvez, estava segura de poder contar com vários deles, como o advogado e professor José Vieira Coelho, padrinho de batismo de Mariana. Decepcionou-se.

Dante Milano morava longe, em Petrópolis. "Bandeira", contava ela, "ficou tão triste com a morte de Ovalle que eu acho que não tinha tristeza que sobrasse pra mim." Fernando Sabino pouco parava no Rio, pois estava em peregrinação eleitoral pelo país como assessor do então general Juarez Távora, que em 3 de outubro seria derrotado por Juscelino Kubitschek na disputa pela Presidência da República. Quem mais a ajudou naquele momento difícil foi Mário Guaraná de Barros, amigo que a morte de Ovalle promoveu a conselheiro e provedor: "Ele me deu coisas que a família se recusou a dar", lembrava ela, referindo-se também a auxílio material. Agradecida, a viúva o presenteou com a bela cruz de prata que pertencera a Ovalle; a de ouro seria dada a Mariana, guardando Virginia para si o crucifixo.

Encontrou apoio, também, em Paulo Mendes Campos e sua mulher, a inglesa Joan: sem saber exatamente como poderiam ajudá-la, levaram-na para passar uns dias com a família dele, em Belo Horizonte. A prenda que ela deu a Paulo, de nenhum valor comercial, teria, para ele, enorme significado afetivo: o monóculo de Jayme Ovalle.

Na volta de Minas, Virginia caiu fragorosamente na real, e não pôde evitar que à dor viesse somar-se muita, muita raiva. "Ele me deixou numa situação medonha", contava. "Era desses brasileiros que não fazem testamento porque 'dá azar', e quando morreu estava tudo de pernas pro ar." Não havia dinheiro, dizia Virginia, para pagar "dívidas astronômicas com o Imposto de Renda", que "ele tinha deixado de recolher durante não sei quantos anos", e nem mesmo para cobrir as despesas de mudança para um apartamento menos dispendioso. O débito com o Fisco só pôde ser quitado porque dos Estados Unidos os pais de Virginia, Dorothy e Earl Peckham, lhe enviaram dólares. A mudança de casa, por sua vez, foi bancada por uma amiga da mãe que estava de passagem pelo Rio de Janeiro.

Rapando o tacho para garantir a sobrevivência, Virginia se lembrou de ir à casa editora das músicas de Ovalle, atrás de direitos autorais, e voltou com "uma migalhazinha". Ficou tão pobre, dizia, que a certa altura decidiu vender, além do quadro de Di Cavalcanti, todos os livros da magra, caótica e involuntária biblioteca do marido, alimentada apenas ao sabor de presentes que ele recebia. Ainda assim, continha preciosidades: "Tinha primeira edição de tudo quanto é coisa", dizia Virginia, referindo-se a obras de vários dos maiores autores do modernismo brasileiro. Dos livros de Ovalle, conservou apenas a Bíblia e um dicionário de línguas.

Aproveitou o embalo para dar fim também a uma papelada sem maior importância – em meio à qual acabou sacrificando pelo menos uma preciosidade: uma carta de Manuel Bandeira a Jayme Ovalle, então vivendo em Londres. "Talvez não devesse ter feito isso", admitiria décadas depois, "mas parecia tão escandaloso que eu acabei rasgando". O motivo: "Bandeira falava de sua vida e de novas amantes – ele era de amantes, não? Então escreveu na máquina dele, bateu no teclado com todas as letras maiúsculas: 'TENHO FODIDO MUITO, QUE FELICIDADE!'".

Quando, mais tarde, estudante em Stanford, na Califórnia, contou a história a seu professor Joaquim-Francisco Coelho, o autor de *Manuel Bandeira pré-modernista* reagiu com horror: "Você fez um ato tão criminoso que não posso perdoá-la!".

Assim que pôde, já em 1956, Virginia alugou o 901 e se mudou para um apartamento dúplex que o casal tinha comprado na rua Benjamin Constant, 55, na Glória. Ali, viu aumentar o isolamento em que vivia com a filha e a empregada Maria. Durou tanto que Mariana, já crescida, pôde perceber: "Ninguém vinha visitar mamãe. Não sei o que aconteceu, porque não tinha ninguém. Uma época tinha acabado e a gente estava num outro mundo. Mamãe pintava, tinha um estúdio no nosso apartamento na Glória. No domingo a gente pintava juntas. Era uma vida muito sozinha a que a gente tinha".

Algum tempo depois da mudança, Virginia conseguiu vender o apartamento da avenida Atlântica e comprar "uns apartamentozinhos lá pelo Flamengo". Em seguida, contava, "sei lá, a vida ficou muito confusa". Mesmo dispondo de uma boa pensão que como servidor público graduado o marido lhe deixara, Virginia sentiu necessidade de trabalhar. Durante um ano e meio, foi secretária do empresário José Carvalho, dono da Ducal, extensa rede de lojas de roupas masculinas. Por intermédio dele conheceu e se tornou amiga do escritor e pensador católico Alfredo Lage. Conheceu também a poeta americana Elizabeth Bishop, que vivia no Brasil desde o final de 1951, e a companheira dela, Lota de Macedo Soares. Num galpão que existiu onde hoje se ergue o Museu de Arte Moderna, tomou aulas com o artista plástico Ivan Serpa, numa turma de que fazia parte Hélio Oiticica. Nos anos seguintes chegou a participar de exposições coletivas e a vender alguns de seus trabalhos.

A vida engrenou. Em dezembro de 1959, Virginia voltou pela primeira vez aos Estados Unidos, para passar o Natal com a mãe – o pai já havia falecido. Entrevistada por um jornal de Worcester, a viúva de "*Jayme de Rojas Ovalle, a famous Brazilian poet and composer of music*", mostrou-se, aos 34 anos, em grande forma, e não apenas pelo bronzeado tropical da pele, que a repórter Jayne Lowe não deixou de registrar. Dizia-se solidamente fixada no Rio de Janeiro, cidade "maravilhosa e cosmopolita" onde só lhe fazia falta uma diferença mais nítida entre as estações do ano. "Fiquei no Brasil por várias razões, mas sobretudo porque amo o país", declarou Virginia – e acrescentou: "Ao me casar, eu acreditei, como a Rute da Bíblia, que a pátria de meu marido seria a minha, e que seu povo seria o meu, e de fato o são!"

Estava, diria muitos anos mais tarde, "tentando sobreviver no Brasil", e talvez tivesse conseguido, não fosse "aquele desastre...".

O desastre, e não há exagero na palavra, foi o casamento com Armando Abílio de Araújo, carpinteiro português que morava num pequeno apartamento no térreo do edifício da rua Benjamin Constant. A jovem viúva encantou-se com o rapaz, mais moço do que ela. Não só fechou os ouvidos a uma advertência de Maria – "Não case, dona Virginia, porque português casa para aproveitar da moça" –, como, ingenuamente, foi contar a ele. O português se tomou de fúria contra a empregada, que por isso deixou o emprego.

Com o casamento, em 1961, Armando Abílio de Araújo em mais de um sentido subiu na vida, passando a levar, no 16º andar do prédio da Benjamin Constant, vida bem mais confortável do que até então tivera no apartamentinho do térreo. Para recebê-lo, Virginia – agora, e até o final da vida, Virginia de Araújo – comprou uma cama de casal, renunciando finalmente às duas de solteiro em que dormira com Ovalle, e de que se recusara a separar-se depois da morte dele.

Com o carpinteiro português, teria mais três filhos – Bento, Michael e Daniel, que lhe dariam netos. E seria muito, muito infeliz.

No final da primeira metade dos anos 60, Virginia deu por encerrado o ciclo brasileiro de sua vida. Não chegaria a ver o nome de Jayme Ovalle ser dado, anos mais tarde, a uma rua na ilha do Governador. De longe, viu crescer no

Brasil o interesse em torno dele, graças não somente às histórias que Fernando Sabino ia pingando em seus escritos como também a referências em trabalhos críticos, como *Humildade, paixão e morte*, que Davi Arrigucci Jr. dedicou à poesia de Manuel Bandeira, em cujo universo, lembra o professor paulista, "Jayme Ovalle é uma presença marcante e constante".

Também à distância, Virginia se inteiraria de um curioso episódio que viera reforçar a aura sobrenatural de Ovalle, e que foi contado por Bandeira em carta a um amigo, o jornalista Odylo Costa, filho. Após a morte de Augusto Frederico Schmidt, em 1965, a viúva, Yedda, recorreu a uma sessão espírita para pedir ao espírito do marido alguns esclarecimentos sobre seu espólio. "Mas quem se apresentou", escreveu Bandeira, "não foi o Schmidt e sim o Ovalle, que disse, entre outras, estas palavras 'Aqui estamos todos nus'." Palavras que, acrescentou o poeta, "tanto a Yedda como o Dante Milano reconheceram como coisa autêntica do Ovalle". Milano tentou, sem êxito, glosar o mote num poema. Bandeira conseguiu – escreveu "Mensagem do Além", que tem como epígrafe a frase soprada pelo espírito de Ovalle:

Aqui é tudo o que olhamos
nu como o céu, como a cruz,
como a folha e a flor nos ramos:
aqui estamos todos nus.

As vestes que aí usamos
nada adiantam. Se o supus,
se o supões, nos enganamos:
aqui estamos todos nus.

Dinheiro que aí juntamos,
jóias que pões (e eu já as pus),
de tudo nos despojamos:
aqui estamos todos nus.

Aos pés de Deus, que adoramos
sob a sempiterna luz,
é nus que nos prosternamos:
aqui estamos todos nus.

Difícil não lembrar, ouvindo a história, da epígrafe bíblica que Murilo Mendes colhera em São Marcos para o seu poema "Saudade de Jayme Ovalle", de 1958, muito anterior, portanto, ao de Manuel Bandeira:

> Um certo moço O seguia, coberto só com um lençol; e o prenderam. Ele, porém, largando o lençol, lhes escapou nu.

Antes de deixar o Brasil, Virginia vendeu o que tinha. Distribuiu entre amigos alguns de seus quadros; os que não poderia levar, queimou. O Cristo nu que escandalizara a cozinheira Maria não entrou na bagagem nem na fogueira – ao se mudar do Imperator, Virginia não quis tirá-lo do nicho que o oratório ocupava na parede da sala.

A nova família deixou o Rio de Janeiro em 30 de janeiro de 1965 e fez escala de alguns meses na Europa antes de se estabelecer na Califórnia. Mariana, que dali a poucos dias completaria treze anos de idade, se lembra de que a primeira parada foi em Portugal, para conhecer Vilarinho, a freguesia onde nasceu Armando.

Não foram, conta, dias felizes para ela e sua mãe, e não apenas porque o pequeno Bento sofria de dor de ouvido, mas sobretudo por causa dos modos "muito primitivos" de Armando. O ambiente desanuviou um pouco quando, em seguida, alugaram um carro e atravessaram a Espanha, rumo a Paris, onde iriam visitar um irmão do carpinteiro. Para Mariana, a tristeza de ter sido arrancada do Rio de Janeiro teve o consolo de pequenas alegrias como conhecer Valladolid, cidade espanhola em que o espetáculo de gente namorando em toda parte lhe devolveu um certo clima de Brasil. Gostou também de Paris. "E a mamãe", conta, "ficou mais feliz durante a viagem."

Em Nova York, onde chegaram em 15 de abril, Virginia e Armando compraram um carro. Seguiram para Stockton, na Califórnia, e ali passaram duas semanas na casa do irmão dela, Edmund. O ponto final da viagem foi San José. Ponto final, também, em 1969, daquele casamento que, rapidamente, degringolara em atos de violência de Armando contra Virginia. A selvageria do marido levaria o tribunal a estabelecer uma distância mínima que, a partir de então, ele foi obrigado a guardar da ex-mulher.

Superado o desastre, Virginia pôde enveredar por uma bem-sucedida carreira acadêmica. Bacharel em artes, já em 1970, "with great distinction", pela Universidade Estadual de San José, acumulou sucessivos títulos universitários até se doutorar, em 1976, com traduções que fez de poemas de Carlos Drummond de Andrade, sob o título *The Minus Sign*. Antes mesmo que o livro fosse publicado, em 1981, nos Estados Unidos e na Inglaterra, o poeta mineiro escreveu a Virginia para louvar o que lhe pareceu ser "exemplo admirável de reflexão sobre como traduzir a matéria poética".

Professora de inglês na universidade onde se bacharelou, Virginia se mudou, em 1973, para Los Gatos, não muito longe de San José, e passou a viver numa casa de montanha que, além de bela e antiga, em outros tempos abrigara Jack London, que ali teria escrito – ela gostava de contar – passagens do romance *The Call of the Wild*. A legenda dessa residência, continuamente visitada por aves e esquilos, haveria de se enriquecer ainda mais por ter sido duramente avariada no grande terremoto de 1989, em cujo epicentro se encontrava.

Sem o imperativo da formosura que se exige da juventude, Virginia envelheceu bem e veio a ser uma bela mulher madura. Voltou algumas vezes ao Rio de Janeiro, e numa dessas ocasiões, na década de 90, relutantemente aceitou convite para visitar o apartamento 901 do edifício Imperator. A então proprietária, a argentina Gisella Valladares, que nunca ouvira falar de Jayme Ovalle, ficou encantada ao saber que entre suas paredes vivera um artista. Virginia, que não era de lágrimas fáceis, emocionou-se ao rever cada peça do apartamento, ao qual jamais retornara antes, e ainda mais intensamente à saída, ao recordar a cena de Ovalle morto, sendo baixado ao térreo do edifício no mesmo velho elevador revestido de madeira escura.

Seus últimos tempos de vida foram dedicados à pintura e, sobretudo, à poesia, terreno em que apaixonado esforço foi despendido no polimento e arremate de *Brazil Genesis*, "o poema que Jayme Ovalle poderia ter escrito ele próprio". Não chegou a publicá-lo, mas deixou-o concluído. Sempre ligada à Universidade Estadual de San José, criou ali, em 1981, e bancou do próprio bolso um Virginia de Araujo Prize, disputado anualmente por jovens poetas.

Dias antes de sua morte, ocorrida em junho de 2000, aos 74 anos de idade, ela falou com d. Clemente Isnard, o religioso tão associado a momentos capitais de sua vida, e dele se despediu. A iniciativa foi de Mariana, que perguntou a ele: "Aos olhos da Igreja Católica teria validade uma absolvição dada à distância, do Rio de Janeiro à Califórnia?" . De seus aposentos no Mosteiro de São Bento, o antigo confessor, já passado dos oitenta anos, explicou que se tratava de um procedimento controverso, mas que, dentro daquilo que as circunstâncias permitiam, seria "uma forma de presença" – e, pelo telefone internacional, deu a bênção à enferma.

Quase meio século passado desde o desaparecimento de Jayme Ovalle, Virginia ainda o tinha presente – "na minha poesia e na maneira de ver as coisas", contou ela algum tempo antes de morrer: "O dom da poesia e uma ternura que nunca me deixou".

Epílogo

Em janeiro de 1988, às vésperas de completar 36 anos, Mariana Ovalle voltou ao Brasil. Era a terceira vez que visitava o seu país natal desde aquele outro janeiro, o de 1965, em que, desconsolada, tinha rumado com a mãe para a Europa e, de lá, para os Estados Unidos.

Na primeira, em fevereiro de 1985, sentiu-se como se tivesse chegado ao "lugar mais lindo do mundo". Hospedada na casa de uma amiga de sua mãe, Eunice de Araújo Carneiro, Mariana saiu em busca de traços do pai que mal chegara a conhecer. Bateu na porta de Fernando Sabino ("ele foi generoso e me contou várias histórias") e Dante Milano ("muito bondoso comigo"). Em Petrópolis, onde morava Dante, fez questão de ir ao Quitandinha, o hotel onde, na breve lua-de-mel de seus pais, acredita ter sido concebida. Esticou a viagem até Planaltina, perto de Brasília, para visitar a irmã Ondina Corrêa, sua professora no Externato Angelorum, na Glória, onde estudou antes de se transferir para o Colégio Andrews, em Botafogo. "Eu a amava tanto", relembra, "que durante algum tempo quis ser freira também."

No Rio, Mariana procurou ainda seus padrinhos de batismo, Nellie e José Vieira Coelho, a ex-babá Maria e o marido dela, o porteiro Bernardino, agora pastor evangélico numa igreja em Copacabana. Dos parentes, uns não lhe pareceram interessados em vê-la, e outros só a receberam depois de alguma insistência. "Não sei", desculpa ela, "a família de meu pai é muito reservada." Teve, em todo caso, encontros gratificantes com Yedda Schmidt e Isolda Hermes da Fonseca. Em todos aqueles anos de ausência, perdera contato com praticamente todos os familiares. Só se correspondera com um deles, o primo Yann Ovalle Lemos, irmão de Yedda, que "sempre foi muito bondoso comigo e com a minha mãe". Mas Yann já tinha morrido.

Nenhuma revisita lhe trouxe tanta alegria quanto o mar de Copacabana. "Ia lá todos os dias", Mariana conta, "ficava andando na praia e pensando no meu pai e na minha infância." Ao entrar na água, experimentou uma alegria há muito perdida – "senti que estava feliz outra vez". Não era pouca coisa: "Desde que fui embora do Brasil, em 1965, eu nunca tinha me sentido realmente feliz, e foi nessa viagem de 1985 que a minha vida começou de novo".

Não surpreende que, terminadas as férias, Mariana estivesse decidida a ficar no Rio de Janeiro. Ao saber da decisão, Lee Charles Starkey, o rapaz com quem era casada ("não pela lei, mas de uma maneira espiritual e sentimental") desde 1981, voou para o Rio de Janeiro. Obteve meia vitória: conseguiu que Mariana voltasse para a Califórnia. O casamento, porém, entrou em crise, depois de uma visita que os dois fizeram a d. Clemente, em Friburgo. Delicada mas firmemente, o religioso ponderou que uma união como a deles, por não ter sido abençoada pela Igreja, não podia ser considerada "um casamento verdadeiro". "Ouvir isso me deixou muito aliviada", recorda Mariana, "porque no fundo não me sentia verdadeiramente casada – Lee e eu éramos somente bons amigos."

O plano de viver no Brasil foi adiado, mas não parou de ganhar corpo, nutrido por mais dois retornos de Mariana ao Rio de Janeiro, em abril de 1986 e em novembro de 1987.

E agora lá estava ela outra vez em Copacabana, sem saber o quanto essa terceira viagem iria mudar a sua vida – por obra e graça, ela não tem dúvida, do pai tão precocemente perdido, aquele pai de quem tão pouca lembrança lhe ficara além de um calor e de um cheiro, gravados nela num dia remotíssimo

Mariana no colo do pai que não tardará a perder: um longo, penoso percurso no espaço e no tempo até recuperar – no mesmo lugar – um pouco da felicidade que se foi com ele

em que ele a tomou nos braços, doente, para lhe dar um comprimido de Melhoral.

Era um belo verão carioca, e naquela manhã do dia 25 de janeiro de 1988, uma segunda-feira, Mariana caminhou por toda a praia de Copacabana, do Leme ao Posto 6, onde estendeu sua toalha bem em frente ao Imperator. Dali podia divisar a sacada do apartamento 901, agora uma varanda envidraçada, de onde o pai costumava acenar quando ela ia à praia.

Essas lembranças ocupavam seu coração quando reparou num grande chapéu de palha a boiar nas ondas. Normalmente, um espetáculo como aquele não a tiraria de onde estivesse – mas, sem saber bem por quê, resolveu observá-lo mais de perto e entrou no mar. Percebeu então que debaixo do chapéu havia uma pessoa, uma velha voltada para o mar aberto.

– A senhora está se divertindo? – perguntou.

– Estou me divertindo muito – respondeu uma voz masculina, carregada de um sotaque que ela, num primeiro momento, achou "muito engraçado".

– Oh, o senhor é homem? – e Mariana, quando se deu conta, já tinha feito a pergunta óbvia. Foi em frente: – É norte-americano?

O dono do chapéu confirmou, para depois retificar:

– Sou metade brasileiro.

Chamava-se Richard Stoddard, tinha 67 anos e aquela era a sua segunda viagem ao Brasil, onde, entre os dezenove e os vinte, vivera uma inesquecível temporada. Na época, 1940, ele estudava engenharia mecânica na Universidade de Stanford, na Califórnia, e lhe apareceu uma oportunidade de passar um ano no Brasil, como missionário. Instantaneamente, caiu de amores pelo país. Embora não acreditasse em reencarnação, ao desembarcar no porto de Santos, Richard teve a sensação de já ter estado ali.

Durante vários meses o jovem americano foi hóspede de uma família paulistana, os Onorato, e fez boa camaradagem com os rapazes da casa, Luciano e Angelo. Já se virava bem em português quando, em julho de 1941, foi passar um tempo em Campinas, para jogar basquete no clube que tem o nome da cidade.

Em 1942, de volta aos Estados Unidos, retomou seu curso em Stanford. Depois de um dramático parêntese durante o qual, baseado na Inglaterra, foi piloto de um bombardeiro BD10 em missões sobre a França ocupada, na Segunda Guerra Mundial, cumpriu o que dele se esperava: formou-se em engenharia, casou-se, teve quatro filhos, que lhe dariam netos, fez carreira, aposentou-se. O tempo todo, quase meio século, carregando a lembrança de um Brasil que às vezes lhe voltava também sob a forma de uns versos de Bilac no poema "Sonho":

Quantas vezes, em sonho, nas asas da saudade
Volto para onde estás, e fico de ti perto!
Como, depois do sonho, é triste a realidade!
Como tudo, sem ti, fica depois deserto!

Nas asas da saudade, precisamente, é que ele ali estava, naquele 25 de janeiro de 1988, debaixo de seu chapelão de palha, no mar de Copacabana, em busca de um pouco daquilo que fizera tão feliz o jovem Richard Stoddard.

Americano de onde? – Mariana quis saber, e levou um susto quando ele disse: de Palo Alto. Não era possível! A apenas cinco quilômetros de Los Altos, onde ela morava! E as coincidências não terminavam aí: durante muito tempo, Mariana tinha trabalhado numa empresa em Palo Alto, a ComputerWare, cujo prédio ficava bem em frente à Cambridge Hardware, loja de ferramentas onde Richard – que, embora aposentado, ainda prestava serviços ao antigo empregador, a Lockheed Missiles and Space – costumava fazer compras pelo menos uma vez por semana. Realmente incrível que, circulando por ali, nunca se houvessem visto – e, mais ainda, que tivessem vindo a se conhecer, cada qual à procura de um passado brasileiro, na praia de Copacabana, em frente ao edifício onde viveu e morreu Jayme Ovalle.

A conversa dentro d'água se estendeu por um bom tempo, até que Richard se despedisse e voltasse para a areia. Quando saiu do mar, Mariana, tomada de súbito pressentimento, foi à procura dele. Não o encontrando

– "ele tinha tirado o chapéu" –, encheu-se de aflição: "No coração, eu sabia que tinha encontrado o amor da minha vida, e não queria perdê-lo". Até então, estivera sempre se apaixonando por pessoas mais velhas – "sempre procurando meu pai", diz Mariana. Por isso, no primeiro minuto daquela paixão, já sabia – "Foi meu pai que botou ele na água pra mim" –, e também em versos comemorou:

> Deus e o meu pai Yoyô
> parece que botaram Ricardo dentro do mar,
> com um chapéu grande de palha
> para eu achar!

Depois do que lhe pareceu "uma eternidade", conseguiu encontrá-lo na areia. Tornaram a se ver na manhã seguinte – Mariana o levou para conhecer a praia de Ipanema –, e em todas as demais até 5 de fevereiro, quando, já irreversivelmente apaixonada, ela teve que voltar para os Estados Unidos. Richard – que àquela altura tinha proposto e obtido o abrasileiramento de seu nome para Ricardo – ficaria no Rio até o fim de fevereiro.

Não se desgrudaram mais. Quando desembarcaram novamente no Brasil, em meados de 1991, numa viagem que incluiu uma temporada em Búzios, já viviam juntos, e engatilhavam um projeto mais ambicioso, que haveriam de concretizar no final dos anos 90, de uma vida dividida entre a Califórnia e o Rio de Janeiro. Moravam em Mountain View, perto de Los Altos e de Palo Alto, num pequeno apartamento repleto de lembranças do Brasil – a começar pelo chapéu de palha que patrocinara o seu primeiro encontro. Diante de um brasileiro em visita ao casal, em meados da década, e sob o olhar do sogro Jayme Ovalle num retrato a *crayon* feito por Di Cavalcanti em 1928, o esfuziante Ricardo – que viveria até 2005 – seria capaz de arroubos como vestir uma camisa (a de número 11, com o nome de Romário às costas) da seleção que em 1994 ganhara nos Estados Unidos a Copa do Mundo de futebol. Nem parecia ter chegado ao mundo três décadas antes de sua jovem mulher.

Não longe dali, em Los Gatos, Virginia ainda ensaiou reações de apreensão materna ao se inteirar da história – mas só até que lhe voltasse a lembrança de um senhor de 53 anos que, certa noite de 1947, numa calçada nova-iorquina, tirou o monóculo para ajoelhar-se e beijar os pés de uma garota 31 anos mais nova.

Bibliografia

LIVROS

ABREU, Brício de. *Esses populares tão desconhecidos*. Rio de Janeiro: E. Raposo Carneiro Editor, 1963.

ALENCAR, Edigar de. *Nosso Sinhô do samba*, 2ª ed. rev. ampl. Rio de Janeiro: Funarte, 1981 (biografia de José Barbosa da Silva).

ALMIRANTE (dito), Henrique Foréis Domingues. *No tempo de Noel Rosa*. Rio de Janeiro: Francisco Alves, 1963.

ALVES, Francisco. *Minha vida*. Rio de Janeiro: Brasil Contemporaneo, 1936.

AMADO, Gilberto. *Mocidade no Rio e primeira viagem à Europa*. Rio de Janeiro: José Olympio, 1956.

____. *Presença da política*. Rio de Janeiro: José Olympio, 1958.

____. *Depois da política*. Rio de Janeiro: José Olympio, 1960.

AMOROSO LIMA, Alceu. *Adeus à disponibilidade e outros adeuses*. Rio de Janeiro: Agir, 1959.

____. *Companheiros de viagem*. Rio de Janeiro: José Olympio, 1971.

ANDRADE, Carlos Drummond de. *O observador no escritório*. Rio de Janeiro: Record, 1985.

____. *Fala, amendoeira*. Rio de Janeiro: José Olympio, 1957.

ANDRADE, Mário de. *Cartas de Mário de Andrade a Manoel Bandeira*. Rio de Janeiro: Organização Simões, 1958.

____. *Ensaio sobre a música brasileira*. São Paulo: Martins, 1962.

____. *Música de feitiçaria no Brasil*. São Paulo: Martins, 1963.

____. *O turista aprendiz*. São Paulo: Duas Cidades/SCCT-São Paulo, 1976.

____. *Macunaíma, o herói sem nenhum caráter*. Ed. crítica, coord. Telê Porto Ancona Lopez. Brasília: CNPq, vol. 6, 1988, col. Archivos.

ANDRADE, Mário de & Manuel BANDEIRA. *Correspondência de Mário de Andrade & Manuel Bandeira*. Marcos Antonio de Moraes (org.) São Paulo: Edusp/IEB, 2000.

ANDRADE, Moacyr. *Lapa*. Rio de Janeiro: Relume-Dumará, 1998.

ANTÔNIO MARIA. *Pernoite*. Rio de Janeiro: Martins Fontes/Funarte, 1989.

ARRIGUCCI JR., Davi. *Humildade, paixão e morte: A poesia de Manuel Bandeira*. São Paulo: Companhia das Letras, 1990.

AZEVEDO, Luis Heitor Correa de. *150 anos de música no Brasil (1800-1950)*. Rio de Janeiro: José Olympio, 1956.

BANDEIRA, Manuel. *Crônicas da província do Brasil*. Júlio Castañon Guimarães (org.), 2ª ed. São Paulo: Cosac Naify, 2006.

____. *Antologia de poetas brasileiros bissextos contemporâneos*. Rio de Janeiro: Zélio Valverde, 1946.

____. *Flauta de papel*. Rio de Janeiro: Alvorada Edições de Arte, 1957.

____. *Poesia e prosa*. Rio de Janeiro: José Aguilar, 1958, 2 vols.

____. *Andorinha, andorinha*. Rio de Janeiro: José Olympio, 1966.

____. *Os reis vagabundos e mais 50 crônicas*. Rio de Janeiro: Editora do Autor, 1966.

____. *Poesia completa e prosa*. Rio de Janeiro: Nova Aguilar, 1993.

____. *Poemas religiosos e alguns libertinos*. Seleção e posfácio de Edson Nery da Fonseca. 2ª ed. São Paulo: Cosac Naify, 2007.

____. *Crônicas inéditas 1: 1920-1931*. Júlio Castañon Guimarães (org.). São Paulo: Cosac Naify, 2008.

BANDEIRA, Manuel & Carlos Drummond de ANDRADE (org.). *Rio de Janeiro em prosa & verso*. Rio de Janeiro: José Olympio, 1965.

BARBOSA, Orestes. *Samba*. Rio de Janeiro: Funarte, 1978.

BERTEVELLI, Isabel Cristina Dias. *Elsie Houston (1902-1943): cantora e pesquisadora brasileira*. Dissertação de mestrado. São Paulo: Unesp, 2000.

BEZERRA, Elvia. *A trinca do Curvelo*. Rio de Janeiro: Topbooks, 1995.

BORBA, Osório. *A comédia literária*. Rio de Janeiro: Alba, 1941.

BRAGA, Rubem. *Recado de primavera*. Rio de Janeiro: Record, 1984.

BRITO, Maria Lenora Menezes de. *Negritude no Pará: música e poesia na afirmação de uma raça*. São Paulo: Dissertação de mestrado. São Paulo: ECA-USP, 2003.

BROCA, Brito. *A vida literária no Brasil: 1900*, 2ª ed. Rio de Janeiro: José Olympio, 1960.

____. *Papéis de Alceste*. Campinas: Ed. Unicamp, 1991.

CABRAL, Sérgio. *Pixinguinha, vida e obra*. Rio de Janeiro: Funarte, 1978.

CAMPOS, Paulo Mendes. *O anjo bêbado*. Rio de Janeiro: Sabiá, 1969.

CAMPOS, Roberto. *A lanterna na popa*. Rio de Janeiro: Topbooks, 1994.

CAMUS, Albert. *Diário de viagem*. Trad. Valerie Rumjanek. Rio de Janeiro: Record, s/d (1985).

CARVALHO, Hermínio Bello de. *Cartas cariocas para Mário de Andrade*. Rio de Janeiro: Leviatã, 1994.

____. *Sessão passatempo*. Rio de Janeiro: Relume-Dumará, 1995.

CASTELLO, José. *Vinicius de Moraes, o poeta da paixão*. São Paulo: Companhia das Letras, 1994.

CASTRO, Moacir Werneck de. *Mário de Andrade: Exílio no Rio*. Rio de Janeiro: Rocco, 1989.

CAZES, Henrique. *Choro: do quintal ao Municipal*. São Paulo: Editora 34, 1998.

CHAVES JR.,Edgard de Brito. *Memórias e glórias de um teatro*. Rio de Janeiro: Editora Americana, 1971.

COARACY, Vivaldo. *Memórias da cidade do Rio de Janeiro*. Belo Horizonte/São Paulo: Itatiaia/USP, 1988.

COLI, Jorge. *Música final: Mário de Andrade e sua coluna jornalística "Mundo Musical"*. Campinas: Ed. Unicamp, 1998.

CORÇÃO, Gustavo. *Conversa em sol menor*. Rio de Janeiro: Agir/INL-MEC, 1980.

COSTA, Luis Edmundo da. *Recordações do Rio antigo*. Rio de Janeiro: Conquista, 1956.

CRULS, Gastão. *Aparência do Rio de Janeiro*. Rio de Janeiro: José Olympio, 1949, 2 vols.

DAMATA, Gasparino (org.). *Antologia da Lapa*. 3ª ed. Rio de Janeiro: Desiderata, 2007.

DAOU, Ana Maria. *A belle époque amazônica*. Rio de Janeiro: Zahar, 2000.

DEODATO, Alberto. *Roteiro da Lapa e outros roteiros*. Belo Horizonte: Itatiaia, 1960.

DI CAVALCANTI, Emiliano. *Viagem da minha vida: O testamento da Alvorada*. Rio de Janeiro: Civilização Brasileira, 1955, vol. I.

____. *Reminiscências líricas de um perfeito carioca*. Rio de Janeiro: Civilização Brasileira, 1964.

Diversos autores. *Almanaque 1950*. Rio de Janeiro: Editora Index/João Fortes Engenharia, 1985.

Diversos autores. *Twentieth Century Impressions of Brazil: Its History, People, Commerce, Industries and Resources*. Londres: Lloyd's Greater Britain Publishing Company Ltd., 1913.

Diversos autores. *Homenagem a Manuel Bandeira*. Rio de Janeiro: Officinas Typographicas do *Jornal do Commercio*, 1936.

DOURADO, Autran. *Gaiola aberta*. Rio de Janeiro: Rocco, 2000.

DUARTE, Paulo. *Mário de Andrade por ele mesmo*. São Paulo: Hucitec/Prefeitura Municipal de São Paulo: 1985.

EDMUNDO, Luiz. *De um livro de memórias*. Rio de Janeiro: Imprensa Nacional, 1958, 5 vols.

____. *O Rio de Janeiro de meu tempo*. Rio de Janeiro: Xenon, 1987.

EFEGÊ, Jota [J. F. Gomes]. *Figuras e coisas da música popular brasileira*, 2 vols. Rio de Janeiro: Funarte, 1978/1980.

____. *Meninos, eu vi.* Rio de Janeiro: Funarte/FNM, 1985.

ELLISON, Fred P. *Alfonso Reyes y el Brasil.* México: Sello Bermejo, 2000.

ENEIDA. *Alguns personagens.* Rio de Janeiro: Serviço de Documentação Ministério da Educação e Cultura, 1954.

____. *História do carnaval carioca.* Rio de Janeiro: Civilização Brasileira, 1958.

FERRAZ, Geraldo. *Depois de tudo.* São Paulo: Paz e Terra/Secretaria Municipal de Cultura de São Paulo, 1983.

FILHO, Claver. *Waldemar Henrique: o canto da Amazônia.* Rio de Janeiro: Funarte, 1978.

FINAMOUR, Jurema. *Pablo e Dom Pablo.* Rio de Janeiro: Nórdica, 1975.

FONSECA FILHO, Hermes da. *Marechal Hermes: Dados para uma biografia.* Rio de Janeiro: IBGE, 1961.

FONTES, Luis Olavo (texto). *Cícero Dias: Anos 20.* Rio de Janeiro: Index, 1993.

FRAGNY, Robert de. *Ninon Vallin princesse du chant.* Lyon: Éditons & Imprimeries du Sud-Est, 1963.

FREYRE, Gilberto. *Vida, forma e cor.* Rio de Janeiro: José Olympio, 1962.

____. *Tempo morto e outros tempos.* Rio de Janeiro: José Olympio, 1975.

GARDEL, André. *O encontro entre Bandeira e Sinhô.* Rio de Janeiro: Secretaria Municipal de Cultura, 1996.

GOMES, Danilo. *Antigos cafés do Rio de Janeiro.* Rio de Janeiro: Kosmos, 1989.

GOTLIB, Nádia Battella. *Clarice, uma vida que se conta.* São Paulo: Ática, 1995.

HENRIQUE, Waldemar. *Só Deus sabe por que: Seleta de textos e fotobiografia.* Belém: Secretaria Estadual da Cultura/Fundação Cultural do Pará Tancredo Neves, 1989.

HOLANDA, Nestor de. *Itinerário da paisagem carioca.* Rio de Janeiro: Letras e Artes, 1965.

____. *Memórias do Café Nice: subterrâneos da música popular e da vida boêmia do Rio de Janeiro.* Rio de Janeiro: Conquista, 1969

HOLANDA, Sérgio Buarque de. *O espírito e a letra.* São Paulo: Companhia das Letras, 1996, 2 vols.

HORTA, Luiz Paulo. *Heitor Villa-Lobos.* Rio de Janeiro: Museu Villa-Lobos/Alumbramento/CBPO, 1987.

HOUSTON-PERET, Elsie. *Chants populaires du Brésil.* Paris: Ed. Librairie Orientale Paul Geuthner, 1930 (42 melodias precedidas de estudo por Philipe Stern, com notas da autora).

____. *La Musique, la danse et les cérémonies populaires du Brésil.* Paris: Ed. Duchartre, 1931.

KESSEL, Carlos. *A vitrine e o espelho: O Rio de Janeiro de Carlos Sampaio.* Rio de Janeiro: Arquivo Geral da Cidade do Rio de Janeiro, 2001.

LAGO, Mario. *Na rolança do tempo*. Rio de Janeiro: Civilização Brasileira, 1976.
LANGE, Curt. *Boletim latino-americano de música*. 1946.
LIMA, Herman. *História da caricatura no Brasil*. Rio de Janeiro: José Olympio, 1963.
LIRA, Marisa. *Brasil sonoro*. Rio de Janeiro: Ed. A Noite, s/d.
____. *Chiquinha Gonzaga, grande compositora brasileira*. Rio de Janeiro: Livraria São José, s/d.
LOBO, Fernando. *À mesa do Vilariño*. Rio de Janeiro: Record, 1991.
LUSTOSA, Isabel. *Histórias de Presidentes: A República no Catete*. Petrópolis/Rio de Janeiro: Vozes/Fundação Casa de Rui Barbosa, 1989.
MACEDO, Sérgio Diogo Teixeira de. *Memórias do Rio*, 2ª ed. Rio de Janeiro: Distr. Record, 1964.
MACHADO, Antônio de Alcântara. *Pressão afetiva & aquecimento intelectual: cartas de Antônio de Alcântara Machado a Prudente de Moraes, neto (1925-1932)*. São Paulo: Giordano/Lemos/EDUC, 1997.
MACHADO, Hilda. *Laurinda Santos Lobo: mecenas, artistas e outros marginais em Santa Teresa*. Rio de Janeiro: Casa da Palavra, 2002.
MAGALHÃES JÚNIOR, Raimundo. *O fabuloso Patrocínio Filho*. Rio de Janeiro: Civilização Brasileira, 1957.
____. *A vida vertiginosa de João do Rio*. Rio de Janeiro: Civilização Brasileira, 1978.
MARCONDES, Marcos Antônio (editor). *Enciclopédia da música brasileira*, 2ª ed. revista e atualizada. São Paulo: Art Editora/PubliFolha, 1998.
MARIANO, Olegário. *Toda uma vida de poesia*. Rio de Janeiro: José Olympio, 1957.
MARIZ, Vasco. *Figuras da música brasileira contemporânea*, 2ª ed. Brasília: UnB, 1970.
____. *A canção brasileira*, 5ª ed. Rio de Janeiro: Nova Fronteira/INL/Fundação Nacional Pró-Memória, 1985.
____. *História da música no Brasil*, 4ª ed. Rio de Janeiro: Civilização Brasileira, 1994.
____. *Vida musical*. Rio de Janeiro: Civilização Brasileira, 1997.
MARTINS, Luís. *Noturno da Lapa*. Rio de Janeiro: Civilização Brasileira, 1964.
MARTINS, Luiz. *Um bom sujeito*. Rio de Janeiro/São Paulo: Paz e Terra/SMC-São Paulo, 1983.
MARTINS, Wilson. *História da inteligência brasileira*. São Paulo: Cultrix/USP, 1978 e 1979, vols. 6, 7.
MAUL, Carlos. *O Rio da bela época*. 2ª ed. Rio de Janeiro: Livraria São José, 1968.
MELO FRANCO, Afonso Arinos de. *Um estadista da República*. Rio de Janeiro: Nova Aguilar, 1976.
____. *A alma do tempo*. Rio de Janeiro: José Olympio/INL-MEC, 1979.

MENDES, Murilo. *Poesia completa e prosa*. Rio de Janeiro: Nova Aguilar, 1994.

____. *Recordações de Ismael Nery*. São Paulo: Edusp/Giordano, 1996.

MENEZES, Raimundo de. *Emílio de Menezes, o último boêmio*. 3ª ed. São Paulo: Martins, s/d.

____. *Bastos Tigre e la belle époque*. São Paulo: Edart, 1966.

MEY, Letícia & Euda ALVIM. *Quem contará as pequenas histórias?*. São Paulo: Globo, 2005.

MICELI, Sergio. *Imagens negociadas: Retratos da elite brasileira (1920-1940)*. São Paulo: Companhia das Letras, 1996.

MILANO, Dante. *Poesia e prosa*. Rio de Janeiro: Civilização Brasileira/UERJ, 1979.

____. *Antologia de poetas modernos*. Rio de Janeiro: Ariel, 1935.

MIRANDA, Ronaldo. *Waldemar Henrique*. Belém: 1979.

MONTELLO, Josué. *Diário da noite iluminada*. Rio de Janeiro: Nova Fronteira, 1994.

MORAES, Marcos Antonio de (organização, introdução e notas). *Correspondência Mário de Andrade & Manuel Bandeira*. São Paulo: Edusp/IEB, 2000.

MORAES, Péricles. *Confidências literárias*. Rio de Janeiro: O Cruzeiro, 1944.

MORAES, Vinicius de. *Obra poética*. Rio de Janeiro: José Aguilar, 1968.

____. *O cinema dos meus olhos*. Carlos Augusto Calil (org.) São Paulo: Companhia das Letras, 1991.

____. *Querido poeta: Correspondência de Vinicius de Moraes*. Ruy Castro (org.) São Paulo: Companhia das Letras, 2003.

MORAIS, Fernando. *Olga*. São Paulo: Alfa-Omega, 1985.

____. *Chatô: o rei do Brasil*. São Paulo: Companhia das Letras, 1994

MORAIS, Frederico. *Cronologia das artes plásticas no Rio de Janeiro 1816-1994*. Rio de Janeiro: Topbooks, 1994.

MOREYRA, Alvaro. *Um sorriso para tudo*. São Paulo: Monteiro Lobato, 1922.

____. *A cidade mulher*. Rio de Janeiro: Costallat e Miccolis, 1923.

____. *O Brasil continua*. Rio de Janeiro: Apolo, 1923.

____. *A boneca vestida de arlequim*. Rio de Janeiro: Pongetti, 1927

____. *Circo*. Rio de Janeiro: Pimenta de Melo, 1929.

____. *Porta aberta*. Curitiba: Guaíra, 1944.

____. *As amargas, não*. Rio de Janeiro: Lux, 1954.

____. *O dia nos olhos*. Rio de Janeiro: Lux, s/d (1956).

____. *Havia uma oliveira no jardim*. Rio de Janeiro: Jotapê, 1958.

MURICY, Andrade. *Caminho de música* (1ª e 2ª séries). Curitiba: Guaíra, 1946 e 1951.

NABUCO, Carolina. *Oito décadas*. Rio de Janeiro: José Olympio, 1973.

NAVA, Pedro. *Baú de ossos*. Rio de Janeiro: Sabiá, 1972.

____. *Balão cativo*. Rio de Janeiro: José Olympio, 1973.
____. *Chão de ferro*. Rio de Janeiro: José Olympio, 1976.
____. *Galo-das-trevas*. Rio de Janeiro: José Olympio, 1981.
____. *O círio perfeito*. Rio de Janeiro: Nova Fronteira, 1983.
NEEDELL, Jeffrey D. *Belle époque tropical*. São Paulo: Companhia das Letras, 1993.
OLIVEIRA, Aloysio de. *De banda pra Lua*. Rio de Janeiro: Record, 1982.
PATROCÍNIO FILHO, José do. *Mundo, diabo e carne* [1923]. São Paulo: Antiqua, 2002.
____. *O homem que passa*. Rio de Janeiro: Miccolis 1927.
PECCI, João Carlos. *Vinicius sem ponto final*. São Paulo: Saraiva, 1994.
PENNA, Maria Luiza. *Luiz Camilo: Perfil intelectual*. Belo Horizonte: Ed. UFMG, 2006.
PENNAFORT, Onestaldo de. *Um rei da valsa*. Rio de Janeiro: Livraria São José, 1958.
PÉRET, Benjamin. *Amor sublime*. São Paulo: Brasiliense, 1985.
PONTIERO, Giovanni. *Manuel Bandeira: visão geral da sua obra*. Rio de Janeiro: José Olympio, 1986.
QUEIROZ, Rachel de. *Tantos anos*. São Paulo: Siciliano, 1998.
RANGEL, Lúcio. *Sambistas e chorões*. Rio de Janeiro: Francisco Alves, 1962.
____. *Samba, jazz & outras notas*. Rio de Janeiro: Agir, 2007.
REBÊLO, Marques (org.). *Brasil, terra & alma: Guanabara*. Rio de Janeiro: Editora do Autor, 1967.
REGO, José Lins do. *Bota de sete léguas*. Rio de Janeiro: Editora A Noite, 1951.
____. *Tempos idos e vividos*. Rio de Janeiro: Nova Fronteira, 1981.
RESENDE, Otto Lara. *Bom dia para nascer*. São Paulo: Companhia das Letras, 1993.
____. *O príncipe e o sabiá*. São Paulo: Companhia das Letras/Instituto Moreira Salles, 1994.
REVISTA DA MÚSICA POPULAR. Coleção completa em fac-símile set. 1954-set. 1956. Rio de Janeiro: Funarte/Bem-te-vi, 2006.
REYES, Alfonso. "História natural das Laranjeiras", in *Obras completas de Alfonso Reyes*, vol. IX. México, DF: Fondo de Cultura Econômica, 1ª ed., 1ª reimpresión, 1981.
____. *Iconografía*. México, DF: Fondo de Cultura Económica/El Colegio Nacional/El Colegio de México, 1989.
ROCQUE, Carlos. *Antônio Lemos e sua época*. Belém: Amazônia Edições Culturais, 1973.
SABINO, Fernando. *Obra reunida*. Rio de Janeiro: Nova Aguilar, 1996. 3 vols.
____. *Cartas na mesa*. Rio de Janeiro: Record, 2002.
____. *Livro aberto*. Rio de Janeiro: Record, 2001.
SALLES, Vicente. *Músicas e músicos do Pará*. Belém: Conselho Estadual de Cultura, 1970.

____. "Quatro séculos de música no Pará", *Revista Brasileira de Cultura*, nº 2, Belém: Conselho Federal de Cultura.

SANTOS, Joaquim Ferreira dos. *Antônio Maria: Noites de Copacabana*. Rio de Janeiro: Relume-Dumará/Rio Arte, 1996.

SARGES, Maria de Nazaré. *Belém: riquezas produzindo a belle époque (1870-1912)*. Belém: Paka-Tatu, 2002.

____. *Memórias do velho intendente Antonio Lemos*. Belém: Paka-Tatu, 2004.

SCHMIDT, Augusto Frederico. *O galo branco*. Rio de Janeiro: José Olympio, 1957.

____. *As florestas*. Rio de Janeiro: José Olympio, 1959.

____. *Nova antologia poética*. Rio de Janeiro: Editora do Autor, 1964.

____. *Poesia completa 1928-1965*. Rio de Janeiro: Topbooks/Fac. Cidade, 1995.

____. *Antologia de prosa*. Rio de Janeiro: Topbooks/Fundação Yêdda e Augusto Frederico Schmidt/UniverCidade, 2000.

____. *Saudades de mim mesmo*. Letícia Mey e Euda Alvim (sel. e org.). São Paulo: Globo, 2006.

SENNA, Homero. *República das letras*, 3ª ed. revista e atualizada. Rio de Janeiro: Civilização Brasileira/Univap, 1996.

SILVA, Hélio. *Sangue na areia de Copacabana*, 2ª ed. Rio de Janeiro: Civilização Brasileira, 1971.

SILVA, Maximiano de Carvalho e (org.). *Homenagem a Manuel Bandeira 1986-1988*. Rio de Janeiro: Presença Edições, 1989.

SILVEIRA, Joel & Geneton MORAES NETO. *Hitler/Stalin, o pacto maldito*. Rio de Janeiro: Record, 1989.

SOUZA LEAL, José de & Artur Luiz BARBOSA. *João Pernambuco: Arte de um povo*. Rio de Janeiro: MEC/Funarte, 1982.

TINHORÃO, José Ramos. *Música popular: Um tema em debate*. Rio de Janeiro, Saga, 1938.

____. *História social da Música Popular Brasileira*. São Paulo: Editora 34, 1998.

____. *Pequena história da música popular: Da modinha ao tropicalismo*. São Paulo: Art Editora, 1986.

TOCANTINS, Leandro. *Santa Maria de Belém do Grão Pará*. Belo Horizonte: Itatiaia, 1987. 3 ed.

VASCONCELOS, Ary. *Panorama da música popular brasileira*. 1º vol. São Paulo: Martins, 1964.

VELLOSO, Monica Pimenta. *Modernismo no Rio de Janeiro*. Rio de Janeiro: Fundação Getúlio Vargas, 1996.

VICENTE, Silvana Moreli. *Cartas provincianas: Correspondência entre Gilberto Freyre e Manuel Bandeira*. Tese de doutorado. Departamento de Teoria Literária e Literatura Comparada, Faculdade de Filosofia, Letras e Ciências Humanas, USP. São Paulo, 2007.

VILLAÇA, Antonio Carlos. *O livro de Antonio*. Rio de Janeiro: José Olympio, 1974.

____. *O livro dos fragmentos*. Rio de Janeiro: Civilização Brasileira, 2005.

____. *O pensamento católico no Brasil*. Rio de Janeiro: Zahar, 1975.

PERIÓDICOS

Na elaboração deste livro, foram consultadas, entre outras, a seguintes publicações periódicas: *A Noite, A Província do Pará, As Novidades Literárias, Artísticas e Scientificas, Boletim de Ariel, Careta, Correio da Manhã, Correio Paulistano, Diário Carioca, Diário de Notícias, Flan, Jornal do Brasil, Letras e Artes, Literatura, Manchete, O Globo, O Jornal, O Malho, O Radical, Renascença, Revista de Antropofagia, Revista do Brasil, Suplemento Literário* do *Minas Gerais, Tribuna da Imprensa, Tribuna das Letras, Última Hora, Vanguarda Socialista, Worcester Sunday Telegraph.*

Entrevistados

Na preparação deste livro, o autor entrevistou, entre outras, as seguintes pessoas: Alda Milano, Aloysio de Alencar Pinto, Antônio Callado, Antonio Candido, Antônio Carlos Villaça, Antônio Geraldo Barrozo do Amaral, Armindo Correia da Costa, Arthur Oscar de Obino, Carlos Rocque, Cícero Dias, D. Clemente Isnard, Doris Rojas de Carvalho, Edson Nery da Fonseca, Elizabeth Hughes, Erthos Albino de Souza, Eunice de Araújo Carneiro, Fernando Sabino, Fernando Segismundo, Flávia de Camargo Toni, Geraldo Eulálio do Nascimento Silva, Giulio Massarani, Haroldo Maranhão, Helena Valladares, Homero Icaza Sánchez, Isabel Salgado, Isabel Velloso, Isolda Hermes da Fonseca Chapman, Jannie Jakubovicz Ovalle, Jean Boghici, Joan Abercrombie Mendes Campos, José Carlos Nunes Pinto de Laet, José Luiz Dutra de Toledo, Kleusa de Pennafort, Lenora Brito, Marcos de Azambuja, Maria do Carmo Nabuco, Maria Lúcia Godoy, Maria Ruth de Sousa, Mariana Ovalle, Mercedes Reis Pequeno, Murillo Hermes da Fonseca, Nina Guaraná de Barros, Otto Lara Resende, Rachel de Queiroz, Raquel Braune, Renato de Almeida Prado Costallat, Ricardo Cravo Albin, Rosa Carvalho, Ruth Baião, Vicente Salles, Violeta Correa de Azevedo e Virginia de Araújo (Virginia Peckham Ovalle).

Discografia de Jayme Ovalle

I. HOMENAGENS A JAYME OVALLE

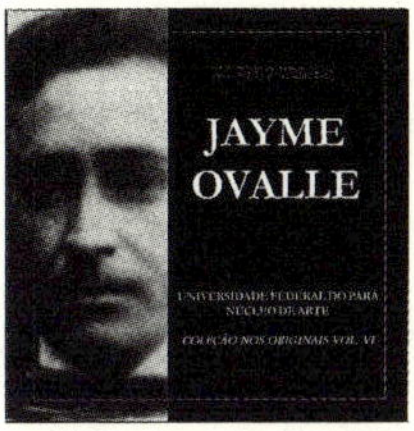

Jayme Ovalle. Núcleo de Arte da Universidade Federal do Pará. 2002 CD Col. Nos Originais, vol. VI,. Gravado em junho de 1996 no Núcleo de Arte da UFPA e no Theatro da Paz. 1. UNIANGURIPÊ. José Maria Cardoso, baixo; Lenora Menezes de Brito, piano. 2. MACUMBEBÊ. 3. PAPAI CURUMIASSU. 4. AZULÃO. Marina Monarcha, soprano; Eliana Cutrim, piano. 5. MODINHA. Alpha Oliveira, mezzosoprano; Eliana Cutrim, piano. 6. MANUEL BANDEIRA. Eliana Cutrim, piano solo. 7. VALSA. 8. ROMANÇA. 9. CHARIÔ. José Maria Cardoso, baixo; Lenora Menezes de Brito, piano. 10. ARUANDA. 11. ESTRELA DO MAR. 12. ESTUDO OP. 9 Nº 1. Lenora Brito, piano solo. 13. MARIA DO CARMO. 14. GURIATÃ DE COQUEIRO. 15. TANGO. 16. CANTOS ROMEIROS. 17. IMPROVISO I. Jacob Cantão, Oleg Andreev e Jairo Wilkens, clarinetas. 18. IMPROVISO II. 19. BERIMBAU. José Maria Cardoso, baixo; Lenora Menezes de Brito, piano. 20. CABOCLINHO. Alpha Oliveira, mezzosoprano; Eliana Cutrim, piano. 21. ZÉ RAYMUNDO. Marina Monarcha, soprano; Eliana Cutrim, piano.

A música e o Pará: Obras para piano. Duo pianístico da Universidade Federal do Pará. *Suíte Ovalle-Mahle*, de Ernst Mahle (Martelo/Cantinela/Paquetá/Azulão/Aboio/Desafio); peça composta em 1994, no centenário de Jayme Ovalle. Faixas 11 a 16.

II. OUTRAS GRAVAÇÕES DE COMPOSIÇÕES DE OVALLE

ZÉ REYMUNDO

Opus 1

Para canto e piano

Olegário Mariano e Jayme Ovalle

Patrício Teixeira. 1925-27. Disco 76 rpm Odeon 123 136. No selo, a canção foi identificada como "Seu Zé Raimundo", e o nome de Jayme Ovalle foi omitido. MP3 Instituto Moreira Salles/Acervo José Ramos Tinhorão. www.ims.com.br.

Gastão Formenti, voz; Henrique Vogeler, piano. 1930 Disco 78 rpm Odeon 10525. Lado B. MP3 Instituto Moreira Salles/Acervo Humberto Franceschi. www.ims.com.br.

BERIMBAU

Opus 4

Para canto e piano

Jayme Ovalle e Manuel Bandeira

Elsie Houston, voz; Pablo Miguel, Piano. *Rare recordings of songs from Brazil, Russia and United States*. Elsie Houston, Maria Kurenko e Marguerite Castellanos-Taggart. CD Sanctus SCSH 004. Faixa 10.

MODINHA

Opus 5

Para canto e piano

Manuel Bandeira e Jayme Ovalle

Sílvio Caldas. 1943. Disco 78 rpm RCA Victor 800102. Lado A. MP3 Instituto Moreira Salles/Acervo Humberto Franceschi. www.ims.com.br.

Alice Ribeiro, voz; Francisco Mignone, piano. 1952. Disco 78 rpm Continental 20101 Lado B. No lado A, "Azulão".

Nenhuma referência a Manuel Bandeira, autor das letras das duas canções. MP3 Instituto Moreira Salles/col. Humberto Franceschi. www.ims.com.br.

Sílvio Caldas. *Quando canta o seresteiro.* 1952. Gravação feita no programa *Seresta de Sílvio Caldas* de 10 de novembro de 1952. Acompanhamento do Regional de Rogério Guimarães. CD. Collector's CCD-001.

Mário Martins, voz; e orquestra. 1953. Disco 78 rpm Copacabana 5136. Lado B. MP3 Instituto Moreira Salles/Acervo José Ramos Tinhorão. www.ims.com.br.

Lenita Bruno. *Modinhas fora de moda.* 1958. LP Festa 6 003. Faixa 11

Inezita Barroso. *Canto da saudade.* 1959. LP Copacabana CLP 11111. Faixa 5.

Carlos José. *Uma noite de seresta vol. 3.* 1968. LP CBS 37583. Faixa 3A.

Orlando Silva. *O eterno seresteiro.* 1969. LP RCA Victor BBL 1483. Faixa 2A.

Laurindo Almeida, violão; Martin Ruderman, flauta; Salli Terri, mezzo soprano. *Duets with the Spanish Guitar.* 1958. CD Capitol P8406 (UK) Capitol P8406 (EUA). Faixa 17. Inclui "Azulão" e "Três pontos de santo" ("Chariô", "Aruanda" e "Estrela do mar").

Maria Lúcia Godoy, voz; Murilo Santos, piano. *Maria Lúcia Godoy Canta Poemas de Manuel Bandeira.* Gravado em 1966 e lançado em 1968. LP Museu da Imagem e do Som do Rio de Janeiro. MIS 008. CD Academia Brasileira de Letras/Funarte, 2003. Inclui "Azulão".

Laurindo Almeida, violão; Deltra Eamon, voz. *Brazilian Reflections.* 1996. Mel Bay Publications BP3001. Faixas 1, 2 e 3. O CD também contém "Azulão" e "Três pontos de santo".

Makoto Ueda, contrabaixo; Ritsuko Tsuchiya, piano. *Canta o coração.* CD REC-1001. Faixa 13.

Theo de Barros. *Violão solo.* 1997. CD Paulinas COMEP CD 12142-8. Faixa 8 (com "Sabiá", de Tom Jobim e Chico Buarque, como música incidental).

Turíbio Santos, violão; Carol McDavit, soprano. *Amazônia*

é Brasil. 1999 CD Secult/PA Rob Digital RD 054. Faixa 4. Inclui "Azulão".

Sebastião Tapajós. *Acorde violão.* 2000. CD Universidade Estácio de Sá L64. Faixa 2. Inclui "Azulão".

Anna Lee. *Ana Lee.* 2001. CD Independente s/n. Faixa 11.

Filomena Araújo, soprano; Gabriela Canavilhas, piano. *Evocação.* 1995 cd Movieplay Portuguesa MOV 3-11040 Faixa 16. Inclui "Azulão".

Maria José Montiel, soprano; Luís de Moura Castro, piano. *Brazilian songs: Modinha.* 2002. CD Ensayo ENY 9807. Faixa 1.

Milton Masciadri. *Romanza.*

TRÊS PONTOS DE SANTO: (CHARIÔ/ ARUANDA/ ESTRELA DO MAR)

Opus 10 (nº 1/2/3)

Para canto e piano

Jayme Ovalle

Elsie Houston, voz; Pablo Miguel, piano. Disco 78 rpm Victor 13669. Lado A. MP3 Instituto Moreira Salles/Acervo José Ramos Tinhorão. www.ims.com.br

Inezita Barroso. *Recital de Inezita Barroso.* 1962. LP Copacabana CLP 11271. Faixa 11.

Laurindo Almeida, violão; Martin Ruderman, flauta; Salli Terri, mezzo soprano. *Duets with the Spanish Guitar.* 1958. CD Capitol P8406 (UK) Capitol P8406 (EUA). Faixa 8. Inclui "Azulão" e "Modinha".

Maura Moreira, meio-soprano; Sonia Maria Vieira, piano. *O canto da terra.* 1979. LP CD Acervo Funarte ATR 32061. Faixas 6, 7 e 8.

Laurindo Almeida, violão; Deltra Eamon, voz. *Brazilian Reflections.* 1996. Mel Bay Publications BP3001. Faixas 1, 2 e 3. Inclui "Azulão" e "Modinha".

AZULÃO

Opus 21

Para canto e piano

Manuel Bandeira e Jayme Ovalle

Alice Ribeiro, voz; Francisco Mignone, Piano. 1952. Disco 78 rpm Continental 20101. Lado A. No lado B, "Modinha". Nenhuma referência a Manuel Bandeira, autor das letras das duas canções. MP3 Instituto Moreira Salles/Acervo Humberto Franceschi. www.ims.com.br.

Francisco Alves. Anos 40. Parlophon 33628, matriz 65635; tirado de um programa de rádio. CD *O rei da voz na Rádio Nacional, vol. 3.*, de 2006. Revivendo Músicas Comércio de Discos Ltda. RVPC 012. Faixa 16.

Lya Salgado, 1956. RCA Victor 80.1616a. Lado A. Gravado em 10/4/1956 e lançado em junho do mesmo ano. Nenhuma referência à letra de Manuel Bandeira.

Laurindo Almeida, violão; Martin Ruderman, flauta; Salli Terri, mezzo soprano. *Duets with the Spanish Guitar*, 1958. CD Capitol P8406 (UK) Capitol P8406 (EUA). Faixa 4. Na faixa 8, "Três pontos de santo" ("Chariô", "Aruanda" e "Estrela do mar").

Inezita Barroso. *Vamos falar de Brasil.* 1958. LP Copacabana 11 016. Com orquestra e coro da Rádio Record de São Paulo. Direção e arranjos de Hervê Cordovil.

Clara Petraglia, voz e violão. *Canções do Brasil.* 1960? Westminster-Sinter 5 707. 2 vols.

Nilo Amaro e seus Cantores de Ébano. *Os anjos cantam.* 1962. LP Odeon MOFB 3260. Faixa B2. CD EMI/col. Os Originais.

Conchita Badía, canto; Carlos Manso, piano. *Conchita Badía: Homenaje.* Gravado em 27/5/1964, em Madri. LP Producciones Piscitelli P-009. CD Piscitelli B0000062ZR. Faixa 23.

Maria Lúcia Godoy, canto; Murilo Santos, piano. *Maria Lúcia Godoy canta poemas de Manuel Bandeira.* Gravado em 1966 e lançado em 1968. LP Museu da Imagem e do Som do Rio de Janeiro. MIS 008. CD Academia Brasileira de Letras/Funarte, 2003. Inclui "Modinha".

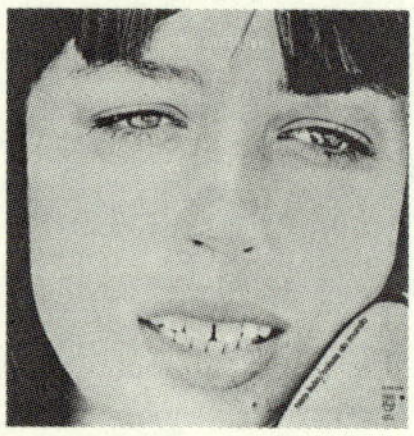

Victoria de los Angeles, voz; Orquestra Sinfônica de Londres (reg. Rafael Frübeck De Burgos). *Sur les Ailes du chant.* 1966 CD EMI Studio DRM 7 69502 2. 1988. Faixa 16.

Nara Leão. *Coisas do mundo.* Arranjos de Sidney Miller. 1969 LP CBD Philips R765 079L. CD Reeditado na Caixa Nara (2002).

Victoria de los Angeles. *Victoria de los Angeles Live at the Teatro Colón,* 1972 CD VAI Audio 1246. Faixa 29.

Inezita Barroso. *Modas e canções.* 1975. LP Copacabana SOLP 40565. Faixa 11.

Duo Kaplan-Parente da Universidade Federal da Paraíba (José Alberto Kaplan e Gerardo Parente). *Piano Brasileiro a 4 Mãos.* 1977 LP Discos Marcus Pereira MPA 9359.

Teca Calazans. *Mário trezentos, 350.* 1983. LP Atração Produção Fonográfica. CD *Mário de Andrade.* Faixas 15 e 16. Acervo Funarte ATR 32032.

Elizeth Cardoso, voz; Márcio Mallard, cello. 1984. *Luz e esplendor.* CD Biscoito Fino. BF 551. Faixa 12 (faixa-bônus).

José Tobias. *Rapsódia brasileira.* 1984. Produção de Hermínio Bello de Carvalho. No lado B, que tem o título "Modinheira", o cantor pernambucano é acompanhado pelo Octeto Brasilis: Radamés Gnatalli, piano; Aloisio Didier, sintetizador; Raphael Rabello, violão de sete cordas; Helio Capucci, violão de seis cordas; Wanda Eichbauer, harpa; Braz Limonge Filho, oboé e *english corn*; Zeca Assumpção, baixo acústico; Wilson das Neves, bateria. "Azulão" está em duas versões, nas faixas B1 E B9. O disco também inclui na faixa B8 o "Azulão" de Heckel Tavares e Luiz Peixoto, e "Modinha" (B4). LP Tycoon.

Kathleen Battle, voz; Christopher Parkening, violão. *Pleasures of their company.* 1986. CD EMI Digital 1990-10-25. Faixa 10.

Paolo [Paulo] Abel do Nascimento, canto; Claude Fondraz, piano. *Mélodies Populaires du Brésil.* 1990. CD Lyrink CD 085 s/d.

Eliete Negreiros. *A canção brasileira: A nossa bela alma.* 1992. CD Camerati TCD 1002 2. Faixa 16.

Ithamara Koorax. *Ao vivo.* 1993. CD JVC/Imagem. Faixa 12.

Alaide Costa, canto; João Carlos Assis Brasil, piano. *Alaide Costa & João Carlos Assis Brasil.* 1995. CD Movieplay BS-260. Faixa 3.

Aris Christofellis. *From Distant Lands and Peoples.* 1995. CD EMI Classics CDC 5 56147 2. Faixa 24.

Filomena Araújo, soprano; Gabriela Canavilhas, piano. *Evocação.* 1995 CD Movieplay Portuguesa MOV 3-11040 Faixa 15. Inclui "Modinha".

Kathleen Battle. *So Many Stars.* 1995. CD Sony Classical 68473. Faixa 3.

Amin Feres, baixo-barítono. *Magnificus.* CD Karmim KPCD 006. Faixa 18.

Cida Moreyra. *Na trilha do cinema.* 1996. CD Kuarup Discos KCD-087. Faixa 13.

Laurindo Almeida, violão; Deltra Eamon, voz. *Brazilian Reflections.* 1996. Mel Bay Publications BP3001. Faixa 7. O CD também contém "Três pontos de santo" ("Chariô op. 10, nº 2", "Aruanda op 10, nº 2" e "Estrela do mar op. 10, nº 2") e "Modinha".

Angela Gheorghiu, soprano; Malcolm Martineau, piano. *My World: Songs from Around the Globe.* 1998. CD London 289 458 360-2. Faixa 24.

Antúlio Madureira; Orquestra Berré-Bumbá. *Mourama.* 1998. Independente s/n. Faixa 11.

Consuelo de Paula. *Samba, seresta & baião.* 1998. CD Dabliú Discos DB 0082. Faixa 5.

Jane Duboc, voz; Sebastião Tapajós, violão. *Da minha terra.* 1998. CD Pará Instrumental Vol. 2. Secult/PA. CD Jam Music JM 006. Faixa 9.

Roberto Corrêa. *No sertão: Viola & cordas.* 1998. CD Vallée NS 007. Faixa 8.

Annette Celine, voz; Christopher Gould, piano. *L'Invitation au voyage: Songs from the 19th & 20th Centuries* 199.9 CD Claudio 4944. Faixa 17.

Eliot Fisk, violão; Paula Robison, flauta. *Estrellita: Canciones latinas.* 1999. CD MusicMasters 67193. Faixa 15.

Maria Bethânia. *A força que nunca seca.* 1999. CD BMG Brasil 7432165494-2. O título da canção não é mencionado na embalagem; na gravação, segue-se a "Luar do Sertão" (Faixa 2), atribuída na embalagem a Jayme Ovalle, Manuel Bandeira e Catulo da Paixão Cearense.

Tadeu Duarte, piano; Sônia Genú, mezzo soprano. *A canção brasileira* 1999. CD independente. Faixa 16.

Turíbio Santos, violão; Carol McDavit, soprano. *Amazônia é Brasil.* 1999. CD Secult/PA Rob Digital RD 054. Faixa 16. Inclui "Modinha".

Sebastião Tapajós. *Acorde violão.* 2000. CD Universidade Estácio de Sá L64. Faixa 4. Inclui "Modinha".

Coral de S. Domingos. *Viagens.* 2001 CD Strauss ST 3348. Gravado na igreja do Convento de S. Domingos. Faixa 22.

Gérard Souzay, barítono; Danton Baldwin, piano. *Songs of Many Lands.* 2001 CD Testament SBT 1207. Faixa 18.

María Bayo, soprano; Malcom [*sic*] Martineau, piano. *Canciones españolas.* 2002. CD Naïve V4933. Faixa 22

Maria José Montiel, soprano; Luís de Moura Castro, piano. *Brazilian songs: Modinha.* 2002. CD Ensayo ENY 9807. Faixa 19.

Manuel Cid. *Entre dos riberas: cancionero iberoamericano.* 2003. CD FIBED MUSIC77 Faixa 11.

Isabel Rey, soprano; Ichiro Suzuki, violão. *Natsu no Omoide (Recuerdos de verano).* 2004. CD DiscMedi Blau DM 866. Faixa 12.

Adriana de Almeida e Olinda Allessandrini. *Canções Brasileiras.* 2005. CD Tratore 7898901961154. Faixa 1.

Nicole Borger. *Singrar – Sailing Songs.* 2005 CD Independente. Faixa 6

Isabel Bayrakdarian, soprano; James Parker, piano; conjunto de cellos. *Azulão* 2006. CD CBC Records MVCD 1164. Faixa 27.

NOTURNO

Opus 25

Jayme Ovalle

Ana Cândida, piano. *Noturnos brasileiros.* Gravado para o programa Música e Músicos do Brasil – Noturnos de Música Brasileira, produzido pela Rádio MEC em 23/3/1961. LP Atração Fonográfica. CD Acervo Funarte 42 ATR 32056. Faixa 7.

Agradecimentos

Numa linha do tempo, este livro e seu autor devem antes de mais nada a Otto Lara Resende e a Fernando Sabino, não só pelo que contaram a respeito de Jayme Ovalle, como também pela generosidade com que toparam me recomendar à Fundação Vitae, no momento em que pleiteava uma bolsa – não menos generosamente concedida, em ano já distante. Ainda assim, bem pouco teria sido possível sem a boa vontade que, desde o primeiro contato, na Califórnia, encontrei em Virginia e Mariana, a viúva e a filha de Jayme Ovalle. Não exagero ao afirmar que sem elas este livro não existiria.

Mesmo no longo tempo em que a pesquisa menos andou do que andou parada, nunca me faltou o incentivo da escritora Elvia Bezerra, minha amiga, que além de me aprovisionar de informações teria, a partir de certa altura, a delicada paciência de ler os catataus que viriam a formar *O santo sujo*, contribuindo para lhes trazer luz e rigor. Incentivo constante não me faltou também da parte de Edson Nery da Fonseca, um sábio que me tem na conta de seu "amigo desconhecido", de vez que até hoje só nos conhecemos por telefone ou carta.

A despeito de toda essa corrente positiva, a minha biografia de Ovalle poderia ter dado em nada se em 2004 o editor Augusto Massi não houvesse proposto um contrato para que o livro viesse a ser publicado pela Cosac Naify. A ele devo, porém, mais do que isso – devo uma profusão de preciosas pistas e informações, e, na reta final, uma leitura fina e esclarecedora.

Quis a sorte, por fim, que mais recentemente Augusto Massi levasse para trabalhar com ele o editor Paulo Werneck, o que me proporcionou a experiência incomparável de ser editado por um profissional que vem a ser meu filho, numa inversão de papéis que comoveu e sobretudo enriqueceu quem um dia se quis educador. Agradeço a toda a equipe da editora, em especial a Luciana Facchini, pelo projeto gráfico que fez deste livro o objeto primoroso que é, e à equipe de produção gráfica e tratamento de imagens, pelo capricho que pôs em cada passo do processo de impressão.

Muito mais gente contribuiu, de alguma forma, para que o meu trabalho chegasse a termo – inclusive o gentilíssimo Michael Parmer, arquivista da Zoological Society of London, que no inverno de 1998 recebeu em seu escritório, sem fazer cara de espanto, um escritor brasileiro em busca de informações sobre George, o macaquinho que em algum momento de 1934 Jayme Ovalle, impossibilitado de seguir coabitando com ele em seu apartamento, confiou ao zoológico londrino, e do qual Michael Palmer, lamentavelmente, não achou traço em seus alfarrábios. "I am sorry to be of such little help", desculpou-se ele em carta que me enviou dias depois.

Com o risco de estar esquecendo outros que igualmente tenham ajudado, quero agradecer aos que aqui vão, citados em ordem alfabética de prenomes: Adilson Inácio Mendes, Adriana de Gouveia, Afonso Borges, Alberto Martins, Alda Milano, Alexandra Farah, Alexandre C. Teixeira, Aloysio de Alencar Pinto, Altino Pimenta, Amílcar Viana Martins Filho, Ana Luisa Martins, Ana Maria Martins, Ana Miranda, André Amado, André Viana, Antônio Callado, Antonio Candido, Antônio Carlos Villaça, Antônio Fernando De Franceschi, Antônio Geraldo Barrozo do Amaral, Arildo de Barros, Armindo Correia da Costa, Arthur Oscar de Obino, Beatriz Vianna Henry, Benjamin Cafalli, Bia Bansen, Bizuka, Bob Jungmann, Bruno Lara Resende, Caio Túlio Costa, Carlos Roberto Pellegrino, Carlos Rocque, Carmen Lúcia de Oliveira, Cassiano Elek Machado, Chico Buarque, Cícero Dias, Claudio Cretti, Dainis Karepovs, d. Clemente Isnard, Demetrius Caesar, Donizete Galvão, Doris Rojas de Carvalho, Eliane Peyrot, Elisabeth Di Cavalcanti Veiga, Elizabeth Hughes, Erthos Albino de Souza, Ésio Macedo Ribeiro, Eugênia Moreyra, Eunice de Araújo Carneiro, Eurípedes Alcântara, Fernando Calvoso, Fernando Carvalhaes, Fernando Luna, Fernando Morais, Fernando Paiva, Fernando Segismundo, Flávia de Camargo Toni, Francisco Rezek, Gabriela Miranda, Geraldo Eulálio do Nascimento Silva, Gisella Valladares, Giulio Massarani, Goretti Tenório Nunes, Haroldo Maranhão, Heitor Ferraz, Helena Valladares, Hélio Gravatá, Hélio Sabino, Homero Icaza Sánchez, Humberto Franceschi, Inácio Muzzi, Isabel Cristina Dias Bertevelli, Isabel Salgado, Isabel Velloso, Isolda Hermes da Fonseca Chapman, Jader de Oliveira, Jaime Bórquez, Jaime Prado Gouvêa, João Carlos Portinari, Jannie Jakubovicz Ovalle, Jean Boghici, Joan Abercrombie Mendes Campos, João da Silva Prado, José Antônio de Macedo Soares, José Carlos Nunes Pinto de Laet, José Castello, José Luiz Dutra de Toledo, José Mario Pereira, José Ramos Tinhorão, Júlio César Abreu, Kleusa de Pennafort, Léa Moreyra, Ledo Ivo, Lenora Brito, Leonel Kaz, Lucia Guimarães, Luiz Dantas (CDAE/Unicamp), Luiza Martins Werneck, Marcos Antonio de Moraes, Marcos de Azambuja, Margareth Rago, Maria Amélia Buarque de Hollanda, Maria Ângela Botelho Pereira, Maria do Carmo Nabuco, Maria Josephina Mignone, Maria Lúcia Godoy, Maria Ruth de Sousa, Maria Helena Arrigucci, Mariangela Alves de Lima, Mário Viggiano, Mariza Werneck, Mercedes Reis Pequeno, Mirian Paglia Costa, Murillo Hermes da Fonseca, Nina Guaraná de Barros, Nísia Maria Duarte Werneck, Octavio Tostes, Olímpio José,

Olívio Tavares de Araújo, Paulo César de Andrade, Paulo César de Azevedo, Rachel de Queiroz, Raquel Braune, Raul Juste Lores, Renato de Almeida Prado Costallat, Ricardo Arnt, Ricardo Cravo Albin, Ricardo Assis, Ricardo A. Setti, Roberto Bicelli, Roberto Comodo, Roberto Faustino, Roberto Wüsthof, Rogério Simões, Roldão Arruda, Ronaldo Werneck, Rosa Carvalho, Rosângela Florido Rangel, Rui Mourão, Ruth Baião, Ruth Vampré, Sérgio Buarque de Gusmão, Sérgio Vaz, Tatyana Rubim, Telê Porto Ancona Lopez, Valéria Moreyra, Vanessa Barbara, Vera d'Horta, Vera Rolim, Vera Sílvia Camargo Guarnieri, Vicente Salles, Violeta Correa de Azevedo, Wanda Nestlehner e Wladimir Sacchetta.

Índice remissivo

Crédito das imagens

[capa e p. 396] Jayme Ovalle. Foto de Humberto Franceschi. Col. José Ramos Tinhorão/Acervo Instituto Moreira Salles (IMS). **[pp. 2 e 35]** Jayme Ovalle. MO. **[p. 3]** Virginia Peckham Ovalle com Mariana Ovalle. Acervo Mariana Ovalle (MO). **[pp. 4 e 148]** Ovalle, anos 40. **[p. 5]** Ovalle, anos 40. MO **[p. 7 e 286]** Ovalle com a escultura *La Furia Addormentata*. MO. **[pp. 8-9 e 294]** Grupo de amigos no casamento de Jayme Ovalle. Reprodução. **[pp. 10 e 350]** Ovalle. MO **[pp. 11, 260 e 284-5]** Virginia Peckham e Ovalle, anos 40. MO. **[p. 12 e 28-9]** Família Ovalle. MO. **[pp. 14-5]** Vista de Belém, vendo-se o Theatro da Paz, c. 1910. Fotógrafo anônimo, c. 1920. Col. Gilberto Ferrez/IMS. **[p. 17]** Cartão-postal da loja Paris n'América. Reprodução. **[p. 18]** Intendente Antônio José de Lemos. Reprodução. **[p. 22]** Raymunda Elisa Ovalle. MO. **[p. 30]** Orminda Ovalle. MO. **[p. 38 e 396]** Avenida Central, fotografia de Marc Ferrez, c. 1910. Col. Gilberto Ferrez/IMS **[p. 41]** Casa do intendente Antônio José de Lemos, antes e depois da destruição. Reprodução. **[p. 56]** Grupo Caxangá. *O Malho* n. 598, de 28 de fevereiro de 1914. Acervo da Fundação Biblioteca Nacional – Brasil (FBN). **[p. 58]** Os Batutas, Rio de Janeiro, c. 1923. Fotógrafo não identificado. Col. Pixinguinha/IMS. **[p. 62]** Selo do disco "*Zé Raymundo* – toada sertaneja", composição Olegário Mariano, intérprete Patrício Teixeira, c. 1925-27. Coleção José Ramos Tinhorão/IMS. **[p. 70]** Manuel Bandeira ao violão. Arquivo Manchete. **[p. 72]** Partitura e intérpretes de "Azulão". Reprodução. **[p. 75]** Fotogramas de *Azulão e Pinhal*, curta-metragem de Humberto Mauro. CTAV/SAV/MINC. REPRODUÇÃO: CINEMATECA BRASILEIRA. **[p. 89]** Manoel Antonio Braune. Acervo BBC Brasil. **[pp. 94 e 118-9]** Ovalle, Olegário Mariano, Cândido Portinari, Heckel Tavares e Luiz Peixoto. Imagem do Acervo do Projeto Portinari. **[p. 97]** Manuel Bandeira e Jayme Ovalle. Coleção Mário de Andrade. IEB/USP **[p. 102]** Dante Milano, Álvaro Ribeiro da Costa e Jayme Ovalle. MO. **[pp. 106-7]** Baile dos Artistas. *FonFon!* de 17 de fevereiro de 1923. FBN **[p. 110]** Ninon Vallin. Reprodução. **[p. 112]** Caricatura de Jayme Ovalle por Luiz Peixoto. *O Malho* n. 832, de 24 de agosto de 1918. FBN **[p. 115]** Jayme Ovalle. MO. **[p. 135]** Elsie Houston e Benjamin Péret em São Paulo. Reprodução. **[p. 137]** Manuel Bandeira e seu crucifixo. Acervo Arquivo-Museu de Literatura da Fundação Casa de Rui Barbosa, Rio de Janeiro. **[p. 140]** Di Cavalcanti, Ovalle e Pixinguinha. *Correio da Manhã* de 10 de setembro de 1955. FBN **[pp. 151, 159, 160, 163, 167, 170]** Reprodução. **[p. 180]** Frontispício de *Nova maneyra de fallar* e retrato do Barão d'Ascurra. FBN **[p. 184]** Londres. Foto de W. H. Alden/Topical Press Agency. Hulton Archive/Getty Images. **[p. 212]** Vista do Rio de Janeiro, c. 1950. Foto de Evans/Three Lions. Hulton Archive/Getty Images. **[p. 224]** Vinicius e Ovalle. *Flan* de 24 a 30 de maio de 1953. FBN **[p. 235]** Repórter de *O Globo* e Ovalle, 1946. Agência O Globo. **[p. 240]** Jayme Ovalle, anos 40. MO. **[p. 243]** Augusto Frederico Schmidt e Yedda Ovalle Schmidt. Arquivo Público do Distrito Federal. **[p. 263]** Virginia Peckham no *Worcester Sunday Telegram*, em 1949 (alto) e 1958 (baixo). Fotos de Bradley Smith. Reprodução. **[p. 278]** Ovalle no Dodge comprado de Viana Moog, Estados Unidos, anos 40. MO. **[p. 294]** Amigos no casamento de Ovalle. Reprodução. Virginia e Ovalle no altar. MO. **[p. 298]** Virginia e Ovalle. MO. **[p. 301]** Ovalle com Mariana. MO **[p. 304]** Desenho de Di Cavalcanti. © Elisabeth di Cavalcanti Veiga. *Retrato de Jayme Ovalle* (1931), óleo de Cândido Portinari. Reprodução autorizada por João Cândido Portinari. **[p. 306]** Ovalle com o crucifixo esculpido por Virginia Peckham. *Flan* de 24 a 30 de maio de 1953. FBN **[pp. 318 e 324-5]** Jayme Ovalle, Otto Lara Resende e Vinicius de Moraes. Col. Otto Lara Resende/IMS. **[p. 328]** Augusto Frederico Schmidt. **[p. 334]** Velório de Ovalle. *Correio da Manhã* de 10 de setembro de 1955. FBN **[p. 340]** Jayme Ovalle em desenho de Virginia Peckham, 1951. MO. **[p. 353]** Ovalle e Mariana. MO **[p. 370]** Selo do disco "Zé Raymundo – toada", composição Jayme Ovalle e Olegário Mariano, intérprete Gastão Formenti, 1930. Col. Humberto Franceschi/IMS. **[pp. 369, 371-6]** Reprodução.

Todo o esforço foi empenhado para obter o melhor resultado na reprodução das imagens; algumas fotografias, no entanto, não foram localizadas e tiveram de ser escaneadas de periódicos de época, o que explica a irregularidade do conjunto. A editora procurou reconhecer os direitos morais e autorais sobre as imagens publicadas neste livro. A Cosac Naify agradece toda informação relativa à autoria e/ou outros dados que estejam incompletos nesta edição, e se compromete a fazer a eventual identificação na reimpressão seguinte. Reprodução das imagens das pp. 56, 106-7, 112, 140, 180, 224, 306, 334: Daniela Dacorso. Pela ajuda na edição de imagens, a editora agradece à pesquisadora Gabriela Miranda; à equipe da Coordenadoria de Publicações Seriadas da Fundação Biblioteca Nacional; ao Projeto Portinari; ao CTAV/SAV/MINC; à Cinemateca Brasileira; a Mariana Ovalle; à BBC Brasil; ao Instituto Moreira Salles; à Solombra Agência Literária. © da iconografia de Manuel Bandeira (pp. 9, 70, 97, 137, 294), dos proprietários dos direitos de imagem de Manuel Bandeira Direitos cedidos por Solombra – Agência Literária (solombra@solombra.org).

Crédito dos textos

[**Carlos Drummond de Andrade**] "À porta do céu" [pp. 338-9]: Carlos Drummond de Andrade. In *Fala, amendoeira*. Rio de Janeiro: Record. © Graña Drummond. www.carlosdrummond.com.br [**Jayme Ovalle**] "Era uma virgem..." [p. 217], "Três poemas ingleses", [pp. 218-19], "Canto suicida" [p. 256], "Fogo morto" [p. 258] e "Véspera" [p. 312]: © Mariana Ovalle. [**Manuel Bandeira**] "Poema só para Jayme Ovalle" [p. 134], "Esparsa triste" [p. 239] e "Ovalle" [p. 334-35]; tradução de "Três poemas ingleses", de Jayme Ovalle [pp. 218-19], e "Era uma virgem..." [p. 217]; letra de "Azulão" [p. 73] e "Berimbau" [p. 68]: © Condomínio dos proprietários dos direitos intelectuais de Manuel Bandeira. Direitos cedidos por Solombra – Agência Literária [solombra@solombra.org]. [**Vinicius de Moraes**] "A última viagem de Jayme Ovalle" [pp. 229-30] e entrevista com Ovalle para o semanário *Flan* [pp. 321-7]: © Vinicius de Moraes

Sobre o autor

Humberto Werneck (1945) é mineiro de Belo Horizonte e vive em São Paulo desde 1970. Começou a trabalhar como jornalista no *Suplemento Literário* do *Minas Gerais* e passou por, entre outras publicações, *Jornal da Tarde* – do qual foi correspondente em Paris –, *Veja, Jornal da República, IstoÉ, Jornal do Brasil, Elle* e *Playboy*.

É autor de *O desatino da rapaziada: Jornalistas e escritores em Minas Gerais* (Companhia das Letras/Instituto Moreira Salles, 1992) e *Chico Buarque: Letra e música* (Companhia das Letras, 1989), que em 2006 teve uma edição revista e ampliada, *Chico Buarque: Tantas palavras*. Publicou também o volume de contos *Pequenos fantasmas* (Novesfora, 2005). Organizou pela primeira vez em livro a poesia de Hélio Pellegrino no volume *Minérios domados* (Rocco, 1993); a antologia *Boa companhia: Crônicas* (Companhia das Letras, 2005); nos volumes *O pirotécnico Zacarias* (2006), *A casa do girassol vermelho* (2006) e *O homem do boné cinzento* (2007), a obra do contista Murilo Rubião, para a editora Companhia das Letras; e *Melhores crônicas* de Ivan Angelo (Global, 2007).

Coordenação AUGUSTO MASSI e PAULO WERNECK
Projeto gráfico LUCIANA FACCHINI
Revisão REGINA PEREIRA e VANESSA BARBARA
Índice remissivo LUCIANO MARCHIORI
Pesquisa iconográfica GABRIELA MIRANDA
Tratamento de imagem WAGNER FERNANDES

Dados Internacionais de Catalogação na Publicação (CIP)
(Câmara Brasileira do Livro, SP, Brasil)

Werneck, Humberto [1945-]
O santo sujo: a vida de Jayme Ovalle: Humberto Werneck
São Paulo: Cosac Naify, 2008
400 pp., 111 ils.

ISBN 978-85-7503-238-1

1. Compositores – Brasil – Biografia
2. Modernismo – Século 20 3. Ovalle, Jayme, 1894-1955
4. Poetas – Brasil – Biografia I. Título.

08-04460 CDD-780.9281

Índices para catálogo sistemático:
1. Brasil: Compositores: Vida e obra 780.9281

COSAC NAIFY
Rua General Jardim, 770, 2º andar
01223-010 São Paulo SP
Tel [55 11] 3218 1444
Fax [55 11] 3257 8164
www.cosacnaify.com.br

Atendimento ao professor [55 11] 3218 1473

FONTE utopia PAPEL Chamois Fine Dunas 80 g/m² IMPRESSÃO R.R. Donnelley TIRAGEM 5.000